ALFRED DREGGER

Einigkeit und Recht und Freiheit

ALFRED DREGGER

Einigkeit und Recht und Freiheit

Beiträge zur deutsch-europäischen Einheit

MIT EINEM VORWORT VON JACQUES CHABAN-DELMAS

19.12.92

Universitas

Schutzumschlag: Atelier Bachmann, Reischach
Gedruckt auf chlorfrei gebleichtem Papier
Satz und Druck: Jos. C. Huber KG, Dießen
Binden: Monheim
Printed in Germany
ISBN: 3-8004-1283-7

Inhaltsverzeichnis

ZWEITER TEIL

Einheit für Deutschland, Einheit für Europa

Am 24. März 1987 waren in Rom auf Einladung von Staatspräsident Cossiga eine Anzahl bedeutender Politiker aus den Ländern der Europäischen Gemeinschaft im einst von Jean Monnet gegründeten »Aktionskomitee für Europa« zusammengetroffen. Anlaß für dieses Treffen war der 30. Jahrestag der Unterzeichnung der Römischen Verträge, sein Zweck die Beschleunigung der Einigung Europas.

Die Mitglieder des Komitees gaben zunächst ihrer Bewunderung Ausdruck für diejenigen, die 30 Jahre zuvor, zwölf Jahre nach dem 30jährigen europäischen Bürgerkrieg, den Teufelskreis von Haß und Gewalt durchbrochen hatten, indem sie – wie es in der Präambel dieser Verträge heißt – »die Grundlagen für einen immer engeren Zusammenschluß der europäischen Völker« schufen. Sie begrüßten die seit damals in vielen Bereichen erzielten Fortschritte. In einer politischen Erklärung stellten sie dann wichtige Forderungen auf, mit deren Hilfe eine neue Perspektive für Europa eröffnet werden sollte. Dazu gehörte unter anderem die Schaffung eines Binnenmarktes ohne Grenzen bis zum 1. Januar 1993.

Außerdem – so stellte das Komitee fest – könne es auf Dauer keine wirtschaftliche und soziale Solidarität geben, wenn sich diese nicht auch auf den sicherheitspolitischen Bereich erstrecke. Diese Tatsache mache die Notwendigkeit deutlich, mit Entschlossenheit den europäischen Pfeiler in der Atlantischen Allianz zu errichten.

Es war Alfred Dregger, der Vorsitzende der CDU/CSU-Fraktion des Deutschen Bundestages, der für diese von ihm vorgeschlagene Formulierung die einhellige Zustimmung des Komitees fand.

Das ist nun fünf Jahre her.

Seitdem hat Alfred Dregger in der damals eingesetzten Arbeitsgruppe für Sicherheitspolitik des Aktionskomitees und in dessen jährlichen Vollversammlungen eine herausragende

Rolle gespielt. Seitdem sind wir uns nicht nur politisch, sondern auch menschlich nähergekommen. Seitdem haben wir gemeinsam für Europa gearbeitet, für eine Europäische Union, der wir uns im Lichte der leidvollen Erfahrungen unserer Generation und zum Wohle der kommenden in gleicher Weise verpflichtet fühlen.

Ein Jahr später forderte Alfred Dregger vor der Vollversammlung in Den Haag die »Europäische Sicherheitsunion«. Er begründete diese Forderung in einem Memorandum, mit dem er der Arbeit des Komitees einen neuen Impuls gegeben hat.

Europas Zukunft könne nicht den Weltmächten überlassen bleiben, hieß es darin. Die USA bräuchten ein mit ihnen verbündetes starkes Europa, wenn sie weiterhin ihrer globalen Verantwortung gerecht werden wollten. Die Sowjetunion brauche für eine bessere Zusammenarbeit mit Europa einen eigenständigen europäischen Gesprächspartner. Eine Europäische Sicherheitsunion sei notwendiger Bestandteil der künftigen Politischen Union, die schon das Ziel der Römischen Verträge gewesen sei. Zu ihrer Verwirklichung forderte er schon damals all das, was im Frühjahr 1992 die Außen- und Verteidigungsminister der Westeuropäischen Union in ihrer Petersberger Erklärung beschlossen haben.

Besonderes Aufsehen erregte jedoch jenes Kapitel des Memorandums, in dem Dregger forderte, die Teilung Europas zu überwinden. Eine Politische Union auf der Grundlage der Europäischen Gemeinschaft sei heute schon möglich, schrieb er. Dies stehe auf der Tagesordnung. Das andere, das größere Ziel, die Überwindung der Teilung Europas, die auch Voraussetzung sei für die Vollendung der Einheit Deutschlands, dürfe indessen nicht als Aufgabe an die Geschichte delegiert werden.

Die Verbündeten Deutschlands dürften sich mit der Teilung Deutschlands und Europas ebensowenig abfinden wie die Deutschen selbst. Der jetzige Zustand sei unnatürlich und unwürdig; nicht nur für Deutschland, sondern auch für Europa; nicht nur für die Deutschen, sondern auch für die Polen, Tschechen, Slowaken und Ungarn, für alle Völker Mittel- und Osteuropas. Dregger schloß mit der Bemerkung, daß der in Euro-

pa notwendige Wandel jedoch von festem und sicherem Grund aus angestrebt werden müsse.
Das Komitee hat sich die Forderungen Dreggers zu eigen gemacht. Im gleichen Geist hat es dann – als ein Jahr später die Mauer in Berlin fiel und das kommunistische Regime im Osten Deutschlands zusammenbrach – ohne Zögern die damit möglich werdende Vereinigung Deutschlands begrüßt und die europäischen Regierungen aufgefordert, diese erfreuliche Entwicklung aktiv zu unterstützen.
Heute freue ich mich, daß ich als Franzose das »Aktionskomitee für Europa« in einer Zeit präsidiere, in der die staatliche Einheit Deutschlands in Freiheit vollendet ist. Möge die Vereinigung Deutschlands uns inspirieren bei den jetzt notwendigen Anstrengungen für die Vereinigung Europas.
Das vorliegende Buch beschreibt Grundlagen dieses Prozesses und enthält – weit über den interessanten Rückblick auf die dramatische Entwicklung der europäischen Politik in den letzten fünf Jahren hinaus – wertvolle Anregungen für dessen Gelingen.

Bordeaux, im August 1992

Jacques Chaban-Delmas

Einleitung

Was die Wiederherstellung der staatlichen Einheit Deutschlands von vergleichbaren geschichtlichen Vorgängen grundlegend unterscheidet, ist die Tatsache, daß sie sich friedlich, im Konsens aller Beteiligten und demokratisch vollzog.

Sie konnte daher nicht nur das Werk von Regierungen, von Experten und Diplomaten sein. Konsens in einer demokratischen Welt setzt intensive Einflußnahme auf die öffentliche Meinung voraus. In unterschiedlichsten parlamentarischen und öffentlichen Foren wurde diese gebildet. Dabei waren Rückwirkungen im betroffenen Ausland ebenso zu bedenken wie im eigenen Land. Zu beachten waren besonders betroffene Bevölkerungsgruppen; in Deutschland galt das vor allem für die zwölf Millionen Heimatvertriebenen, die am Ende des Krieges gegen alles Völkerrecht aus ihrer seit Jahrhunderten angestammten Heimat vertrieben worden waren.

Die Parlamentarier der CDU/CSU-Bundestagsfraktion waren nicht nur in Deutschland gefragt. Wir haben jede Gelegenheit genutzt, den Bundeskanzler und seine Regierung in zahlreichen, zum Teil hochrangigen Auslandskontakten zu unterstützen.

Diese Arbeit begann nicht erst 1989. Im Rahmen der NATO, der EG und anderer internationaler Verbindungen war eine jahrzehntelange Arbeit geleistet worden, die ein hohes Maß von Vertrauen angehäuft hatte; in der Stunde der Entscheidung konnte es genutzt werden.

Im Osten konnten alte kulturelle und wirtschaftliche Beziehungen politisch nutzbar gemacht werden; daß das so schnell und in einem so unerwarteten Ausmaß gelang, gehört zu den großen persönlichen Leistungen Helmut Kohls.

Die Texte dieses Buches geben die politische Linie wieder, von der sich die CDU/CSU-Bundestagsfraktion in den Jahren 1987 bis 1992 hat leiten lassen.

Ich danke den Kollegen in der Fraktion, die diese gemeinsame Politik mitgestaltet und vertreten haben, sowie meinen Mitarbeitern Markus Berger und Klaus Hoff für ihre Unterstützung.

Alfred Dregger

ERSTER TEIL

Sicherheitspolitische Rahmenbedingungen für die Überwindung der Teilung Deutschlands und Europas

Reykjavik und die Folgen

Vortrag am 1. Oktober 1987 vor der Clausewitz-Gesellschaft in Hamburg

Auf ihrem denkwürdigen Gipfeltreffen in Reykjavik, das eine neue Epoche im Verhältnis der beiden Supermächte zueinander einleitete, beschlossen Präsident Reagan und Generalsekretär Gorbatschow im November 1986, in Verhandlungen über die Beseitigung der atomaren Mittelstreckenwaffen in Europa einzutreten. Diese Verhandlungen führten zum INF-Vertrag, der die Beseitigung aller in Europa stationierten landgestützten Mittelstreckenwaffen mit einer Reichweite von über 500 Kilometern vorsah.
In einem Vortrag vor der Clausewitz-Gesellschaft in der Führungsakademie der Bundeswehr in Hamburg analysierte Alfred Dregger am 1. Oktober 1987 die durch diese Vereinbarung entstandene strategische Lage. Sein Fazit: Die »atomare Bedrohung der Deutschen« werde durch diese sogenannte doppelte Null-Lösung nicht vermindert, sondern eher vergrößert. Es zeichne sich sogar eine atomare Sonderbedrohung Deutschlands ab, die es bisher nicht gegeben habe: Da nur Waffensysteme mit einer Reichweite von über 500 Kilometern verschwänden, nicht aber die atomaren Kurzstreckenwaffen, werde es in Zukunft in Europa nur noch ein Land geben, das durch landgestützte Raketen der beiden Weltmächte von Europa aus getroffen werden könne, »nämlich Deutschland beiderseits der Teilungsgrenze«.*
Einige Verbündete, fügte Dregger hinzu, hatten die Auffassung geäußert, »was durch Abrüstung im Reichweiten-

---

* »Doppelte Null-Lösung« bedeutete die Beseitigung der neuen amerikanischen INF-Waffen mit über 1000 Kilometer Reichweite – Pershing II und Cruise Missiles (Marschflugkörper) –, deren Stationierung 1983 begonnen hatte, *und* jener nur in der Bundesrepublik Deutschland stationierten amerikanischen und deutschen Pershing-Ia-Raketen mit einer Reichweite von rund 750 Kilometern, die bereits in den 50er Jahren als Bindeglied zwischen der Vorneverteidigung in Europa und der amerikanischen strategischen Abschreckung eingeführt worden waren.

band zwischen 500 und 5500 Kilometern ausfalle, könne durch Aufrüstung im Reichweitenband unter 500 Kilometern ausgeglichen werden«. Er, Dregger, habe gegen derartige Überlegungen »von Anbeginn Front gemacht«, da sie den Deutschen nicht zuzumuten seien und überdies keinen strategischen Sinn ergäben.

Dreggers Schlußfolgerung, die er in der Folgezeit immer wieder vortrug: Abrüstung dürfe sich nicht auf einen Teilbereich beschränken, sie dürfe jetzt nicht bei der doppelten Null-Lösung enden. Sie müsse das gesamte militärische Spektrum umfassen: den Bereich der atomaren Kurzstreckenwaffen und der atomaren Rohrartillerie ebenso wie den Bereich der konventionellen und der chemischen Waffen. Reykjavik habe im übrigen gezeigt, wie wichtig es sei, Europa in die Lage zu versetzen, »seine Sicherheitsinteressen am Verhandlungstisch selbst wahrzunehmen«. Das setze den Zusammenschluß Europas in einer Sicherheitsunion voraus. Dregger: »Die Europäer haben die Chance, aus den Entscheidungen der Weltmächte Folgerungen zu ziehen, die Europa die Fähigkeit zur Selbstbehauptung zurückgeben«.

Das Besondere an der Rede Dreggers, die das strategische Denken der folgenden Jahre erheblich beeinflußt hat, ist die Nüchternheit seiner Analyse. Dazu gehört die offen geäußerte Feststellung, daß Abrüstung nicht in jedem Fall die Sicherheit erhöhe, sondern daß sie auch das Gegenteil bewirken könne.

Von dieser Grundeinsicht ausgehend, die in der öffentlichen Meinung kaum auf Verständnis stieß, kritisierte Dregger die Tatsache, daß der INF-Vertrag nur die landgestützten Raketen mit Reichweiten von über 500 Kilometern beseitige, nicht aber die Kurzstreckensysteme und die atomare Rohrartillerie.

Dregger nahm mit dieser Argumentation die nationalen Sicherheitsinteressen Deutschlands wahr. Er tat es im *Bündnis, nicht* gegen *das Bündnis – und er hatte nach langen Bemühungen schließlich damit Erfolg. Auf dem NATO-Gipfel vom 8. September 1991 wurde beschlossen, die*

Kurzstreckensysteme und die atomare Rohrartillerie, die die Sonderbedrohung Deutschlands verursachten, zu beseitigen.
Vor der Clausewitz-Gesellschaft in Hamburg führte Dregger 1987 aus:

Es war vor allem die Sowjetunion, die 1945 ihr Kriegsziel voll erreichte. Die totale Niederlage Deutschlands bot ihr die Chance, die von ihren Truppen besetzte östliche Hälfte Europas ihrer Herrschaft auf Dauer zu unterwerfen. Diese Chance hat sie genutzt. Daß sie nicht auch noch die westliche Hälfte Europas gewann, war nicht mehr das Ergebnis des Krieges, sondern das Ergebnis der Abwehranstrengungen danach, die vornehmlich die USA organisierten. Seitdem sind Deutschland und Europa geteilt. Aus dem europäischen ist ein Weltmächtesystem geworden, in dem Washington und Moskau die dominierenden Rollen spielen.
Die Schwierigkeit für die Verteidigung und für die Abschreckung eines Angriffs auf Westeuropa liegt in dem Umstand, daß die Vormacht des Ostens zum erstenmal in der europäischen Geschichte schon im Frieden mitten in Deutschland steht. Zum erstenmal richtet sich ihr Druck unmittelbar auf Westeuropa, dem es strategisch an der Tiefe des Raumes fehlt.
Es hat einige Zeit gedauert, bis unsere Nachbarn im Westen voll begriffen hatten, daß sich ihre strategische Lage durch das Ergebnis des Krieges nicht verbessert hat. An die Stelle der deutschen Großmacht, die 1945 zerschlagen wurde, trat die sowjetische Weltmacht, zu der Deutschland, anders als früher, nicht mehr das Gegengewicht bilden kann.
Nach dem Kriege haben sich wesentliche Veränderungen ergeben:

1. Die USA sind der Sowjetunion nuklearstrategisch nicht mehr überlegen. Die Vereinigten Staaten, die bis zur Erfindung der strategischen Raketensysteme im eigenen Land unverwundbar waren, sind heute selbst bedroht. Wenn die Abschreckungswirkung der strategischen Atomwaffen der USA zugunsten Europas trotzdem bis heute er-

halten blieb, dann wegen des *Abschreckungsverbundes* zwischen den USA und Europa, der durch die Aufstellung der »Pershing II« und der Marschflugkörper vollendet wurde ...

2. Für die USA bedeutet dieser Abschreckungsverbund jedoch ein zusätzliches Risiko: das Risiko nämlich, daß ein europäischer Krieg sehr bald auf die USA übergreifen würde, da der Einsatz amerikanischer Atomwaffen von Europa aus gegen die Sowjetunion den Gegenschlag der Sowjetunion gegen die USA zur Folge haben könnte. Das Risiko der USA wird jedoch gemildert durch den Umstand, daß das jetzige Verbundsystem einen von Europa ausgehenden Krieg nahezu unmöglich macht.
   Es ist eine Ironie der Geschichte, daß viele Europäer bis heute nicht begriffen haben, was die Aufstellung der »Pershing II« und der Marschflugkörper an Schutz für Europa und an Risiko für die USA bedeutet, und wie töricht es war, daß europäische Demonstranten die Bündnissolidarität der Amerikaner mit Massendemonstrationen, mit dem Verbrennen amerikanischer Flaggen und ähnlichen Dummheiten beantwortet haben.
3. Noch in einem anderen Punkt hat sich die Lage in den letzten Jahrzehnten grundlegend verändert. Die USA haben nicht nur ihre nuklearstrategische Überlegenheit der Sowjetunion gegenüber verloren, auch in ihrer Wirtschaftskraft sind sie nicht mehr allein dominierend; das gilt vor allem im Vergleich zu Japan und der EG. Daß auch diese Veränderung zu sicherheitspolitischen Konsequenzen der USA in Europa führen kann, insbesondere im konventionellen Bereich, liegt auf der Hand.

Kommunistische Ideologie und zaristisches Erbe

Zur Lagebeurteilung gehört die voraussichtliche Entwicklung der Sowjetunion. Gorbatschow hat neue Akzente gesetzt. Er sagt selbst, daß er den »Umbau« im Geiste Lenins betreibe; daß er nicht daran denke, die Grundlagen des sozialistischen

Systems anzutasten; daß es ihm darum gehe, das geltende System aus seiner Erstarrung zu lösen, es leistungsfähiger zu machen ...
Kommunistische Ideologie bedeutet, daß die Staatsgewalt nicht dem Recht unterworfen ist, daß die Menschenrechte und das Selbstbestimmungsrecht der Völker nicht geachtet und daß nationale Minderheiten und religiöse Überzeugungen unterdrückt werden. Die Repressionen können von der kommunistischen Führung gemildert und wieder verschärft werden; abgeschafft werden können sie nicht, es sei denn um den Preis der Systemveränderung.
Zaristisches Erbe heißt: Expansion nach Osten, nach Süden und nach Westen. Die Unterwerfung Ostmitteleuropas am Ende des Zweiten Weltkrieges und die nun schon seit acht Jahren anhaltende Besetzung Afghanistans durch die Sowjetunion stehen in der Tradition des alten russischen Reiches.
Die Sowjetmacht reicht heute von Wladiwostok bis zur Elbe ...
Die Sowjetunion ist mehr als eine europäische Macht. Sie ist eine euro-asiatische Macht, oder: sie ist eine europäische Macht mit einem asiatischen Kolonialreich. Für die Sicherheitspolitik macht das keinen Unterschied.
Solange der Abschied der Sowjetunion von der kommunistischen Ideologie und vom Erbe des Zarenreiches nicht erkennbar und auf Dauer stattgefunden hat, so lange müssen wir davon ausgehen, daß wir auch in Zukunft einer Macht gegenüberstehen werden, die unsere Abwehrbereitschaft und unsere Abwehrfähigkeit herausfordert.

Atomare Sonderbedrohung Deutschlands

Doppel-Null ist nicht Null, sondern drei Prozent: Nur drei Prozent des atomaren Vernichtungspotentials werden von der doppelten Null-Lösung erfaßt. Die atomare Gefahr ist also nicht gebannt, am allerwenigsten für uns Deutsche.
Ein Vergleich der sehr unterschiedlichen Auswirkungen für die Betroffenen ergibt folgendes:
– Für die Sowjetunion entfällt das Risiko, bei einem Angriff

nach Westen auf ihrem eigenen Territorium oder in ihrem Aufmarschgebiet durch landgestützte Systeme der USA von Europa aus getroffen werden zu können. Daß diese Tatsache die Optionen der Sowjetunion wesentlich verbessert, insbesondere der atomar nicht bewaffneten Bundesrepublik Deutschland gegenüber, ist offensichtlich.

- Für die Vereinigten Staaten bedeutet die doppelte Null-Lösung die Befreiung von dem Risiko, durch einen Einsatz ihrer Mittelstreckenraketen von Europa aus einen sowjetischen Gegenschlag auf ihr Land zu provozieren.
- Auch für unsere Nachbarn bringt die doppelte Null-Lösung Vorteile, wenn man von einigen ihrer Grenzgebiete zu Deutschland hin absieht. Außerhalb strategischer Reichweiten können unsere europäischen Nachbarn durch landgestützte Raketen der Weltmächte in Zukunft nicht mehr getroffen werden.

Die atomare Bedrohung der Deutschen wird dagegen auch nach Verwirklichung der doppelten Null-Lösung durch die landgestützten atomaren Waffen mit Reichweiten unter 500 Kilometern aufrechterhalten. Die zu erwartende Veränderung führt sogar zu einer atomaren Sonderbedrohung Deutschlands, die es bisher nicht gegeben hat; denn außerhalb strategischer Reichweiten wird es in Zukunft nur noch ein Land in Europa geben, das durch landgestützte Raketen der Weltmächte, also beider Seiten, getroffen werden kann, nämlich Deutschland beiderseits der Teilungsgrenze.
Wegen der außerordentlichen Überlegenheit der Sowjetunion bei Reichweiten unter 500 Kilometern werden von dieser Sonderbedrohung insbesondere wir, die Bundesrepublik Deutschland, betroffen:
Allein die nahezu 600 sowjetischen »Scud«-Raketen, denen auf westlicher Seite kein Gegengewicht gegenübersteht, reichen aus, den Wegfall der SS 20 auszugleichen. Diese 600 »Scud« werden zur Zeit modernisiert, d. h., sie werden in Reichweite und Zielgenauigkeit verbessert. Hinzu kommen 140 SS 21 und 635 »Frog«, das sind auf östlicher Seite 1365 Systeme, denen auf westlicher Seite ganze 88 »Lance« gegenüberstehen.
Die doppelte Null-Lösung hat noch eine andere Konsequenz:

Sie beseitigt das landgestützte Gelenkstück zwischen den amerikanischen Gefechtsfeldwaffen in Europa und ihren strategischen Systemen in den USA und auf den Weltmeeren.

Die Sowjetunion schätzt den *strategischen Vorteil,* den sie mit der Beseitigung dieses Gelenkstücks und mit der Unverwundbarkeit ihres Territoriums und ihres Aufmarschgebietes durch landgestützte Raketen der USA von Europa aus gewinnt, so hoch ein, daß sie ihn nicht einmal wegen SDI gefährden wollte. Deshalb war Gorbatschow bereit, seine ursprüngliche Forderung nach dem SDI-Verzicht als Voraussetzung der doppelten Null-Lösung aufzugeben.

Die Folgen der doppelten Null-Lösung für die Fähigkeit der Allianz, einen Angriff auf Europa abzuschrecken, sind erheblich. Einige unserer Verbündeten haben geglaubt, was durch Abrüstung im Reichweitenband zwischen 500 und 5500 Kilometern ausfalle, könne durch Aufrüstung im Reichweitenband unter 500 Kilometern ausgeglichen werden. *Ich habe dagegen von Anbeginn Front gemacht, da das uns Deutschen weder zuzumuten ist, noch einen strategischen Sinn ergibt.*

Würde unter 500 Kilometern aufgerüstet, was über 500 Kilometer wegfällt, dann würde der aufgrund der Grenzlage unvermeidbaren konventionellen Sonderbedrohung unseres Landes eine durchaus vermeidbare nukleare Sonderbedrohung hinzugefügt. Das lehnen wir ab.

Die dichtbesiedelte Bundesrepublik Deutschland kann atomar vernichtet, aber nicht atomar verteidigt werden. Atomare Waffen sind nur als Abschreckungswaffen zu verantworten. Nach dieser Zweckbestimmung müssen sie ausgewählt werden. Wenn Atomwaffen tatsächlich zum Einsatz kämen, hätten sie ihren Zweck verfehlt. Das gilt insbesondere dann, wenn ihr Einsatz auch noch auf dem Gebiet des Angegriffenen, also des Verteidigers selbst, stattfände oder gar stattfinden soll. Fremdabschreckung kann und darf nicht durch Selbstabschreckung ersetzt werden.

Im europäischen, vor allem im deutschen Interesse hätte es gelegen, mit atomarer Abrüstung bei den Reichweiten unter 500 Kilometern zu beginnen, um sie dann schrittweise auf größere Reichweiten auszudehnen ... Solange die Sowjetunion uns an

Panzerarmeen und chemischen Waffen haushoch überlegen ist, so lange fordern wir für die atomaren Kurzstreckenraketen keine Null-Lösung, aber wir fordern schon jetzt *westliche Anstrengungen mit dem Ziel, die Sowjetunion zu einem Abrüstungsabkommen zu veranlassen, das zu einer drastischen Verminderung der atomaren Waffen mit Reichweiten unter 500 Kilometern führt.*
Das gilt auch für die atomar bewaffnete *Rohrartillerie,* wobei nicht verkannt werden soll, daß die Verifikation in diesem Bereich nicht weniger schwierig ist als bei den chemischen Waffen. Verbleiben sollte nur ein *Mindestbestand,* der notwendig ist, um Angriffsmassierungen konventioneller Kräfte zu verhindern.

Europa muß sich selbst behaupten können

Wer Sicherheit will, kann seine Abrüstungspolitik nicht auf einzelne Waffenkategorien beschränken. Ob uns atomare Kurz- oder atomare Mittelstreckensysteme treffen, macht keinen Unterschied ...
Wer Sicherheit will, kann sich auch nicht an mathematischen Formeln wie »Null« oder »Doppel-Null« orientieren, da diese über Sicherheit nichts aussagen. Wer Sicherheit will, muß den Maßstab des *Gleichgewichts* zugrunde legen, und zwar des Gesamtgleichgewichts in allen Waffenkategorien.
Der Ständige NATO-Rat hat durch die NATO-Außenministerkonferenz auf Drängen der deutschen Seite, hinter der vor allem meine Fraktion stand, den Auftrag erhalten, ein *Gesamtabrüstungskonzept* zu erarbeiten, das zugleich ein *Sicherheitskonzept* sein muß ... Dabei wird zu bedenken sein, daß konventionelle Übermacht in begrenztem Umfange atomar ausgeglichen werden kann. Atomare Übermacht kann dagegen nicht konventionell ausgeglichen werden. Was an atomarer Abschreckungsfähigkeit im Mittelstreckenbereich verlorengeht, kann daher durch die atomar unbewaffnete Bundeswehr nicht ausgeglichen werden ...
Die Europäer haben die Chance, aus den Entscheidungen der Weltmächte Folgerungen zu ziehen, die Europa die Fähigkeit

zur Selbstbehauptung zurückgeben. Das freie Europa kann sich behaupten, wenn es sich zusammenschließt: zur Wirtschafts- und Währungsunion, zur Sicherheitsunion und zur Politischen Union ...
Als die Weltmächte in Reykjavik die Beseitigung der Mittelstreckenraketen in Aussicht nahmen, war kein Europäer beteiligt. Diese Feststellung ist kein Vorwurf an die amerikanische, sie richtet sich an die eigene, an die europäische Adresse. Solange Westeuropa keine politisch-militärische Einheit ist, solange es sich zwei getrennte Abwehrstrategien leistet, eine atlantische und eine französische, solange die Europäer im Gespräch der Weltmächte nicht als Einheit auftreten – *so lange wird ihr Schicksal im wesentlichen fremdbestimmt bleiben* ...
Die Europäer haben alle Mittel, den Qualitätssprung zur Politischen Union zu verwirklichen. Es fehlt weder an technischer und an ökonomischer Kraft noch an Menschen, an hochqualifizierten Menschen zudem. Allein in den Staaten der EG, die gleichzeitig der Westeuropäischen Union (WEU) angehören (Bundesrepublik Deutschland, Großbritannien, Frankreich, Benelux, Italien), leben 253 Millionen Menschen, mehr als in den USA mit 243 Millionen ... Was zu den weitgehend unausgeschöpften Chancen Europas hinzutreten muß, ist der *politische Wille,* diese Chancen entschlossen zu nutzen.
Das bedeutet sicherheitspolitisch: Das Kerneuropa der Sieben, das sich bereits 1954 im WEU-Vertrag gegenseitig militärischen Beistand »mit allen Mitteln« versprochen hat, muß zu einer militärischen Realität werden, ohne die anderen Europäer davon auszuschließen, wenn diese mitmachen wollen.
Die Schlüsselrolle liegt bei Frankreich. Nur mit Frankreich können die Bundesrepublik Deutschland, die Beneluxstaaten, Großbritannien, Italien und die Staaten der Iberischen Halbinsel eine Sicherheitsunion gründen, die sich auf ein zusammenhängendes Territorium stützen kann ...
Im Rahmen einer Sicherheitsunion würde Europa in die Lage versetzt, seine Sicherheitsinteressen am Verhandlungstisch selbst wahrzunehmen. *Daß Europa an Verhandlungen, die vor allem seine Sicherheit betreffen, nicht als Verhandlungspartner teilnimmt, ist seiner unwürdig und gefährlich zugleich* ...

Die EG würde durch die Gründung einer Europäischen Sicherheitsunion zusätzliche Antriebskräfte erhalten für die Verwirklichung einer Wirtschafts- und Währungsunion und – beides übergreifend – einer Politischen Union.
Es geht vor allem um drei Ziele:

- Fortsetzung der Abrüstung bei konventionellen, chemischen und atomaren Waffen, insbesondere bei Reichweiten unter 500 Kilometern, bis zur Herstellung eines annähernden Gleichgewichts in Europa. Da der Westen nach der doppelten Null-Lösung als Gegenleistung nur wenig anzubieten hat, liegt der Schlüssel bei der Sowjetunion.
- Gründung einer Europäischen Sicherheitsunion, die den europäischen Pfeiler in der Atlantischen Allianz zu einer politisch-militärischen Realität werden läßt …
- Anstreben einer gesamteuropäischen Friedensordnung, die die Teilung Deutschlands und Europas überwindet, auf der Grundlage militärischen Gleichgewichts und der zu schaffenden Politischen Union Westeuropas. Eine europäische Friedensordnung verdient ihren Namen nur dann, wenn sie auf dem kulturellen Erbe Europas gründet. Dazu gehören die Bindung des Staates an das Recht und die Achtung des Staates vor der Menschenwürde, das Selbstbestimmungsrecht der Völker und die Verwirklichung der Menschenrechte für alle.

Pflicht zur Vorsorge

»Macht und Interesse sind die bestimmenden Faktoren der Politik« – so sagte es einer der führenden Politiker der Sozialistischen Partei Frankreichs, Michel Rocard, auf dem Evangelischen Kirchentag in Frankfurt. Er stieß dabei auf den Widerspruch seiner Zuhörer, die Vertrauen forderten, Vertrauen zu Gorbatschow und der Sowjetunion.
Wer die Geschichte kennt, weiß, daß leichtfertiges Vertrauen der sicherste Weg in den Krieg oder die Unterwerfung ist und daß diejenigen, die für die Sicherheit des Gemeinwesens Verantwortung tragen, neuen Entwicklungen zwar aufgeschlossen,

aber auch mit Skepsis und kritischer Vorsicht gegenüberstehen müssen.

Sollte Gorbatschow gegen alle Wahrscheinlichkeit auf die kommunistische Ideologie und das zaristische Erbe verzichten, sollte die Sowjetunion schrittweise zu einer Macht werden, die die Menschenrechte und das Selbstbestimmungsrecht der Völker respektiert, sollte auf diese Weise der Friede wirklich sicherer werden – *niemand könnte darüber glücklicher sein als wir Deutschen.* Der Krieg in Europa wäre für alle schlimm, für unser geteiltes Land wäre er am schlimmsten. Aufgrund der Offensivstrategie des Ostens und der Defensiv-Strategie des Westens wäre Deutschland Hauptkriegsschauplatz, von dem auch ohne Einsatz von atomaren und chemischen Waffen nicht viel übrig bliebe.

Sollte die Sowjetunion ihre jetzige Invasionsfähigkeit Europa gegenüber abbauen, dann würden auch wir sehr gern unsere eigenen Anstrengungen ganz wesentlich einschränken. Solange unsere Vorstellung von »Perestrojka« aber nur ein Wunschtraum ist, solange die große Wende in der sowjetischen Außen- und Sicherheitspolitik nur in Worten besteht und in Abrüstungsvereinbarungen, die – wie die beiden Null-Lösungen – die Optionen der Sowjetunion uns gegenüber nicht vermindern, sondern eher verstärken –, so lange ist es unsere politische, militärische und moralische Pflicht, *Vorsorge zu treffen.* Wir werden dieser Pflicht auch in Zukunft gerecht werden.

Europa ist eine Schicksalsgemeinschaft

Beitrag im »Deutschland-Union-Dienst« vom 21. Januar 1988

Discriminate Deterrence – *so lautete der Titel eines Gutachtens zur amerikanischen Sicherheitspolitik, das eine Kommission führender US-Verteidigungsexperten unter dem Vorsitz von Pentagon-Staatssekretär Fred Iklé erarbeitet und Präsident Reagan Ende 1987 übergeben hatte. Wären die Empfehlungen dieser Studie in die Tat umgesetzt worden, so hätte dies schwerwiegende Auswirkungen auf die Sicherheit Europas gehabt: Die Verfasser der Studie legten der Administration in Washington nahe, zur Abschreckung einer militärischen Aggression gegen europäische NATO-Verbündete strategische Atomwaffen künftig nicht mehr zur Verfügung zu stellen.*
In einem Beitrag vom 21. Januar 1988 für den »Deutschland-Union-Dienst« faßte Alfred Dregger Einwände gegen die Iklé-Studie zusammen, die er wenige Tage zuvor im »Aktionskomitee für Europa« (Monnet-Komitee) in Paris vorgetragen hatte. Dregger warnte die amerikanische Regierung eindringlich davor, der Studie zu folgen und den »Abschreckungsverbund mit Europa« aufzulösen; das Ergebnis – so Dregger – könne nur die »militärische Dominanz« der Sowjetunion in Europa sein.
Zugleich rief Dregger die europäischen NATO-Partner auf, sich nicht »an die Klagemauer zu stellen«, sondern das Gebot der Stunde zu erkennen: Europa politisch zu einigen und »europäische Identität in der Sicherheitspolitik« zu schaffen – im Rahmen der Atlantischen Allianz, wie Dregger betonte: »Entscheidend ist, daß wir Europäer aus der Rolle derer herauskommen, die bestenfalls konsultiert werden, aber ihr eigenes Schicksal nicht mehr mitentscheiden.«
Dregger forderte die »gleichberechtigte« Teilnahme Europas an künftigen Verhandlungen zwischen den Vereinigten Staaten und der Sowjetunion, »soweit diese Verhandlungen Europas Sicherheit betreffen«, und bezeichnete in diesem Zusammenhang die Westeuropäische Union (WEU) als eine geeignete Institution, »Europa Gehör zu verschaffen«:

Seit dem Treffen des amerikanischen Präsidenten und des sowjetischen Generalsekretärs 1986 in Reykjavik ist die Abrüstungspolitik in Bewegung geraten. In bezug auf die Sicherheit kann Abrüstung ähnliche Folgen haben wie Aufrüstung; Abrüstung kann wie Aufrüstung die Sicherheit erhöhen, sie kann sie stabilisieren. Sie kann sie vermindern.
Die doppelte Null-Lösung hat das nukleare Vernichtungspotential um drei Prozent vermindert. Für die Sicherheit wichtig ist der Umstand, daß die relativ geringere Abrüstung das Gelenkstück betrifft zwischen den Kurzstreckenraketen und Gefechtsfeldwaffen der USA in Europa und ihren strategischen Systemen in den USA und auf den Weltmeeren.
Was das aus amerikanischer Sicht bedeutet, ist in einem Gutachten dargelegt, das eine hochrangige amerikanische Kommission unter dem Vorsitz des Pentagon-Staatssekretärs Iklé vor wenigen Tagen dem amerikanischen Präsidenten vorgelegt hat. In einem Schlüsselsatz dieses Gutachtens heißt es:

> »Das Bündnis sollte den Einsatz nuklearer Waffen nicht als ein Bindeglied zu einem noch ausgedehnteren und noch verheerenderen Krieg androhen – obwohl das Risiko einer weiteren Eskalation bestehenbleiben würde –, sondern hauptsächlich als ein Instrument dafür, einer angreifenden sowjetischen Streitmacht den Erfolg zu versagen.«

Was heißt das? Die strategischen Systeme der USA würden – wenn das Iklé-Gutachten Regierungspolitik werden sollte – für einen Abschreckungsverbund mit Europa nicht mehr zur Verfügung stehen, der einschränkende Halbsatz ändert wenig daran.
Die Mittelstreckensysteme, soweit landgestützt, stehen schon deshalb nicht mehr zur Verfügung, weil sie verschrottet werden, laut INF-Vertrag. An landgestützten Systemen verbleiben nur die Gefechtsfeldwaffen und die Kurzstreckensysteme mit Reichweiten unter 500 Kilometern, von denen die amerikanischen Gutachter offenbar annehmen, daß ihr Einsatz nicht zur Eskalation bis ins amerikanische Sanktuarium führen würde.
Die USA koppeln sich also nicht ab, aber sie verweigern das Risiko der Eskalation. Sie haften nur mit den in Europa stationierten Truppen einschließlich der chemischen Waffen, die die

Gutachter nicht abgeschafft sehen möchten, und mit den in Europa stationierten atomaren Waffen mit Reichweiten unter 500 Kilometern.

- Was bedeutet das für Europa? *Wenn die amerikanische Regierung dieses Konzept übernimmt und die Europäer keinen Ausgleich schaffen, bedeutet das die militärische Dominanz der Sowjetunion in Europa.*
- Was bedeutet es für Deutschland beiderseits der Teilungsgrenze? Zur unvermeidlichen konventionellen Sonderbedrohung, die sich aus geographischen Gründen ergibt, tritt eine vermeidbare atomare Sonderbedrohung hinzu, weil die atomaren Kurzstreckensysteme in Zentraleuropa nahezu ausschließlich Deutschland bedrohen. Das geht vor allem zu Lasten des westlichen Deutschland, da die Sowjetunion in diesem Bereich mit 1365 zu 88 Systemen, also im Verhältnis 15:1 überlegen ist.

Die Gutachter begründen die von ihnen vorgeschlagene Änderung der Strategie der USA wie folgt: Wenn wir unseren Verbündeten helfen, sich zu verteidigen, können wir uns nicht auf Drohungen stützen, von denen wir erwarten müssen, daß sie unsere eigene Vernichtung auslösen, wenn sie verwirklicht werden.

Das klingt einleuchtend, aber diese Philosophie ermöglicht auch andere, ebenso einleuchtende Sätze. Zum Beispiel:

Wenn wir Deutschen dazu beitragen, Europa zu verteidigen, können wir uns nicht auf eine Strategie stützen, von der wir erwarten müssen, daß sie unsere eigene Vernichtung auslöst, wenn sie verwirklicht wird.

Eine Strategie, die die Waffensysteme abbaut, die den potentiellen Angreifer bedrohen, und dafür die Waffensysteme vermehrt, die uns als das potentielle Opfer bedrohen, wäre eine solche Strategie.

Deshalb lehnen wir Deutschen es ab, uns mit einer Umrüstung von atomaren Waffensystemen mittlerer Reichweiten auf solche kürzerer Reichweiten einverstanden zu erklären. Wir sind im Gegenteil der Meinung, daß *die Null-Lösung im Mittelstreckenbereich Abrüstungsmaßnahmen im kürzeren Bereich nicht überflüssig, sondern dringlicher gemacht hat.* Wir, die

CDU/CSU, fordern zwar nicht eine dritte Null-Lösung, aber doch eine drastische Verminderung der atomaren Waffensysteme mit Reichweiten unter 500 Kilometern auf einen Mindestbestand, der notwendig ist, um Massierungen konventioneller Angriffsverbände zu verhindern.
Meine Schlußfolgerung: Der Risikoverbund der Allianzpartner, der 40 Jahre lang den Frieden in Europa gesichert hat, kann nicht an einer Stelle aufgehoben werden, ohne daß das Ganze in Gefahr gerät. Die Allianz muß am Risikoverbund festhalten, sie muß die Risiken für alle minimieren; sie muß sie einigermaßen gerecht verteilen. Vermeidbare Sonderbedrohungen entziehen dem Bündnis die Grundlage.
Die CDU/CSU-Bundestagsfraktion wird nach weiterer Auswertung des Gutachtens dieses zum Gegenstand der Erörterung mit der amerikanischen Seite machen.

Europa muß als Einheit auftreten

Wir Europäer haben keinen Anlaß, uns an die Klagemauer zu stellen. *Es ist eine Schicksalsfrage, ob wir uns den neuen Herausforderungen gemeinsam stellen.* Deshalb möchte ich drei Fragen an uns Europäer richten:

- Wird Frankreich sich nur bedingt mit dem Schicksal seines östlichen Nachbarn, der Bundesrepublik Deutschland, identifizieren, nur symbolisch, nur mit Annäherungen, oder wird es Schlußfolgerungen aus der Erkenntnis ziehen, daß Frankreich nicht mehr verteidigt werden kann, wenn die Allianz in Deutschland geschlagen ist?
- Wird Großbritannien sich auf seine Insellage stützen, auf seine Sonderbeziehungen zu den USA und seine Atomwaffen, die mit denen der USA in besonderer Weise verknüpft sind?
- Wird die Bundesrepublik Deutschland den mit unterschwelligen Drohungen verbundenen Verlockungen der Sowjetunion erliegen, um sich auf diese Weise aus einer strategischen Lage zu befreien, die keinen ausreichenden Schutz mehr bietet?

Ähnliche Fragen kann man an jeden anderen europäischen Partner richten. Die Antwort eines jeden hängt von der des anderen ab. Die Alternative ist klar: Entweder wir schaffen jetzt die Politische Union Europas, die Wirtschafts- und Währungsunion und die Sicherheitsunion, oder wir driften auseinander – und Europa ist nur noch Objekt, nicht mehr Subjekt der Politik.

Wie wir die europäische Identität in der Sicherheitspolitik organisieren, ob über die WEU oder eine neue zu schaffende Sicherheitsunion – beides im Rahmen der Atlantischen Allianz –, ist nicht entscheidend. Entscheidend ist, *daß Europa seine eigene Identität findet;* daß Europa mit *einer* Stimme spricht; daß über den Atlantik und in den Kreml nicht europäisches Stimmengewirr dringt. Entscheidend ist, daß es ein politisches Europa gibt, als Allianzpartner der USA und als Gesprächspartner der Sowjetunion. Entscheidend ist, daß wir Europäer aus der Rolle derer herauskommen, die bestenfalls konsultiert werden, aber ihr eigenes Schicksal nicht mehr mitentscheiden.

Um Europa Gehör zu verschaffen, brauchen wir eine dafür geeignete Institution. *Das könnte die WEU sein.* Wir sollten die Forderung stellen, daß Europa an künftigen Verhandlungen der USA und der Sowjetunion gleichberechtigt teilnehmen kann, soweit diese Verhandlungen seine Sicherheit betreffen. Eine solche Forderung wäre nicht nur ein Signal, daß wir Europäer gewillt sind, unser eigenes Schicksal mitzubestimmen; sie würde uns auch dazu zwingen, eine gemeinsame Sicherheits- und Abrüstungspolitik zu entwerfen.

Ich weiß, daß Frankreich für sich selbst bisher eine andere Position vertreten hat: aus verständlichen Gründen. Es hat es abgelehnt, seine eigenen atomaren Waffen in Abrüstungsverhandlungen einzubeziehen, solange das Potential der Weltmächte das Frankreichs so sehr übertrifft, wie es jetzt der Fall ist. Diesen Standpunkt sollten wir alle teilen. Die Weltmächte haben erst dann Anlaß, mit Abrüstungsforderungen an die beiden europäischen Atommächte heranzutreten, wenn sie ihr eigenes strategisches Potential auf einen Stand abgerüstet

haben, der etwa dem der beiden europäischen Atommächte zusammen genommen entspricht.
Wird Europa die Kraft haben, zum Gesprächspartner der beiden Weltmächte zu werden? Es verfügt über alle Ressourcen, die dafür notwendig sind. Allein die Staaten der EG, die auch der WEU angehören, haben mehr Einwohner als die USA. Ich meine, Europa hat keinen Anlaß, abzudanken.
Es sollte auch in dem Weltmächtesystem, das nach dem Zweiten Weltkrieg entstanden ist, den Friedens- und Freiheitswillen seiner Völker zur Geltung bringen. Das können wir nur, wenn wir unsere Kräfte bündeln und als Einheit auftreten.
Zu diesen Fragen, die ich am Montag dieser Woche auch in Paris vor dem »Aktionskomitee für Europa« (Monnet-Komitee) aufgeworfen habe, hat dieses in einer Erklärung von Dienstag dieser Woche Stellung genommen. Darin macht sich das Monnet-Komitee auch die »Empfehlungen« zu eigen, die eine Arbeitsgruppe unter dem Vorsitz von Präsident Jacques Chaban-Delmas unter Mitwirkung von Egon Bahr, Markus Berger und mir erarbeitet hat. Diese Empfehlungen beziehen sich auf die *»Errichtung eines europäischen Sicherheits- und Verteidigungssystems im Rahmen des Atlantischen Bündnisses«*.
Im Mittelpunkt der Erklärung des Monnet-Komitees steht die Verteidigungs- und Sicherheitspolitik. Dabei wird Bezug genommen auf eine Entschließung, die das Komitee im März 1987 in Rom auf meinen Vorschlag hin angenommen hatte: »Langfristig ist wirtschaftliche und soziale Solidarität nur möglich, wenn sie auch die Sicherheit durch eine gemeinsame Verteidigungspolitik einschließt.«
Unter Ziffer 4.4 wird als Ziel festgehalten, in Europa eine Friedensordnung zu schaffen, die eine Überwindung seiner Teilung erlauben wird.
Auf meinen Vorschlag hin wurde unter Ziffer 4.5 beschlossen: »Das zu schaffende europäische Sicherheits- und Verteidigungssystem soll ... sicherstellen, daß Europa an künftigen Verhandlungen der USA und der UdSSR gleichberechtigt teilnehmen kann, soweit sie seine Sicherheit betreffen.«
Die Regierungen werden aufgefordert, auf der Grundlage der

von der WEU beschlossenen Plattform von Den Haag und des Papiers der Arbeitsgruppe unter dem Vorsitz von Jacques Chaban-Delmas einen Bericht für eine Regierungskonferenz zu erstellen.
Bei all dem geht es vor allem darum, eine *europäische Identität in der Sicherheitspolitik* zu entwickeln, an der Frankreich voll und führend beteiligt ist.

Eine Existenzfrage für die Allianz

Rede vor der John-Hopkins-Universität in Washington am 5. Mai 1988

Im Mai 1988 reiste Alfred Dregger in die Vereinigten Staaten und vertiefte »vor Ort« seine Kritik an der Iklé-Studie. In einem Gespräch mit Präsident Reagan und in einer Rede vor dem American Institute for Contemporary German Studies an der John Hopkins University in Washington sagte Dregger am 5. Mai 1988, das Atlantische Bündnis habe seit 1945 Krieg und Erpreßbarkeit in Europa verhindert. Entscheidend dafür seien nicht die Waffen gewesen, auch nicht die Atomwaffen: »Entscheidend war und ist der Risiko- und Abschreckungsverbund, der das Allianzgebiet, also Nordamerika und Westeuropa, zu einer strategischen Einheit macht.« Die Philosophie des Bündnisses – das eine »moralische Grundlage« besitze, weil es »gemeinsame Werte« verteidige – dulde keine Zonen unterschiedlicher Sicherheit. Dregger fragte: »Bleibt diese Philosophie und mit ihr die Strategie der Kriegsverhinderung durch Abschreckung, wenn erforderlich mit den letzten Mitteln, erhalten – oder sind die USA dabei, eine neue, grundlegend andere Strategie zu entwerfen?«
Dregger sprach – in Anspielung auf das Iklé-Gutachten – von »Denkschulen« in den Vereinigten Staaten, die den Sicherheitsverbund zwischen Europa und Amerika »durch eine stärkere Regionalisierung der Abwehrstrategie ersetzen wollen«. Angesichts der voraussehbaren Folgen einer solchen Strategie stellte Dregger die Bündnisfrage: »Ich möchte mit der Klarheit, die in einer Existenzfrage geboten ist, sagen: Eine Strategie, die auf eine Regionalisierung eines europäischen Krieges hinausliefe, entzöge dem Bündnis in Europa, insbesondere in Deutschland, die Grundlage. Wir Deutschen können nicht bereit sein, unser kleines und dichtbesiedeltes Land für eine atomare Kriegsführungsstrategie zur Verfügung zu stellen, die bei ihrer Verwirklichung unseren Untergang bedeuten würde«:

1. Unser Land hat in Ost-West-Richtung nur eine Tiefe von 250 Kilometern. Es umfaßt jedoch in Nord-Süd-Richtung die ganze Zentralfront in Mitteleuropa – von der Nordsee bis zu den Alpen. In dieser Situation waren und sind wir auf die Allianz angewiesen. Wichtig war und bleibt die Stationierung alliierter Truppen auf westdeutschem Boden. Wichtiger, ja ausschlaggebend für unsere Sicherheit war und ist jedoch die Einbindung unseres Landes in einen uneingeschränkten Risiko- und Abschreckungsverbund, der Nordamerika und Westeuropa zu einer strategischen Einheit macht.
   Nur auf diese Weise konnte und kann im schmal gewordenen westlichen Europa für einen potentiellen Angreifer ein Risiko aufgebaut werden, das für ihn untragbar ist. Dieser Verbund hat denn auch in einer Welt von Kriegen das Allianzgebiet, einschließlich seiner exponierten Teile, zu einer Welt des Friedens und der Sicherheit werden lassen.
   In den USA gibt es Denkschulen, die im Zuge des INF-Abkommens den bisherigen Verbund durch eine stärkere Regionalisierung der Abwehrstrategie ersetzen wollen. Die Folgen für die Allianz wären schwerwiegend; ich will sie im ersten Abschnitt meines Vortrags erläutern.
2. Neben dem atlantischen ist der europäische Verbund für uns Westdeutsche von großer Bedeutung. Wir arbeiten zusammen mit anderen daran, die europäischen Mitglieder der Allianz unter voller Beteiligung Frankreichs zu einer europäischen Sicherheitsunion zusammenzuschließen, die es Europa erlaubt, mehr Einfluß in der Allianz und mehr Verantwortung für die Allianz wahrzunehmen. Darauf möchte ich im zweiten Teil meines Vortrages eingehen.
3. Schließlich will ich mich zu einem immer noch ungelösten Thema äußern: *Überwindung der Teilung Deutschlands und Europas.* Auch dabei geht es um Fragen der Sicherheit für alle Beteiligten; aber auch *um die Frage der Menschen- und der Freiheitsrechte der Ostmitteleuropäer,* die nach 1945 gegen ihren Willen einer kommunistischen Herrschaft unterworfen wurden.

Ausgangspunkt meiner Überlegungen ist der INF-Vertrag. Wir

Deutschen gehen davon aus, daß er ratifiziert wird. Meine Regierung und meine Fraktion haben dem zugestimmt. Meine Ausführungen befassen sich daher lediglich mit der Analyse der sicherheitspolitischen Folgen dieses Vertrages für Europa und den Konsequenzen, die daraus zu ziehen sind.

1. Die Sowjetunion wird durch das INF-Abkommen von dem Risiko befreit, durch landgestützte Systeme der USA von Europa aus getroffen werden zu können. Mit der Pershing II wird in Europa das Waffensystem beseitigt, das der Sowjetunion in besonderer Weise Respekt einflößte.
2. Europa wird zwar von der Bedrohung durch die sowjetischen SS 20 befreit. Es verbleiben der Sowjetunion aber neben ihrem sonstigen riesigen Nuklearpotential allein 1365 landgestützte atomare Kurzstreckensysteme mit Reichweiten unter 500 Kilometern, die jeden Punkt der Bundesrepublik Deutschland voll abdecken ...
3. Wie auch immer die Politik Gorbatschows zu beurteilen ist, wie groß seine Chancen sein mögen, welches die Ergebnisse seiner Politik sein werden – nichts rechtfertigt bisher die Annahme, die Sowjetunion habe endgültig ihr zaristisches Erbe, d. h. ihre Bereitschaft zur Expansion nach Osten, Westen und Süden, und ihre kommunistische Zielsetzung, d. h. die revolutionäre Veränderung der Welt, aufgegeben.
   Westeuropa ist der Teil der Welt, auf den die Sowjetunion ihre Interessen und Energien nach wie vor am stärksten ausgerichtet hat. Das »gemeinsame europäische Haus« ist ein Bild, das Generalsekretär Gorbatschow immer wieder gern gebraucht. Im Westen ihres Landes hat die Sowjetunion den Schwerpunkt ihrer Ressourcen und ihrer Infrastruktur sowie ihre größten Truppenkonzentrationen. Die Bundesrepublik Deutschland ist für die Sowjetunion ein nur schmaler Sperrriegel auf dem Weg nach Westen an den Atlantik.
4. Wir Deutschen wissen, daß wir uns an der Teilungsgrenze zwischen Ost und West nicht allein behaupten können. Wir brauchen dazu den europäischen Verbund und die Atlantische Allianz. Wir, die CDU/CSU, haben die Bundesrepublik Deutschland gegen erbitterten innenpolitischen Widerstand der SPD in die Allianz geführt. Wir haben die Nachrü-

stungsentscheidung des Bundeskanzlers Schmidt politisch und parlamentarisch durchgesetzt, nachdem Schmidt wegen dieser Nachrüstungsentscheidung von seiner eigenen Partei im Stich gelassen worden war. Wir wissen, daß wir auf die USA angewiesen sind, wenn wir Freiheit, Sicherheit und Demokratie bewahren wollen. Und das wollen wir.

5. Wir wissen aber auch, daß die USA und die freien Länder Europas auf uns, auf die Bundesrepublik Deutschland angewiesen sind, wenn sie nicht nach der östlichen Hälfte Europas auch noch Westeuropa dem Einfluß der Sowjetunion überlassen wollen.
   Ohne uns, ohne den geographischen Raum der Bundesrepublik Deutschland und ohne den militärischen Beitrag der Bundeswehr kann Westeuropa weder verteidigt noch gegen Erpressung geschützt werden.
   Wenn es der Sowjetunion gelänge, die Bundesrepublik Deutschland und andere westeuropäische Länder in ihren Einflußbereich einzubeziehen, dann entstünde unter ihrem Dach ein eurasischer Block, dem auch die USA nicht mehr gewachsen wären. Die USA verteidigen daher nicht nur uns, sondern auch sich selbst, wenn sie in Europa militärisch präsent sind.
6. Das Bündnis hat eine moralische Grundlage: Es ist die Überzeugung, gemeinsame Werte zu verteidigen, und die Gewißheit, daß keiner der Partner die Lebensinteressen des anderen bewußt oder unbewußt mißachtet. Damit solche Zweifel im Zuge des Abrüstungsprozesses in Deutschland nicht aufkommen können oder sich verstärken, liegt es *im Interesse der Allianz, unsere deutschen Sicherheitsinteressen unseren Verbündeten gegenüber in aller Deutlichkeit darzulegen. Das will ich tun.*

Was im deutschen Interesse liegt

1. Unser erstes deutsches Interesse ist es, zu verhindern, daß unser Land durch Krieg vernichtet wird. Wir Deutschen, von denen am Ende des Zweiten Weltkrieges 14 Millionen aus

ihrer seit Jahrhunderten angestammten Heimat in Ostdeutschland, in Ost- und Südosteuropa vertrieben wurden – zwei Millionen kamen dabei um –, leben heute in einem der am dichtesten besiedelten Länder der Erde.
Dieses dichtbesiedelte Land kann atomar vernichtet, aber nicht atomar verteidigt werden. Wir erwarten daher von unseren Verbündeten, daß sie ihre atomaren Abschreckungswaffen – wenn irgend möglich – nicht gegen unser Land, sondern gegen das des potentiellen Angreifers richten. *Das erklärt unsere Abneigung gegen atomare Kurzstreckensysteme, die in beiden Richtungen nur von Deutschland nach Deutschland reichen, und unsere noch größere Abneigung gegen atomare Artillerie. Wer diesen Grundtatbestand, der sich aus der Geographie und der Teilung unseres Landes ergibt, ignoriert, kann auf Dauer keinen politischen Erfolg in Deutschland haben.*

2. Auch einen nichtatomaren Krieg zu verhindern, ist deutsches Überlebensinteresse. Unser Land wäre Hauptkriegsschauplatz eines europäischen Krieges, was sich nicht nur aus der Tatsache seiner Teilung ergibt, sondern auch aus dem Umstand, daß der Osten eine offensive und der Westen eine defensive Militärstrategie verfolgt. Was es bedeutet, Hauptkriegsschauplatz zu sein, dazu haben wir insbesondere im letzten Krieg einschlägige Erfahrungen gesammelt. Dresden war nicht weniger schlimm als Hiroshima.
3. Die Allianz hat seit 1945 Krieg und Erpreßbarkeit in Europa verhindert. Wir Deutschen würdigen das. Wir sind verläßliche Verbündete und leisten mit der Bundeswehr einen bedeutenden Beitrag zur Allianz. Sicherlich hat die abschreckende Wirkung der Atomwaffen zur Erhaltung des Friedens in Europa beigetragen; allerdings nur im Rahmen einer Gesamtstrategie der Allianz. Das Entscheidende waren nicht die Waffen, auch nicht die Atomwaffen. Entscheidend war und ist der Risiko- und Abschreckungsverbund, der das Allianzgebiet, also Nordamerika und Westeuropa, zu einer strategischen Einheit macht.
Dieser Verbund bedeutet, daß die Sowjetunion bei einem Angriff auf Deutschland nicht nur auf die bei uns stationier-

ten konventionellen und atomaren Streitkräfte der USA, Kanadas und Europas treffen würde – denen ist die Sowjetunion nach wie vor weit überlegen –, sondern auf eine Allianz, die durch diesen Risiko- und Abschreckungsverbund die geographische Distanz zwischen Europa und Nordamerika überbrückt; eine Allianz, deren Bündnisphilosophie keine Zonen unterschiedlicher Sicherheit duldet, eine Allianz, die deshalb kein Mittel scheuen würde, um einen Angreifer zurückzuweisen, und zwar – was entscheidend ist – auf seinem eigenen Territorium mit vernichtenden Folgen für ihn selbst.

4. Die strategische Einheit des Allianzgebietes, der uneingeschränkte Abschreckungs- und Risikoverbund zwischen Nordamerika und Westeuropa hat es der Bundesrepublik Deutschland ermöglicht, ihre Streitkräfte voll der NATO zu unterstellen, auf eigene Atomwaffen zu verzichten und ihr Schicksal mit dem der Allianz zu verknüpfen.
   Bleibt diese Philosophie und mit ihr die Strategie der Kriegsverhinderung durch Abschreckung, wenn erforderlich mit den letzten Mitteln, erhalten – oder sind die USA dabei, eine neue, grundlegend andere Strategie zu entwerfen?

Im Iklé-Report lautet ein Schlüsselsatz wie folgt:

> »Wenn wir unseren Verbündeten helfen, sich zu verteidigen, können wir uns nicht auf Drohungen stützen, von denen wir erwarten müssen, daß sie unsere eigene Vernichtung auslösen, wenn sie verwirklicht werden.«

Bemerkenswert an diesem Satz ist zunächst die Tatsache, daß in ihm nicht von der Verteidigung des Allianzgebiets durch die Allianz die Rede ist, sondern von der Hilfe, die die USA denen gewähren, die ihr Gebiet verteidigen. Bei dieser Hilfe sollen die Waffensysteme ausgeschlossen bleiben, deren Einsatz die Vernichtung der USA auslösen könnte. Darunter müssen wohl die strategischen Systeme der USA verstanden werden, deren Abschreckungskraft damit für Europa nicht mehr zur Verfügung stünde.

Das ist um so bemerkenswerter, als das zu einem Zeitpunkt gesagt wurde, zu dem die USA ihre landgestützten Mittelstreckensysteme abschaffen. Was bleibt, sind vor allem die

Kurzstreckensysteme, die zwar weder die USA noch die Sowjetunion treffen, dafür aber vor allem unsere Vernichtung auslösen könnten.
Es entspricht dieser Logik, wenn der Iklé-Report fordert, die amerikanischen Atomwaffen in Europa dürften nicht primär als Mittel der Eskalation gesehen werden, sondern als Mittel, mit denen das Bündnis angreifende sowjetische Kräfte gezielt, kontrolliert und ohne eskalatorische Wirkung zerschlagen könne. Paul Nitze soll sogar vorgeschlagen haben, alle luft- und seegestützten Mittelstreckensysteme abzuschaffen. Das würde die vollständige Denuklearisierung im Mittelstreckenbereich bedeuten.
Ich möchte mit der Klarheit, die in einer Existenzfrage geboten ist, sagen: Eine Strategie, die auf eine Regionalisierung eines europäischen Krieges hinausliefe, entzöge dem Bündnis in Europa, insbesondere in Deutschland, die Grundlage. Wir Deutschen können nicht bereit sein, unser kleines und dichtbesiedeltes Land für eine atomare Kriegsführungsstrategie zur Verfügung zu stellen, die bei ihrer Verwirklichung unseren Untergang bedeuten würde.
Für uns kommt nur eine Strategie der Kriegsverhinderung in Frage, die im geteilten Europa nur auf der Grundlage der strategischen Einheit des Allianzgebietes, d. h. des uneingeschränkten Abschreckungs- und Risikoverbundes zwischen Nordamerika und Westeuropa denkbar ist. Auch diese Strategie enthält Risiken; für Amerika wie für Europa. Aber diese Strategie hat sich als erfolgreich erwiesen. Sie hat das Allianzgebiet vor Krieg und Erpressung geschützt und die amerikanische Weltmachtstellung abgesichert. Insofern ist die NATO die erfolgreichste Allianz der Geschichte. Wir alle sollten alles tun, um diese Allianz zu erhalten.
Dazu gehört, daß der Risikoverbund – man kann auch von Risikoverteilung sprechen – innerhalb der Allianz nicht in Frage gestellt wird. Richard Burt hat das auf dem Sicherheitskongreß der CDU am 13. April 1988 in Bonn wie folgt ausgedrückt:

> »Für die Vereinigten Staaten bedeutet Risikoteilung die Absage an das Konzept der Begrenzung eines Atomkrieges

auf europäisches Gebiet; für die Bundesrepublik bedeutet es die Ablehnung der Entnuklearisierung ihres Territoriums.«
So ist es; beides hängt zusammen. Das muß bei Abrüstungsvereinbarungen beachtet werden. Wer darauf abzielt, nach den landgestützten nun auch noch die luft- und seegestützten Mittelstreckensysteme auf Null zu bringen, dafür aber die Kurzstreckensysteme aufzustocken, der muß sich klar darüber sein, daß er dadurch dem Prinzip der Risikoteilung bzw. des Risikoverbundes und *damit der bisherigen Philosophie und Strategie der NATO eine Absage erteilt.*
Zu den aktuellen Konsequenzen, die sich aus dem INF-Abkommen ergeben, möchte ich folgendes sagen:

1. Wir lehnen es ab, für die wegfallenden Mittelstreckensysteme Ersatz im Kurzstreckenbereich zu schaffen. Das würde bedeuten: Die das Territorium des potentiellen Angreifers erreichenden Mittelstreckenraketen fallen weg. Vermehrt würden dagegen die Kurzstreckenraketen, die in Zentraleuropa im wesentlichen nur Deutschland beiderseits der Teilungsgrenze, also das potentielle Opfer, treffen könnten. Eine solche Umrüstung von weit auf kurz widerspräche den von der Allianz aus guten Gründen beschlossenen allgemeinen politischen Richtlinien.
2. Wir lehnen alle sogenannten Brandmauervorstellungen* ab. *Die Abrüstung im Mittelstreckenbereich hat die Abrüstung im Kurzstreckenbereich nicht überflüssig, sondern dringlicher gemacht.* Wir können nicht damit einverstanden sein, daß die aufgrund seiner geographischen Lage unvermeidliche konventionelle Sonderbedrohung unseres Landes noch durch eine atomare ergänzt wird, obwohl diese vermeidbar ist. Deshalb muß die Rüstung im Kurzstreckenbereich der Rüstung im Mittelstreckenbereich angeglichen werden. Das hängt nicht nur davon ab, was nach dem INF-Abkommen im Kurzstrecken-, sondern vor allem auch da-

* Der Begriff »Brandmauer« geht auf die frühere britische Premierministerin Margaret Thatcher zurück: Sie hatte seinerzeit vom atomaren »Fire-Break« gesprochen. Das Wort kann »Brandmauer« oder »Brandschneise« bedeuten. Frau Thatcher war der Ansicht, daß die atomare Abrüstung auf jeden Fall vor den Kurzstreckenwaffen mit weniger als 500 Kilometern Reichweite haltmachen müsse.

von, was luft- und seegestützt im Mittelstreckenbereich geschieht. *Je mehr im Mittelstreckenbereich abgerüstet wird, um so mehr muß auch im Kurzstreckenbereich abgerüstet werden.*

3. Die 1365 Kurzstreckensysteme der Sowjetunion, denen nur 88 auf westlicher Seite gegenüberstehen, stellen eine existentielle Bedrohung unseres Landes dar. Das würde auch für die westlichen Systeme dann gelten, wenn sie nicht mehr Teil eines kriegsverhindernden Risiko- und Abschreckungsverbundes, sondern Instrument einer Kriegsführungsstrategie wären.
   Wir haben Herrn Gorbatschow mehrfach aufgefordert, seine erdrückende Überlegenheit im Kurzstreckenbereich zum Zwecke der Vertrauensbildung einseitig zu vermindern. Wir sind ohne Antwort geblieben. Deshalb wollen wir Verhandlungen mit der Sowjetunion auch in diesem Bereich auf der Grundlage eines NATO-intern abgestimmten Abrüstungs- und Sicherheitskonzepts.
4. Solange der Risiko- und Abschreckungsverbund im Mittelstreckenbereich aufrechterhalten bleibt, lehnen wir, die CDU/CSU, die dritte Null-Lösung ab, weil die Denuklearisierung Europas die große konventionelle und chemische Überlegenheit der Sowjetunion erst voll zum Tragen brächte.
   Das ist ein Sachargument, das durchzusetzen nicht einfach ist, da es mit der Philosophie der ersten beiden Null-Lösungen in Widerspruch steht. Ich habe nie verschwiegen, daß der Einstieg in die atomare Abrüstung bei den Waffen mit Reichweiten unter 500 Kilometern besser gewesen wäre als der Einstieg im Mittelstreckenbereich. Aber die Dinge sind anders gelaufen. Wir müssen uns den Tatsachen stellen, und wir werden das auch tun.
   Bevor jedoch Modernisierungsentscheidungen im Kurzstreckenbereich fallen, wollen wir NATO-intern geklärt haben, welchen strategischen Zweck die atomaren Waffen mit Reichweiten unter 500 Kilometern haben sollen und wie viele mit welchen Reichweiten es sein müssen. Nach unserer Auffassung kann es nur ein beschränkter Zweck sein, näm-

lich die Massierung konventioneller Angriffsverbände, insbesondere von Panzerarmeen, zu verhindern. Dabei ist klar, je größer die Reichweite einer modernisierten Version der Lance ist, je geringer kann ihre Zahl sein.

5. Wir möchten vor allem wissen, ob und mit welchen Waffensystemen die USA bereit sind, nach Verschrottung der landgestützten Mittelstreckensysteme den Abschreckungsverbund im Mittelstreckenbereich durch luft- und seegestützte Systeme aufrechtzuerhalten. Davon hängt es ab, ob die geltende Strategie der »flexible response« glaubwürdig bleibt.
6. Die Allianz hat auf der Außenministerkonferenz am 12. Juni 1987 und auf der Konferenz der Staats- und Regierungschefs am 2./3. März 1988 in Brüssel die Erarbeitung eines Gesamtabrüstungskonzepts beschlossen, das die Kurzstreckensysteme mit Reichweiten unter 500 Kilometern einschließt. Dieses Konzept soll Grundlage von Modernisierungsentscheidungen und Verhandlungsvorschlägen an die Sowjetunion sein. Auf einzelne Waffensysteme beschränkte Entscheidungen wie bei den beiden Null-Lösungen soll es nicht mehr geben. Das ist gut so. Wir Deutschen erwarten, daß alle Alliierten sich daran halten.
7. Bei der Erarbeitung des Abrüstungs- und Sicherheitskonzepts sollte – das ist jetzt meine persönliche Meinung – die Allianz auch die Notwendigkeit und Zweckmäßigkeit der *atomaren Artillerie* überprüfen. Wenn von verbündeter Seite gesagt wird, man brauche diese Waffen zum Schutz der eigenen Truppen, dann muß ich darauf hinweisen, daß der Schutz der *Zivilbevölkerung* – jedenfalls für uns – den gleichen Rang genießt wie der Schutz unserer und der verbündeten Truppen.

   Die Einsatzbereitschaft der Bundeswehr hängt nicht nur von ihrer Ausrüstung, sondern mehr noch von der Überzeugung unserer Soldaten ab, daß die Strategie der NATO *die Überlebensinteressen des deutschen Volkes schützt.* Im übrigen ist es auch für die Truppen der Allianz ein sehr zweifelhafter Schutz, wenn die eigene Führung sie auf dem

Gefechtsfeld atomarer Waffenwirkung aussetzt. Tschernobyl gibt eine Vorstellung, was das bedeuten würde.

8. Alliierte, die aufeinander angewiesen sind, sollten Verständnis füreinander haben, auch wenn die Lage ihrer Länder äußerst unterschiedlich ist. Die Lage meines Landes läßt sich mit drei Stichworten umreißen: Deutschland und seine Hauptstadt Berlin sind geteilt; beiderseits der Teilungsgrenze gibt es riesige Truppenmassierungen gegnerischer Bündnissysteme; die Bevölkerung östlich der Teilungsgrenze muß unter einem kommunistischen Zwangsregime leben. Das sind unsere Lasten.
   Mit der Bundeswehr, einer Wehrpflicht-Armee, stellen wir der Allianz die stärkste und modernste konventionelle Streitmacht in Europa zur Verfügung. Die Dauer der Wehrpflicht haben wir soeben von 15 auf 18 Monate verlängert. Die Söhne des Bundeskanzlers z. B. sind – wie meine Söhne – Reserveoffiziere in der Bundeswehr. Ihre Wehrpflicht mit zahlreichen Reserveübungen dauert bis zu ihrem 60. Lebensjahr. Kein Bündnispartner verlangt von seiner wehrfähigen Mannschaft vergleichbar viel.
   Amerikaner, die das wissen, werden nicht sagen, unsere deutschen Lasten und unser deutscher Beitrag zur Allianz seien zu gering. Für das, was wir leisten, erwarten wir keinen Dank; denn wir tun es für unser Land. Aber da wir es auch für die Allianz tun, *erwarten wir von unseren Verbündeten, daß sie auf unsere besondere geographische Lage und auf unsere existentiellen Interessen Rücksicht nehmen.*
9. Die Fähigkeit des Warschauer Paktes zum Überraschungsangriff und zur raumgreifenden Offensive sowie seine Aufwuchsfähigkeit aus der Tiefe des Raumes bleiben das Kernproblem der Sicherheit in Europa, bis durch asymmetrische Reduzierungen sowjetische Überlegenheiten abgebaut sind. Ob der Warschauer Pakt dazu bereit ist, wird sich zeigen, wenn der Westen Abrüstungskonzepte vorlegt, die den sowjetischen Generalsekretär beim Wort nehmen. Wir Deutschen drängen darauf, daß das geschieht.
10. Wir Deutschen fordern die *weltweite Ächtung und Beseitigung der chemischen Waffen.* Sie sind für beide Seiten ent-

behrlich. Die Verifikation sollte lösbar sein. Entbehrlich ist auch ein sehr großer Teil der strategischen atomaren Systeme der Weltmächte, die jetzt um 50 Prozent reduziert werden sollen. Wir begrüßen diese Absicht der USA und der UdSSR.

Reagans Appell

1. Während die politische Einigung Europas heute als möglich, ja als wahrscheinlich erscheint, gilt vielen die Überwindung der deutschen und europäischen Teilung als unrealistisch. Aber die Überwindung dieser Teilung entspricht dem Wunsch der Völker Europas. Es ist die Zwangsherrschaft in den kommunistischen Ländern, die sie verhindert. Diese Zwangsherrschaft können wir nicht ignorieren, aber wir können sie auch nicht akzeptieren. Deshalb werden wir am Ziel der Einheit Deutschlands und Europas festhalten.
2. Die vom Atlantischen Bündnis 1967 aufgestellten Grundsätze des Harmel-Berichts haben daher für uns unverändert aktuelle Bedeutung. Ich zitiere die Ziffer 8:

    ... Eine endgültige und stabile Regelung in Europa ist nicht möglich ohne eine Lösung der Deutschlandfrage, die den Kern der gegenwärtigen Spannungen in Europa bildet. Jede derartige Regelung muß die unnatürlichen Schranken zwischen Ost- und Westeuropa beseitigen, die sich in der Teilung Deutschlands am deutlichsten und grausamsten offenbaren.«
3. Die Überwindung der Teilung Deutschlands und Europas ist ein Ziel, das nur in enger Zusammenarbeit mit den beiden Weltmächten, unter Berücksichtigung ihrer Interessen – auch ihrer Sicherheitsinteressen – verwirklicht werden kann.

    Ob und wann die Sowjetunion sich einer solchen Politik öffnen wird, ist ebenso ungewiß wie die Entwicklung, die sie unter Gorbatschow eingeschlagen hat.

    Aber auch die Sowjetunion muß sich fragen, was künftig von größerem Nutzen für sie ist: ein wiedervereinigtes Europa, mit

dem auch sie eng zusammenarbeiten könnte – oder die Aufrechterhaltung der Herrschaft über ihre Zwangsverbündeten in Ostmitteleuropa, einer Herrschaft, deren ökonomische, politische und militärische Folgelasten für die Sowjets von Jahr zu Jahr nicht kleiner, sondern größer werden.
Die Sowjetunion wird sich diese *Kardinalfrage* um so eher stellen, je rascher der Prozeß der Integration Westeuropas voranschreitet: *Wenn aus der Europäischen Gemeinschaft – die heute schon ein Stück jener Friedensordnung für Gesamteuropa darstellt, wie sie der Westen anstreben muß – über eine Wirtschafts- und Währungsunion und eine Sicherheitsunion eine Politische Union wird, so haben wir in ihr ein weithin ausstrahlendes Modell für ein Gesamteuropa, das auf Freiheit und Recht, Ausgleich und Versöhnung gegründet ist.*

4. Am 12. Juni 1987 hat Präsident Reagan vor dem Brandenburger Tor in Berlin Generalsekretär Gorbatschow aufgefordert, *die Mauer zu öffnen.* Reagan hat diese Aufforderung mit Vorschlägen verbunden, die Berlin, der geteilten deutschen Hauptstadt, Zukunftschancen geben sollen. All das festigt unsere Hoffnung, daß die USA nicht nur in der Sicherheitspolitik, sondern auch in der Europapolitik unser wertvoller und verläßlicher Verbündeter bleiben werden.

Die WEU als europäischer Pfeiler der NATO

Rede im Deutschen Bundestag am 1. Dezember 1988

Mehr Mitverantwortung für ihre eigene Sicherheit zu übernehmen: das war über Jahrzehnte hinweg eine Forderung der Amerikaner an ihre Verbündeten in Europa. Sie stieß nicht auf taube Ohren, aber sie wurde nie verwirklicht: Die europäischen NATO-Mitglieder fanden nicht die Kraft, gemeinsam mit den USA und Kanada aus der Atlantischen Allianz ein Bündnis zu schmieden, das auf zwei Pfeilern ruhte: auf einem amerikanisch-kanadischen und auf einem europäischen. So blieb die NATO ein Bündnis zwischen Ungleichen – ein Zustand, der weder den europäischen noch den amerikanischen Sicherheitsinteressen diente.

*Die Sicherheitsfrage, schrieb Alfred Dregger 1985, sei »die Kernfrage der Zukunft Europas«. Er fügte hinzu: »Bei aller Bedeutung der USA für die Sicherheit des freien Europas: entscheidend ist auf Dauer, was die Europäer selbst für ihre Sicherheit zu tun bereit sind.«**

Drei Jahre später, am 1. Dezember 1988, trug Dregger in einer Rede vor dem Deutschen Bundestag zehn Thesen zur Gründung einer Europäischen Sicherheitsunion vor: Wenn das mit den USA und Kanada verbündete Westeuropa seine militärischen Kräfte »im europäischen Pfeiler der Allianz« bündele, sagte Dregger, so könne eine »neue NATO« entstehen, ein Bündnis aus zwei in etwa gleichgewichtigen Partnern.

Zur Gründung der Europäischen Sicherheitsunion brauche man keinen neuen Vertrag, unterstrich Dregger. Die 1954 gegründete »Westeuropäische Union« mit Leben zu erfüllen, sei in seinen Augen »der aussichtsreichste Weg zur Europäischen Sicherheitsunion«. Diesen Weg schlage er vor: »Die WEU als europäischer Pfeiler der NATO würde es Europa ermöglichen, in Zukunft an allen Ver-

---

* Alfred Dregger, Der Preis der Freiheit, Sicherheitspolitik im geteilten Europa, 1985, S. 198, S. 9.

handlungen teilzunehmen, die seine Interessen berühren.« Zudem werde die Gründung der Sicherheitsunion dem europäischen Einigungswerk insgesamt einen »entscheidenden Impuls« geben. Der Schlüssel zur Europäischen Sicherheitsunion – so Dregger – liege bei Frankreich, das 1966 aus der integrierten Kommandostruktur der NATO ausgeschieden sei und diesen Schritt nicht mehr rückgängig machen wolle. Erforderlich sei folglich eine Politik, die zum einen die Atlantische Allianz nicht beschädige – und die zum anderen Frankreich die Möglichkeit gebe, »führend am Aufbau eines europäischen Verteidigungssystems teilzunehmen«. Mit der WEU als europäischem Pfeiler der NATO könne beides gelingen:

Die Assemblée Nationale in Paris und der Deutsche Bundestag beraten am selben Tag, nämlich heute, ein deutsch-französisches Abkommen. Um was geht es bei diesem Abkommen? Die Protokollnotiz zum Verteidigungs- und Sicherheitsrat beschreibt die Ziele wie folgt: »Es geht um die Vervollständigung des europäischen Einigungswerks und um die Entwicklung einer europäischen Identität in der Sicherheitspolitik.«
Das sind zwei große, kühne, schwierige Aufgaben. Das weiß jeder, der sich die heutigen Sicherheitsstrukturen in Westeuropa ansieht.
Was bedeuten diese Ziele gesamtpolitisch? Werfen wir zunächst einen Blick nach Osten. Die inneren Veränderungen in der Sowjetunion, deren Ausmaß noch nicht abzuschätzen ist – zur Zeit sind die verkündeten Absichten noch beeindruckender als die Ergebnisse –, machen den europäischen Zusammenschluß nicht überflüssig. Im Gegenteil: Wir brauchen den europäischen Zusammenschluß nicht nur um unserer Sicherheit, sondern auch um der Ost-West-Beziehungen willen, die – davon bin ich überzeugt – nur unter Mitwirkung eines eigenständigen und handlungsfähigen Westeuropa zum Erfolg geführt werden können ...
Wir – die CDU/CSU-Bundestagsfraktion – sind bereit, die inneren Reformen in der Sowjetunion zu unterstützen, auch

wenn diese die Wirtschaftskraft und damit die Macht der Sowjetunion vergrößern. Friede und Sicherheit sind ja nicht nur eine Frage der Machtrelationen, sondern auch eine Frage der inneren Entwicklung eines Landes sowie der Art und Weise, wie andere mit ihm umgehen. Wenn sich die Sowjetunion mit westlicher Unterstützung zu mehr innerer Freiheit – sicherlich nicht so wie bei uns, aber doch zu mehr innerer Freiheit – entwickeln sollte, dann könnten auch ihre Nachbarn sicherer leben.

Eine Einschränkung möchte ich allerdings machen. Wir können die Sowjetunion nur dann technisch und ökonomisch unterstützen, wenn ihre Politik nicht nur verbal, sondern tatsächlich einen friedlichen Charakter annimmt. Dazu gehört der Verzicht auf militärische Übermacht, d. h. die Bereitschaft zur asymmetrischen Abrüstung. Dazu hat sich die Sowjetunion grundsätzlich bereit erklärt. Die Sowjetunion sollte so bald wie möglich auf die Ernsthaftigkeit dieser Absicht in konkreten Verhandlungen getestet werden ...

Zur friedlichen Politik gehört auch der Verzicht auf militärische Erpressung, nicht nur in Form des schrecklichen Afghanistan-Abenteuers, das Millionen Menschen das Leben gekostet hat und noch nicht beendet ist; dazu gehört auch der Verzicht auf die Breschnew-Doktrin, deren Widerruf leider immer noch aussteht. Es kann nicht Aufgabe der Roten Armee sein, die innere Entwicklung der Nachbarländer der Sowjetunion durch militärischen Druck zu beeinflussen und zu intervenieren, wenn dieser Druck nicht das gewünschte Ergebnis hat ...

Noch schwieriger, als die europäische Einigungspolitik und die europäische Ostpolitik miteinander zu verbinden – ich hoffe, daß alle europäischen Staats- und Regierungschefs, die jetzt in kurzen Abständen nach Moskau fahren, ihre Mission wie wir als ein Teilstück einer *europäischen Ostpolitik* verstehen –, ist es, *im Westen neue Allianzstrukturen zu schaffen, die notwendig sind, wenn die europäische Identität in der Sicherheits- und Verteidigungspolitik geschaffen werden soll,* wie es ja in dem Abkommen, das uns jetzt vorliegt, als Ziel beschrieben wird.

Der Schlüssel dafür liegt bei Frankreich. Frankreich ist 1966 aus

der integrierten Kommandostruktur der NATO ausgeschieden und lehnt es, wie wir alle wissen, nach wie vor ab, diesen Schritt rückgängig zu machen. Frankreich deshalb zu schelten, wäre töricht, zumal es für seine Haltung Sachgründe gibt. Sinnvoller dürfte es sein, den Versuch zu machen, eine neue Lösung zu finden. Dabei kann an zwei Veränderungen im strategischen Denken Frankreichs angeknüpft werden.
Die erste: Die Allianz mit den USA bleibt notwendig und für die Dauer der Teilung Europas auch die amerikanische Präsenz in Europa. Das wird von niemand bestritten, auch von Frankreich nicht mehr. Ich erinnere an die große Rede, die der französische Staatspräsident Mitterrand am 20. Januar 1983 vor dem Deutschen Bundestag gehalten hat.
Zweitens: Frankreich hat erkannt, daß es mit der Bundesrepublik Deutschland einen Sicherheitsraum bildet. Ein französischer Politiker hat das mir gegenüber wie folgt ausgedrückt. Er hat gesagt: Zwischen Ihnen und uns gibt es weder den Ärmelkanal noch den Atlantik.
Durch die Änderung der Machtstrukturen nach diesem Krieg haben sich die Schicksale Frankreichs und der Bundesrepublik untrennbar miteinander verknüpft. *Wir können nur noch gemeinsam Sicherheit gewinnen und behalten.*

Notwendigkeit einer neuen NATO-Struktur

Das sind zwei wesentliche Änderungen im strategischen Denken Frankreichs, die wichtig sind. Frankreich betont denn heute auch mit Nachdruck die Notwendigkeit einer gemeinsamen europäischen Verteidigung. Über bilaterale Absprachen mit seinen Nachbarn, vor allem mit uns, der Bundesrepublik Deutschland, ist es aber bisher nicht hinausgekommen.
Es kommt daher darauf an, einen Weg zu zeigen, der die Atlantische Allianz nicht beschädigt, es Frankreich zugleich aber auch ermöglicht, führend am Aufbau eines europäischen Verteidigungssystems teilzunehmen. Das geht nur in *einer neuen NATO-Struktur,* die auch aus anderen Gründen notwendig ist. Heute stehen sich in der NATO eine Weltmacht, die sich we-

gen ihrer globalen Verantwortung in mancherlei Hinsicht überfordert fühlt, auf der einen Seite und 15 Mittel- und Kleinstaaten auf der anderen Seite gegenüber, von denen Frankreich und Spanien nicht integriert sind und von denen Frankreich und Großbritannien über eigene – wenn auch im Vergleich zu den Weltmächten relativ schwache – Atomstreitkräfte verfügen.
Es gibt in der Allianz *kein Gleichgewicht zwischen Nordamerika und Westeuropa,* weder was den Einfluß noch was die Mittel angeht. Dabei wird häufig übersehen, daß der Beitrag der Europäer zur europäischen Verteidigung schon heute groß ist. Die Europäer stellen zur Zeit 95 Prozent der Divisionen, 90 Prozent der Artillerie, 80 Prozent der Panzer, 80 Prozent der Kampfflugzeuge, 65 Prozent der größeren Kriegsschiffe.
Wenn wir diese europäischen Kräfte, einschließlich der französischen, im europäischen Pfeiler der Allianz bündeln, dann entstünde eine neue NATO, die aus zwei Partnern bestünde: aus Nordamerika und Westeuropa; zwei etwa gleichgewichtigen Partnern. Dann wäre es auch vorstellbar, daß einmal ein europäischer General der Oberkommandierende der NATO in Europa würde, wie es Henry Kissinger schon vor vielen Jahren angeregt hat, dessen Stellvertreter dann der Oberste Befehlshaber der USA-Streitkräfte in Europa wäre ...

Die Politische Union: wichtiger denn je

Woran sollte der zu schaffende europäische Pfeiler der Atlantischen Allianz rechtlich und organisatorisch anknüpfen? Ein neuer Vertrag, dessen Ausarbeitung gewiß viel Zeit erfordern würde, ist meines Erachtens dafür *nicht* notwendig. Alle vorhandenen vertraglichen Instrumente sollten genutzt werden, um das politische Ziel, die *europäische Sicherheitsunion,* zu verwirklichen. Es kommt gewiß nicht auf die Instrumente an, sondern auf den politischen Willen. Wenn der allerdings fehlen sollte, dann könnten wir die weiteren Überlegungen einstellen.
Da Frankreich den Schlüssel zur europäischen Sicherheitsunion hat und da die Anregungen, die ich hier vortrage – wie mir in manchen Gesprächen mit französischen Politikern und Poli-

tikern aus anderen EG-Ländern versichert wurde –, Frankreich durchaus erwägenswert erscheinen – ich will mich ganz vorsichtig ausdrücken –, wird es sich zeigen, wie ernsthaft der Wille zur europäischen Einheit tatsächlich ist.
Die wichtigsten Instrumente der Einigungspolitik in Europa sind die EG und die WEU. Die Europäische Gemeinschaft hat die stärksten Institutionen. Die WEU konzentriert sich auf das größte zusammenhängende europäische Allianzgebiet.
Das Beistandsversprechen der WEU geht weit über das der NATO hinaus. Die Partner der WEU haben sich gegenseitige Hilfe »mit allen Mitteln« versprochen. *Die Westeuropäische Union als Sicherheitsorganisation der EG – was keine volle Identität der Vertragsgebiete voraussetzt – erscheint mir daher als der aussichtsreichste Weg zur europäischen Sicherheitsunion. Diesen Weg schlage ich vor ...*
Am 17. November 1988 konnte ich in Den Haag dem Monnet-Komitee meine Vorstellungen vortragen. Sie haben nicht nur die Unterstützung der deutschen Mitglieder, so des früheren Bundespräsidenten Karl Carstens, des früheren Bundeskanzlers Helmut Schmidt und des derzeitigen Koordinators der deutsch-französischen Zusammenarbeit, Rainer Barzel, gefunden; sie sind auch bei den Mitgliedern aus anderen EG-Ländern auf großes Interesse und zum Teil auf Zustimmung gestoßen.
Ich möchte meine Überlegungen in zehn Punkten zusammenfassen:

1. Die Europäische Sicherheitsunion und mit ihr die politische Union Europas ist heute notwendiger denn je. Europas Zukunft kann nicht alleine den Weltmächten überlassen bleiben.
2. Die USA brauchen ein mit ihnen verbündetes starkes Europa, wenn sie weiterhin ihrer globalen Verantwortung gerecht werden wollen.
   Die Sowjetunion braucht für eine verbesserte Zusammenarbeit mit Europa einen europäischen Partner, der seine Interessen auch ihr gegenüber eigenständig und selbstbewußt vertreten kann.
3. Europa braucht vor allem sich selbst. Die WEU als euro-

päischer Pfeiler der Atlantischen Allianz würde das jetzige Ungleichgewicht in der Allianz überwinden.

4. Die WEU würde es Frankreich ermöglichen, in der europäischen Verteidigung eine Rolle zu spielen, die seiner Größe, seiner Macht und seiner militärgeographischen Unentbehrlichkeit entspricht.
5. Die WEU als europäischer Pfeiler der Atlantischen Allianz würde es ermöglichen, das Nebeneinander mehrerer Abwehrstrategien in Europa zu überwinden. Zur Zeit gibt es eine französische, vielleicht auch eine spanische und eine atlantische Abwehrstrategie, die von den USA dominiert und von den anderen integrierten Europäern mitgetragen wird. Dieses Nebeneinander verschiedener Abwehrstrategien ist ein Luxus, den sich Europa und die Allianz nicht länger leisten sollten.
6. Die WEU als europäischer Pfeiler der Atlantischen Allianz würde es Europa ermöglichen, in Zukunft an allen Verhandlungen teilzunehmen, die seine Interessen berühren. Beim nächsten Reykjavik-Gipfel würde, anders als 1986, außer dem Präsidenten der USA und dem Generalsekretär aus Moskau auch ein Repräsentant Europas am Verhandlungstisch sitzen.
7. Die Atomstreitkräfte Großbritanniens und Frankreichs verblieben selbstverständlich – wie die amerikanischen – unter nationalem Oberbefehl. Wir Deutschen haben keine Atomwaffen und wollen auch keine ... Es muß ... von unseren Verbündeten erwartet werden, daß die unter nationalem Oberbefehl stehenden Atomstreitkräfte in ihrer Einsatzplanung – und das hängt auch mit den festgelegten Reichweiten zusammen – auf die Überlebensinteressen der nicht atomar bewaffneten Alliierten Rücksicht nehmen.
8. Europa ist dabei, den größten Binnenmarkt der Erde mit 320 Millionen Menschen zu schaffen. Auch wenn Europa militärisch keine Weltmacht ist und auch nicht anstrebt, es zu werden, hat Europa jedenfalls Anspruch darauf, daß seine Sicherheitsinteressen nicht geringer geachtet werden als die Sicherheitsinteressen der USA und der Sowjetunion. Die USA haben die europäische Einigung immer gefördert

und in Europa immer mehr gesehen als ein Glacis, dessen Verteidigung dem Schutz amerikanischer Interessen zu dienen hat. Auch die Sowjetunion muß Europa endlich als eigenständige Kraft mit durchaus eigenständigen Sicherheitsinteressen anerkennen. Europa ist mehr und etwas anderes als eine vorgeschobene Basis der USA.

9. Die Gründung einer europäischen Sicherheitsunion würde der Gründung der Wirtschafts- und Währungsunion einen *entscheidenden Impuls* geben. Wenn sich die Europäer in der Existenzfrage ihrer Sicherheit miteinander identifizieren, dann ist es selbstverständlich, daß sie ihre wirtschaftlichen, ihre finanziellen und ihre Währungsinteressen in den gemeinsamen Verbund hineingeben.

10. *Die politische Union Europas könnte in der weiteren Entwicklung auch bei der Überwindung der europäischen Teilung eine Rolle spielen. Sie könnte, wenn auch den ostmitteleuropäischen Staaten die Mitwirkung erlaubt würde, zur friedenserhaltenden Mitte zwischen den Weltmächten werden, die es diesen ersparte, sich mitten in Europa hochgerüstet hautnah gegenüberzustehen ...*

Wir sollten ... die Regierungen in Paris und Bonn auffordern, die notwendigen Initiativen zur Gründung der europäischen Sicherheitsunion zu ergreifen, zumal dadurch auch das Entstehen der Wirtschafts- und Währungsunion gefördert würde. Daß die Gespräche zur Gründung der europäischen Sicherheitsunion in enger Abstimmung mit den USA stattfinden müssen, ergibt sich aus deren nach wie vor bedeutsamen Rolle für die europäische Sicherheit.

Ich bin überzeugt, daß deutsch-französische Initiativen zur »Vervollständigung des europäischen Einigungswerks und zur Entwicklung einer europäischen Identität in der Sicherheitspolitik«, wie es im Abkommen heißt, bei den meisten unserer europäischen Partner auf Zustimmung stoßen würden. Sollten einige Europäer zunächst zögern, so werden sie, wie ich hoffe – es gibt dafür geschichtliche Beispiele –, etwas später das gleiche tun.

Zusammenleben im europäischen Haus

Rede auf der ersten gemeinsamen Tagung der Deutschen Gesellschaft für Auswärtige Politik und der Akademie der Wissenschaften der UdSSR am 5. März 1989 in Bonn

Anfang März 1989 – das Gorbatschow-Wort vom »gemeinsamen europäischen Haus«, das es zu errichten gelte, war in aller Munde – kam es in Bonn zur ersten gemeinsamen Tagung der Deutschen Gesellschaft für Auswärtige Politik und des Instituts für Europa der Akademie der Wissenschaften der UdSSR. Das mehrtägige Treffen war das Ergebnis einer Vereinbarung, die Generalsekretär Gorbatschow und Bundeskanzler Kohl beim Moskau-Besuch des Kanzlers im Oktober 1988 getroffen hatten.

Alfred Dregger, der den Kanzler in Moskau begleitet hatte, wurde von den Veranstaltern des deutsch-sowjetischen Gesprächsforums gebeten, auf der ersten Plenarsitzung am 5. März 1989 die Eröffnungsrede zu halten. Dregger griff das Bild vom »europäischen Haus« auf, um es – wie er sagte – »auf seinen realen Gehalt« zu prüfen. Sein Befund: In einem Europa der Blöcke, in dem sich die beiden Weltmächte mit ihren Bündnissystemen nach wie vor »hochgerüstet« gegenüberstünden, könne das »gemeinsame europäische Haus« nicht gebaut werden.*

Dregger wies auf die anhaltende »Überrüstung des Warschauer Paktes« hin, die mit Verteidigungserfordernissen nicht zu begründen« sei, und fragte, wie es Gorbatschow – dem er »viel neues Denken« zutraue – mit der Breschnew-Doktrin halte: »Warum hat er sie nicht widerrufen, letztes Jahr, am 20. Jahrestag des Einmarsches der Warschauer-Pakt-Staaten in die CSSR, wie viele es erhofft hatten?«

---

* Veröffentlicht unter dem Titel »Prinzipien des Zusammenlebens in einem Gemeinsamen europäischen Haus« vom Forschungsinstitut der Deutschen Gesellschaft für Auswärtige Politik e. V. in: Arbeitspapiere zur Internationalen Politik, Band 56, November 1989, S. 30 ff.

Dregger rief die Sowjetunion auf, den »Weg zu einem einigen und freien Europa, das mit den beiden Weltmächten vertrauensvoll zusammenarbeitet«, ebnen zu helfen. »Das europäische Haus wird offene Türen und Fenster haben müssen; keine Mauern, die uns trennen, wie dies am Brandenburger Tor in Berlin immer noch der Fall ist. Das wird der Lackmus-Test für eine neue Politik und das neue Denken der sowjetischen Führung sein.«
Die Mauer in Berlin sei nicht allein das Werk der Machthaber in der DDR gewesen: »Sie wurde mit sowjetischer Einwilligung gebaut, und sowjetische Panzer haben sie gegen den Freiheitswillen der Berliner geschützt. Die sowjetische Führung hat daher auch die Verantwortung, daß dieses monströse Mahnmal unmenschlicher Politik bald beseitigt werden kann.« Die Überwindung der Teilung Deutschlands liege im Interesse aller Völker – auch »im Interesse der Völker der Sowjetunion«:

Alexander Jakowlew, Mitglied des Politbüros, empfing mich zu einem Gespräch in Moskau mit der Bemerkung, er und ich hätten den Krieg als Kompaniechefs mitgemacht. Wir beide wüßten, was Krieg bedeutet. Ich habe hinzugefügt, auch unsere Völker wüßten es. Russen und Deutsche hätten von allen Völkern die größten Kriegsverluste getragen. Es ist die Gemeinsamkeit des Leidens unter unmenschlichen Diktaturen und unter Kriegen in ihren schrecklichsten Formen, meine Damen und Herren, die uns verbindet. Die Erinnerung daran verpflichtet uns, alles in unseren Kräften Stehende zu tun, um die Wiederholung solcher Tragödien zu verhindern.
In dem Gesprächszimmer hing eine eindrucksvolle Karte der Sowjetunion. Ich habe Herrn Jakowlew gefragt, ob er wisse, wie breit die Ost-West-Tiefe der Bundesrepublik Deutschland sei. Er wußte es natürlich nicht. Es sind 250 Kilometer. Die Sowjetunion hat eine Ost-West-Tiefe von 9000 Kilometern. Unsere Entfernung zur sowjetischen Staatsgrenze beträgt 600 Kilometer, unsere Entfernung zu den USA 6000 Kilometer. Ich habe gesagt und möchte es hier wiederholen: *Wer sich diese militärisch-geographischen Tatsachen klar-*

macht, dem muß auch klar sein, daß wir Deutschen auf den europäischen und atlantischen Verbund nicht verzichten könnten.

Politische Aspekte

Das Bild des »europäischen Hauses«, das Generalsekretär Gorbatschow in die Diskussion eingeführt hat, beflügelt die Phantasie. Prüfen wir es auf seinen realen Gehalt.

1. Zunächst: Die Völker der Sowjetunion leben nicht nur in einem europäischen, sondern auch in einem asiatischen Haus. Die Sowjetunion ist geographisch fest mit Europa verbunden; aber sie ist mehr als eine europäische, sie ist eine euroasiatische Macht, Landmacht vor allem.
2. Ihr großer Gegenspieler seit 1945, die USA, sind geographisch kein Teil Europas. Sie sind ihrem Wesen nach aber eine *große europäische Insel jenseits des Atlantiks, ein Volk, dem wir durch Verwandtschaft, Kultur und demokratische Ideale verbunden sind.*
   Hinzu kommt, daß der Atlantik für uns das unentbehrliche Tor zur Welt ist. Während die Sowjetunion in der Energie- und Rohstoffversorgung autark ist, sind wir auf Rohstoffimporte ebenso angewiesen wie auf den Export hochqualifizierter Industrieerzeugnisse. Dazu brauchen wir die Freiheit der Meere, insbesondere den Atlantik. Diese Tatsache verbindet uns zusätzlich mit der Seemacht USA, mit der wir vielfältig zusammenwirken.
   Eine Parallele gibt es auch zur Sowjetunion: Die USA sind nicht einseitig auf den Atlantik und die europäische Gegenküste orientiert. Der Pazifik und Asien haben für sie an Bedeutung gewonnen. Wie die Sowjetunion auch eine asiatische Landmacht ist, so sind die USA auch eine asiatische Seemacht.
3. Zwischen den beiden Weltmächten liegt das abendländische Europa: von Polen, das zur Zeit den römischen Papst stellt, bis Portugal. Seit dem Ende des Zweiten Weltkrieges ist dieses Europa geteilt. Die Grenze zwischen Lübeck und

Triest ist *keine kulturelle und keine historische Grenze. Es ist die Demarkationslinie der Siegermächte des Zweiten Weltkrieges.*

Heute ist sie Militärgrenze zwischen Ost und West, an der sich die beiden Weltmächte mit ihren Bündnissystemen hochgerüstet und hautnah gegenüberstehen.

Zur militärischen Konfrontation kommt der ideologische Konflikt zwischen der freiheitlichen Demokratie und der kommunistischen Welt.

4. Das ist die Lage: Was ist zu tun? *Abbau der militärischen Konfrontation durch Abrüstung, Verringerung des Mißtrauens durch technische und ökonomische Zusammenarbeit und Entschärfung des ideologischen Konflikts durch mehr Selbstbestimmung und Menschenrecht auch für die Völker Ost-, Mittel- und Südosteuropas: das dürfte der einzige Weg sein, Europa aus seiner unwürdigen und für den Frieden der Welt gefährlichen Lage zu befreien.*

Der Weg zu einem einigen und freien Europa, das mit beiden Weltmächten vertrauensvoll zusammenarbeitet, wird lang sein. Die Europäer in Ost und West und die beiden Weltmächte müssen diesen Weg gemeinsam gehen. Daß er heute denkbar erscheint, hängt mit dem inneren Wandel der Sowjetunion und anderer sozialistischer Länder zusammen und ist von dem *Erfolg dieses inneren Wandels abhängig. Deshalb wünschen wir Generalsekretär Gorbatschow Erfolg.*

Zum inneren Wandel gehört mehr Meinungs- und Gedankenfreiheit. Der sowjetische Historiker Daschitschew hat im vorigen Jahr in der »Literaturnaja Gaseta« von Stalin als einem Diktator gesprochen, »der alle menschliche Moral mit Füßen trat und zur Festigung seiner Herrschaft ebenso grausame wie verbrecherische Methoden anwandte«. Daß Hitler, der Verderber Deutschlands, in dieser Hinsicht Stalin in nichts nachstand, möchte ich als Deutscher hinzufügen.

Nach dem Zweiten Weltkrieg, so erwähnte Professor Daschitschew, habe Stalin alles getan, den Sozialismus seines Typs möglichst vielen Ländern aufzuzwingen. Spätestens zu jenem Zeitpunkt sei deutlich geworden, »daß innenpolitische Machtkonzentration unausweichlich zu hegemonistischem Großmachtverhalten in der Außenpolitik führt ...«. Ich finde es ermutigend, daß in der Sowjetunion heute Derartiges veröffentlicht werden kann.

Militärische Aspekte

Die Vormacht des Ostens, die Sowjetunion, hat die Streitkräfte des Warschauer Paktes in drei strategischen Staffeln in Richtung Westen für den Angriff optimiert. Die panzer- und feuerstärksten Armeen sind vorne massiert. Ihre Einsatzdoktrin ist bisher der Angriff und die Vernichtung des Gegners auf dessen eigenem Territorium. Hat sich daran wirklich Grundsätzliches geändert?

Die NATO verteidigt allein auf ihrem eigenen Territorium, d. h. auf engstem Raum. Ihre Kräfte müssen dazu zum größten Teil erst aufmarschieren. Das ist der tiefste Grund unserer konventionellen Verwundbarkeit.

Die derzeitige Überrüstung des Warschauer Paktes mit kampfentscheidendem Großgerät ist *mit Verteidigungserfordernissen nicht zu begründen.* Die harmloseste Begründung wäre noch der Wunsch der Sowjetunion nach Weltmachtgeltung aufgrund militärischer Überlegenheit. Vom Westen wird diese Überlegenheit als Invasionsfähigkeit wahrgenommen, die ernst genommen werden muß. Übrigens, die Gorbatschowsche Ankündigung einseitiger konventioneller Abrüstung, die wir natürlich begrüßt haben, ändert an dieser Zahlenrelation nur wenig. Das gesamte Potential wird um zehn Prozent vermindert.

Die heute beginnenden Wiener Verhandlungen zur Herstellung von konventioneller Stabilität müssen wirksame Ergebnisse bringen:

- gleiche Stärken und
- eine Struktur der Streitkräfte, die zwar Verteidigung ermöglicht, aber zum Angriff nicht fähig wäre. Der NATO-Vorschlag zielt in diese Richtung.

Auch im Bereich der Nuklearsysteme mit Reichweiten unter 500 Kilometern muß etwas geschehen. Wir wollen die atomaren Kurzstreckenraketen, bei denen die Sowjetunion zur Zeit über ca. 1600 modernisierte Systeme, der Westen über ganze 88 nicht modernisierte Systeme verfügt, auf einen *Mindestbestand reduzieren,* der unterhalb des jetzigen NATO-Bestandes liegt.

Eine dritte Null-Lösung ist insbesondere im Hinblick auf die konventionelle Überlegenheit der Sowjetunion nicht konsensfähig. Ich begrüße es daher ausdrücklich, daß Herr Karpow sich mit einer Reduzierung der Kurzstreckenraketen auf gleiche Obergrenzen einverstanden erklärt hat. Damit unterstützt er eine Position, für die ich mich seit Reykjavik 1986 immer wieder eingesetzt habe. Ich halte eine solche Lösung für fair und durchsetzbar, wenn es dagegen auch nach wie vor Widerstände gibt.

Mir wurde vor kurzem in einer deutschen Tageszeitung vorgehalten, konventionelle Stabilität sei nicht eine Garantie dafür, daß wir nicht angegriffen werden könnten. Nun, *ich kann mir eine konventionelle Stabilität auf beiden Seiten in einer Weise vorstellen, die die Überlegenheit des Verteidigers gegenüber dem Angreifer wahrscheinlich oder gar gewiß macht. Eine solche Verteidigerdominanz könnte auf der jeweils anderen Seite nicht mehr als militärische Bedrohung empfunden werden.*

Voraussetzung der Schaffung solcher Strukturen ist der Verzicht aller Beteiligten auf Krieg als Mittel zur Durchsetzung politischer Ziele. Beim westlichen Verteidigungsbündnis wie in der Außen- und Sicherheitspolitik der Bundesrepublik Deutschland ist dies unbestreitbar der Fall.

Wann wird die Sowjetunion in dieser Hinsicht gleichziehen? Konkret: Wie hält es der sowjetische Generalsekretär Gorbatschow, dem ich viel neues Denken zutraue, mit der *Breschnew-Doktrin?* Warum hat er sie nicht widerrufen, letztes Jahr, am 20. Jahrestag des Einmarsches der Warschauer-Pakt-Truppen in die CSSR, wie viele es erhofft hatten? Warum hat er – im Gegenteil – in der »TASS« aus Anlaß dieses Jahrestages jenen Gewaltakt noch einmal rechtfertigen lassen?

Lassen Sie mich zwei Konsequenzen aus den geschilderten politischen und militärischen Fakten ziehen:

1. Solange Europa geteilt ist, kann Westeuropa auf den strategischen Rückhalt der USA und damit auf die Anwesenheit amerikanischer Truppen in Europa nicht verzichten. Nur mit Hilfe der Weltmacht USA kann die Weltmacht Sowjetunion in Europa ausbalanciert werden.
2. Bis zu einer völligen Umstrukturierung der militärischen Potentiale in dem oben skizzierten Sinn einer Verteidigerüberlegenheit kann auf atomare Abschreckung von Europa aus zum Zwecke der Kriegsverhinderung *nicht verzichtet werden.*
   Europa blieben seit Ende des Zweiten Weltkrieges militärische Kampfhandlungen erspart, während gleichzeitig in anderen Teilen der Welt 140 Kriege stattfanden.
   Das beweist: Atomare Abschreckung oder, wie die Franzosen sagen, Abhaltung ist die bessere Alternative zum Krieg, auch zum konventionellen Krieg.

Prinzipien des Zusammenlebens

1. *Wir müssen die Angst voreinander verlieren. Wir müssen lernen, mit dem Kopf des anderen zu denken* und zu erkennen, was er als Bedrohung seiner Existenz empfindet oder empfinden muß, und müssen das abstellen. *Die elementaren Sicherheitsbedürfnisse des anderen zu akzeptieren,* ist das erste Prinzip eines friedlichen Zusammenlebens, nicht nur im europäischen Haus.
2. Wir müssen technisch und ökonomisch zusammenarbeiten. Wir wollen diese Kooperation. Aber wir wollen sie aus freien Stücken und nicht, weil der übermächtige Nachbar uns seine Bedingungen dafür aufzwingen könnte.
   Eine stetig wachsende Menschheit kann sich die Reibungsverluste politischer und militärischer Konfrontation nicht mehr leisten. Es gibt grenzüberschreitende Umweltprobleme, die kein Land mehr alleine lösen kann, die aber zu Überlebensfragen der Menschheit geworden sind. Die *Kooperation aller mit allen* wird zur Bedingung menschlicher Existenz.
3. *Menschliche Existenz bedeutet menschenwürdige Existenz.*

Unsere Verfassung drückt aus, was jeder Mensch – zumindest für sich selbst – wünscht, nämlich, daß seine »Würde unantastbar ist« und daß »sie zu achten und zu schützen, Aufgabe aller staatlichen Gewalt« sein muß.

Je mehr dieses Prinzip zur inneren Praxis aller Staaten wird, um so sicherer wird der Frieden unter den Staaten. Ich will nicht die Frage untersuchen, inwieweit die Sowjetunion das achtet, was im Abschlußdokument des Wiener KSZE-Folgetreffens auch von ihr unterschrieben worden ist. Ich will es hier nicht untersuchen, obwohl es mir natürlich durchaus nicht gleichgültig ist.

Ich will mich an den anderen Staat in Deutschland halten und fragen: Kann ein Deutscher aus der DDR ausreisen und sein Land verlassen? Achtet die dortige Regierung sein Recht auf Freizügigkeit *und Rückkehr* in sein Land, und zwar ohne Einschränkung? Kann er mit Aussicht auf Erfolg gerichtlich klagen, wenn ihm die Genehmigung zur Ausreise – deren Erfordernis ist schon ein Widerspruch zu dem Wiener Dokument – versagt wird? Ich kann diese Fragen leider nicht positiv beantworten.

Das europäische Haus wird offene Türen und Fenster haben müssen; keine Mauern, die uns trennen, wie dies am Brandenburger Tor in Berlin immer noch der Fall ist. Das wird der *Lackmus-Test* für eine neue Politik und das neue Denken der sowjetischen Führung sein.

Die Mauer in Berlin war nicht das Werk Ulbrichts allein. Sie wurde mit sowjetischer Einwilligung gebaut, und sowjetische Panzer haben sie gegen den Freiheitswillen der Berliner geschützt. *Die sowjetische Führung hat daher auch die Verantwortung, daß dieses monströse Mahnmal unmenschlicher Politik bald beseitigt werden kann.*

Europa als Mitte zwischen den Weltmächten

Wir werden 1993 in Westeuropa den gemeinsamen Binnenmarkt haben. Das bedeutet: offene Grenzen für alles, nicht nur für Handel und Wirtschaft, auch für Wissenschaft und For-

schung. Neue, teilweise ungeahnte Möglichkeiten auf diesem größten Markt der Erde werden sich auftun.
Wir wollen in Westeuropa alle Kraft bündeln, um im internationalen Wettbewerb bestehen zu können. Wir wollen die Europäische Wirtschaftsunion, die Währungsunion und die Sicherheitsunion – diese als europäischen Pfeiler der Atlantischen Allianz. Zu ihrer Entwicklung habe ich Vorschläge gemacht, die auch ins Russische übersetzt worden sind. Der Text steht Ihnen zur Verfügung.
Wechselseitige Gewaltandrohung ist in diesem westlichen Europa längst undenkbar geworden. Zwar gibt es unterschiedliche Interessen. Und diese Interessen bestimmen die Politik. Doch bei uns ist es klar, daß sie nur in einem *friedlichen Interessenausgleich* durchgesetzt werden können.
Kann das nicht im ganzen Europa so sein? Müssen die Konfrontationen, muß die Mauer mitten in Berlin und mitten in Deutschland stehen bleiben? Ich glaube nicht. Es liegt nicht im Interesse der Menschen, nicht im Interesse der Deutschen, nicht im Interesse der Völker der Sowjetunion ...
Die Überwindung der Teilung setzt europäische Eigenständigkeit voraus, wie Europa sie zunächst in einer (westeuropäischen) Politischen Union sucht. *Die Einigung Westeuropas, die Politische Union Westeuropas ist keine Alternative zu einem gemeinsamen europäischen Haus; im Gegenteil. Es ist seine Voraussetzung*, was Ihnen sofort einleuchten wird, wenn Sie sich die Größenordnung der Sowjetunion auf der einen Seite und der Klein- und Mittelstaaten Europas auf der anderen Seite vorstellen.
Wir hoffen, daß die Politik der Vertrauensbildung zwischen Ost und West, daß die Politik der Abrüstung, die Politik der technischen und ökonomischen Zusammenarbeit und die Politik der Menschenrechte die Voraussetzung für die Überwindung der Teilung schaffen.
Ein vereinigtes Europa, das alle Völker umfaßt, die nach ihrem kulturellen und historischen Selbstverständnis zum Abendland gehören, könnte zur friedenserhaltenden Mitte zwischen den Weltmächten werden ... Ein solches Europa wäre nicht fähig, Offensivpolitik in irgendeine Richtung zu betreiben, da das

nicht nur dem Lebensgefühl der europäischen Völker widerspräche, sondern auch Ziele voraussetzen würde, auf die sich die in einem vereinigten Europa zusammengeschlossenen Nationalstaaten niemals verständigen könnten.
Um einen historischen Vergleich zu wählen: Ein vereinigtes Europa, das sich auf Staaten stützt, die mit starken Eigenrechten ausgestattet sind und an der Politik der Gemeinschaft aus eigenem Recht mitwirken, ein solches föderales, in der Machtverteilung dezentrales Europa wäre ebensowenig offensivfähig, wie das alte Heilige Römische Reich Deutscher Nation offensivfähig war, das durch Jahrhunderte hindurch die Mitte Europas zusammenhielt, ehe es 1806 unterging.
Einer Sowjetunion mit defensiver Ideologie und defensiver Politik könnte ein solches, in der Machtverteilung dezentralisiertes, allein defensivfähiges Europa niemals Bedrohung, aber stets ein wertvoller Partner sein.
Die Alternative zum geteilten Europa von heute, ein auf Freiheit und Recht, Versöhnung und gegenseitigen Interessenausgleich gegründetes Europa, in dem die Völker ohne Furcht und Zwang miteinander leben können, steht in Übereinstimmung mit den Zukunftshoffnungen der Menschheit. Lassen Sie uns über Grenzen und Blöcke hinweg zusammenarbeiten, um auf diese Weise eine bessere, eine freiere, eine friedlichere Welt zu schaffen.

Die NATO: Stabilitätsanker für das neue Europa

Beitrag in »Die Welt« vom 31. Januar 1990

Im Buch der europäischen Geschichte wurde mit dem Jahr 1989 ein neues Kapitel aufgeschlagen. Die Völker im europäischen Vorfeld der Sowjetunion befreiten sich in friedlichen Revolutionen vom Joch der kommunistischen Herrschaft und stießen das Tor zur »Rückkehr nach Europa« auf – wie es Václav Havel, der am 29. Dezember 1989 zum Präsidenten seines Landes gewählte tschechische Dramatiker und Bürgerrechtler, formulierte. Die Nachkriegsordnung, die Stalin den Polen, den Tschechen und Slowaken, den Ungarn und 16 Millionen Deutschen aufgezwungen hatte, brach in sich zusammen. Die politische Neuordnung Europas konnte beginnen.
Was bedeutete dies für das im Herzen des Kontinents gelegene Deutschland? Auf den unauflöslichen Zusammenhang zwischen dem Schicksal Deutschlands und dem Schicksal Europas hinweisend, hatte Charles de Gaulle in den Jahren der Teilung gesagt, die deutsche Frage sei »das europäische Problem par excellence«. Deutschland blieb 45 Jahre lang geteilt, weil Europa geteilt war – und Europa blieb geteilt, weil Deutschland geteilt war. Die Neuordnung des Kontinents nach Jahrzehnten ideologisch motivierter politisch-militärischer Spaltung setzte folglich die Lösung der »deutschen Frage« voraus; eine europäische Friedensordnung der Zukunft war ohne ein in freier Selbstbestimmung staatlich geeintes Deutschland nicht zu denken.
Aber noch gehörten die beiden Staaten in Deutschland unterschiedlichen Bündnissystemen an. Sollte das so bleiben – auch nach der Wiederherstellung der staatlichen Einheit Deutschlands? Oder sollte das wiedervereinigte Deutschland ein bündnisloses, ein neutrales Deutschland sein? Wie würde sich das auf Deutschland, wie auf Europa, wie auf das westliche Bündnis insgesamt auswirken? Alfred Dregger, der sich diese Fragen in einem Aufsatz für »Die

Welt« (Ausgabe vom 31. Januar 1990) stellte, gab eine damals von vielen als kühn, von manchen sogar als tollkühn – »Schnapsidee«, kommentierte Radio Moskau – empfundene Antwort: Deutschland und Europa bräuchten auch in Zukunft Sicherheitsstrukturen, die Stabilität garantieren; das »aus der Bundesrepublik Deutschland und der DDR entstehende vereinigte Deutschland« solle daher nicht nur der EG, sondern auch der »westlichen Sicherheitsgemeinschaft angehören«:

Die Völker Ostmitteleuropas, unter ihnen die Deutschen, soweit sie im Machtbereich der Sowjetunion leben mußten, haben ihre Fesseln abgeworfen: nicht nur die Fesseln der Fremdherrschaft, sondern auch die Fesseln eines sozialistischen Systems, das ihnen Freiheit, Demokratie und Menschenrechte verweigerte. Diese demokratische Revolution kann von den Demokratien des Westens nur mit Sympathie und der Bereitschaft zur Hilfe beantwortet werden.
Nicht alle im Westen haben das bisher so gesehen. Einige fürchteten um die »Stabilität in Europa«, die sie durch die beiden Bündnissysteme gewährleistet sahen und vielleicht noch sehen.
Ist diese Sicht richtig? Ist die NATO nichts anderes als das Gegenstück zum Warschauer Pakt, und ist die Bundesrepublik Deutschland nichts anderes als das Gegenstück zur DDR?
Würde das Gleichgewicht wirklich gestört, wenn zu den ca. 60 Millionen Deutschen, die seit 40 Jahren loyale Verbündete des Westens sind, ca. 16 Millionen Deutsche aus der DDR hinzukommen würden, die sich in einer friedlichen Revolution glaubwürdig zu den Werten des Westens bekannt haben?
Und welches Gleichgewicht würde durch den Zusammenschluß der Bundesrepublik Deutschland und der DDR gestört, das innerhalb des Westens – das manche im Westen am meisten zu interessieren scheint – oder das zwischen Ost und West, das für den ganzen Westen wichtiger sein dürfte?
Schon die Zahlen in den bisher vorgelegten Gleichgewichtsrechnungen stimmen nicht. Es wären nicht 80, sondern 74 Mil-

lionen Deutsche, die in einem vereinigten Deutschland zusammenleben würden, davon 16 Millionen aus der DDR und 58 Millionen aus der Bundesrepublik Deutschland. Dazu kämen vier Millionen Ausländer.

Aber sind diese Rechnungen überhaupt ein Argument in einem Europa, dessen Staaten große Teile ihrer Souveränität auf die Gemeinschaft übertragen haben und weitere Souveränitätsrechte übertragen wollen? Niemand hat sich dafür nachhaltiger eingesetzt als wir Deutschen.

Ich frage weiter: Kann man Menschen, die um 40 Jahre ihres Lebens betrogen worden sind – und das muß man sagen, wenn man das Schicksal der Menschen diesseits und jenseits der Systemgrenze zwischen Ost und West vergleicht –, kann man diesen Menschen solche abstrusen Gleichgewichtsrechnungen überhaupt entgegenhalten?

Europa wird gewiß nicht stärker, wenn die Deutschen schwächer werden. Deren Zahl nimmt ohnehin ab. Die Deutschen in Ost und West haben die niedrigste Geburtenrate der Welt.

Zwei unvergleichbare Bündnisse

Was bedeuten die revolutionären Veränderungen in Ostmitteleuropa für die Sicherheit des Westens und der Sowjetunion?

Polen, die Tschechoslowakei, Ungarn und die DDR gehören zwar noch formal zum Warschauer Pakt; sie sind Stationierungsländer für große Truppenmassierungen der Sowjetunion. Aber in ihren Grundüberzeugungen stehen diese Völker an unserer Seite. Sie wollen nicht den Sozialismus vollenden; sie wollen in freiheitlichen Ordnungen leben wie wir.

Die NATO wurde gegründet, um die expansive Machtpolitik von Stalin bis Breschnew einzudämmen. Die NATO wurde auf diese Weise zur *sicherheitspolitischen Solidargemeinschaft der Demokratien des Westens.* Diese Aufgabe ist noch nicht überholt. Gorbatschow ist nach wie vor ein »Experiment mit ungewissem Ausgang«, und am Rüstungsvorsprung und der Überrüstung der Sowjetunion hat sich bis heute nichts geändert. Bis zum Erfolg innenpolitischer Reformen in der Sowjetunion und ihrer Konsolidierung in einer wirklich nachhaltigen Abrüstung bleibt die Schutzfunktion der NATO für die westlichen Demokratien eine aktuelle Aufgabe, und auch danach wird es keine Welt geben, die die Staaten von ihrer Pflicht entbindet, die äußere Sicherheit ihrer Bürger zu gewährleisten.

Der Warschauer Pakt war, anders als die NATO, nie ein Verteidigungsbündnis gleichberechtigter Mitglieder. Er war der militärische Überbau der sowjetischen Hegemonie über die Staaten in ihrem westlichen Vorfeld. Diese Hegemonie fand ihren brutalsten Ausdruck in der Breschnew-Doktrin, die der Sowjetunion ein militärisches Interventionsrecht in allen »sozialistischen Bruderstaaten« zuerkannte. Es gab drei massive militärische Interventionen durch sowjetische und andere Pakttruppen gegen Verbündete: 1953 in der DDR, 1956 in Ungarn, 1968 in der Tschechoslowakei; das waren Eingriffe in das Selbstbestimmungsrecht der davon betroffenen Völker, wie sie im freiheitlichen Bündnis der westlichen Allianz unvorstellbar waren und sind.

Meine Schlußfolgerung: *Es wäre einer der verhängnisvollsten Fehler der westlichen Welt, wenn sie jetzt bei der Neuordnung Europas die beiden Bündnissysteme NATO und Warschauer Pakt einander gleichsetzen und beide unterschiedslos für die Stabilität und Sicherheit in Europa als notwendig bezeichnen würde.*

Die Sowjetunion kann sich aufgrund ihrer räumlichen Größe, der Zahl ihrer Menschen und Soldaten, ihrer hervorragenden Militärtechnik auch ohne das Vasallenbündnis des Warschauer Paktes verteidigen.

Die Mittel- und Kleinstaaten Europas – und etwas anderes gibt es in Europa nicht mehr – brauchen dagegen ihr Bündnis, um verteidigungsfähig gegenüber einer Weltmacht zu sein, mit der sie auf dem euro-asiatischen Kontinent zusammenleben.

Schon wegen der Enge ihres Raumes und der für sie lebenswichtigen Öffnung zum Atlantik brauchen die Europäer bis auf weiteres auch das Bündnis mit den USA, der großen Seemacht des Westens.

Die 20 sowjetischen Divisionen in der DDR standen dort nicht zur Verteidigung gegenüber der im übrigen nicht angriffsfähigen NATO. Sie standen dort als Angriffsspitze einer auf Expansion ausgerichteten Sowjetpolitik.
Dafür sind alle Vernunftgründe entfallen. Gorbatschow hat erkannt, daß die Rechnung Stalins und Breschnews falsch war. Mit den 20 sowjetischen Divisionen in der DDR können die Nationalitätenprobleme der Sowjetunion – im Baltikum und in Aserbeidschan – ebensowenig gelöst werden wie sie dazu beitragen können, daß das in der Sowjetunion geschieht, was für ihren Bestand und für ihre Stellung als Weltmacht notwendig ist: eine Demokratisierung des Landes, die Einführung marktwirtschaftlicher Ordnungssysteme und die dafür unentbehrliche technische und ökonomische Zusammenarbeit mit dem Westen.

Kein Deutschland ohne Bindungen

Wie könnten die Sicherheitsstrukturen Europas nach dem Zusammenschluß der Bundesrepublik Deutschland mit der DDR aussehen? Theoretisch sind drei Möglichkeiten denkbar:
Erste theoretische Möglichkeit: Wiedervereinigung Deutschlands unter Aufrechterhaltung der beiden Bündnissysteme auf deutschem Boden. Das ist für uns Deutsche auf Dauer nicht akzeptabel. Der Zustand der Teilung würde nicht aufgehoben, seine Einschränkung hinge vom guten Willen jeder der beiden Seiten ab. Das wäre das Gegenteil von Selbstbestimmung und Souveränität; das wäre schlimmer als der jetzige Zustand, in dem wenigstens die Bundesrepublik Deutschland mit ihren 58 Millionen Deutschen frei und souverän ist.
Zweite theoretische Möglichkeit: Neutralität Deutschlands gegenüber beiden Bündnissystemen. Dies würde bedeuten, daß ca. 58 Millionen Deutsche aus der westlichen Allianz ausscheiden würden, aber nur 16 Millionen aus dem Warschauer Pakt. Die damit verbundene Schwächung des Westens liegt auf der Hand. Die Bundeswehr ist im konventionellen Bereich der stärkste Partner der westlichen Allianz in Europa. Wer sollte

sie ersetzen? Die NVA der DDR hatte innerhalb des Warschauer Paktes nie eine vergleichbare Stellung; dessen Stärke beruhte und beruht allein auf der militärischen Macht der Sowjetunion.

Im übrigen: Wäre ein vereinigtes Deutschland, das nicht in die westliche Sicherheitsgemeinschaft und die Europäische Union integriert ist, das bindungslos zwischen Ost und West stünde, für die Sowjetunion überhaupt wünschenswert? Ich glaube nicht. Alle öffentlichen Äußerungen führender sowjetischer Politiker weisen in eine andere Richtung. Vielleicht kann auch der erste offizielle Besuch eines sowjetischen Außenministers bei der NATO als Signal dafür gewertet werden, daß die Sowjetunion die NATO heute als Stabilisierungsfaktor im westlichen Europa anerkennt.

Dritte theoretische Möglichkeit, ich mache sie mir zu eigen: Das aus der Bundesrepublik Deutschland und der DDR entstehende vereinigte Deutschland wird als Ganzes der Europäischen Gemeinschaft angehören – was, soweit es die DDR angeht, schon heute mittelbar weitgehend der Fall ist. *Das vereinigte Deutschland sollte auch der westlichen Sicherheitsgemeinschaft angehören,* die eine neue, doppelpolige Struktur erhalten sollte, mit der WEU als europäischem Pfeiler der Atlantischen Allianz. Bei einer solchen Lösung können und müssen die berechtigten Sicherheitsinteressen der Sowjetunion in vollem Umfang gewährleistet werden.

Das wird durch den Umstand erleichtert, daß auch das vereinigte Deutschland gegenüber der Weltmacht Sowjetunion militärgeographisch nur ein Zwerg wäre. Die Ost-West-Tiefe der Sowjetunion beträgt 9000 Kilometer, die der DDR nur 200 Kilometer. Diese 200 Kilometer, die zur Ost-West-Tiefe der Bundesrepublik Deutschland von 250 Kilometern hinzuträten – und das nur im Norden Deutschlands –, sind angesichts der Reichweite moderner Waffensysteme nur von marginaler Bedeutung.

Zu *militärischen Konzessionen* zugunsten unserer östlichen Nachbarn und zugunsten der Sowjetunion sind wir Deutschen, soweit irgend zumutbar, auf jeden Fall *bereit.* Das gilt insbesondere für das *Territorium der heutigen DDR; denn wir wollen keine militärischen Vorteile aufgrund einer neuen politischen Lösung.*

Die Schlüsselrolle der Sowjetunion

Das Forum für die notwendigen Verhandlungen und Vereinbarungen haben wir: die Konferenz für Sicherheit und Zusammenarbeit in Europa. Dieser KSZE-Prozeß hat den in seiner Bedeutung nicht hoch genug zu schätzenden Vorteil, daß daran alle europäischen und die beiden Weltmächte sowie Kanada beteiligt sind.

Die KSZE mit ihren drei Körben enthält die Ansatzpunkte einer gesamteuropäischen Friedensordnung:

- die Dominanz des Rechts im Innern der Staaten und in den Beziehungen der Staaten untereinander; nicht wirtschaftliche oder militärische Macht, *das Recht muß dafür sorgen, daß die Völker in Europa ohne Angst und Furcht zusammenleben können;*
- wirtschaftliche, wissenschaftliche und technische Zusammenarbeit als Voraussetzung für die Lösung der wahren Überlebensprobleme der Menschheit: wachsende Weltbevölkerung und ökologische Lasten. Wir können uns die Reibungsverluste militärischer Konfrontation nicht mehr leisten. Die knappen Ressourcen müssen ökonomisch genutzt werden, nicht militärisch;
- und daher das dritte Element: *militärische Abrüstung und vertrauensbildende Maßnahmen mit dem Ziel der Entmilitarisierung, insbesondere der Ost-West-Beziehungen.*

Ein Volk konstituiert sich in einem Staat, nicht in einem Bündnis. Kein Bündnis hat das Recht, ein Volk zu teilen und eines seiner Teile zum Pfand zu nehmen. *Das Selbstbestimmungsrecht der Völker muß vernünftigerweise das Recht einschließen, sich das Bündnis zu wählen, das ihre Sicherheit gewährleisten soll.*

Wir Deutschen sind *ein* Volk, deshalb wollen wir *einen* Staat. Das kann geschehen, ohne die Sicherheit anderer Staaten zu beeinträchtigen. Wir erwarten daher die Unterstützung aller

Beteiligten, insbesondere die Unterstützung unserer Verbündeten, die sich dazu u. a. im Deutschland-Vertrag ausdrücklich verpflichtet haben. Das liegt auch im europäischen Interesse.

Die Überwindung der deutschen Teilung ist *das wesentlichste Stück der Überwindung der europäischen Teilung.* Mit der Einbeziehung des Territoriums der heutigen DDR in den europäischen Verbund rücken auch Polen, die Tschechoslowakei und Ungarn Europa näher.

Wir wissen, daß auch *der Sowjetunion in diesem europäischen Einigungsprozeß eine Schlüsselrolle zukommt.* Deshalb setzen wir auf Kooperation mit der Sowjetunion, insbesondere auf technischem und ökonomischem Gebiet.

Ziel aller Politik in Europa muß eine Friedensordnung sein, die die Sicherheit eines jeden Beteiligten schützt. Prestige, Machtansprüche und imperiale Vorstellungen sind dafür keine geeigneten Maßstäbe.

Aber Abrüstung auf ein Minimum an konventionellen und atomaren Waffen und Veränderung der Rüstungsstrukturen mit dem Ziel, den Verteidiger zu stärken und einen potentiellen Angreifer zu schwächen, d. h. jeder Seite die Invasionsfähigkeit gegenüber der anderen zu nehmen, das wird auch in den kommenden Jahren nicht nur sicherheitspolitisch von Bedeutung sein. Es ist notwendig, um ein *Klima des Vertrauens* zu schaffen, in dem eine *gesamteuropäische Friedensordnung* entstehen kann, zu der die Sowjetunion im Osten, die USA im Westen und das Europa zwischen beiden, das Europa von Polen bis Portugal, als friedenserhaltende Mitte gehören müssen.

Von der Konfrontation zur Kooperation

Beitrag in »Revue des Deux Mondes«, Paris, Mai 1990

Unaufhaltsam setzte sich 1990 der im Jahr zuvor begonnene revolutionäre politische Wandel in Europa fort. Dabei rückte – was die Zukunft eines nicht mehr geteilten, sondern staatlich geeinten Deutschlands anging – die »Bündnisfrage« zunehmend in den Vordergrund. Sie wurde von den Regierungen in Bonn und Ost-Berlin dissonant beantwortet:

Nach Gesprächen in Moskau, die Ende Januar 1990 stattfanden, präsentierte der damalige Ministerpräsident der DDR, Modrow, einen Plan zur deutschen Einheit, der für Deutschland einen neutralen Status vorsah. Wenig später reiste Bundeskanzler Kohl in die russische Metropole. Nach seiner Rückkehr sagte er am 15. Februar 1990 vor dem Deutschen Bundestag, bei den Gesprächen in Moskau sei »die wohl schwierigste Frage angesprochen« worden: die nach der »Zukunft der Bündnisse«. Er, Kohl, habe seine Überzeugung ausgedrückt, daß auch bei »vernünftiger Würdigung aller Sicherheitsinteressen der Sowjetunion ein künftig geeintes Deutschland nicht neutralisiert werden« dürfe, »sondern daß wir im westlichen Bündnis eingebunden bleiben wollen und sollen«.

Im Frühjahr 1990 griff Alfred Dregger die nach wie vor umstrittene »Bündnisfrage« erneut auf. In einem Beitrag für die französische Zeitschrift »Revue des Deux Mondes« (Sonderheft, Mai 1990) stellte er fest, dem »neuen Denken« der Führung in Moskau entspreche eine »entscheidend veränderte Definition« der sowjetischen Interessen in der Außen- und Sicherheitspolitik. Stabilität, Kooperation und Abrüstung in Europa gehörten nun zu den erklärten Zielen der sowjetischen Politik. Dregger fragte: »Ist die Sowjetunion bereit, diesen Weg konsequent weiter zu gehen?« Wenn die Sowjetunion anerkenne, daß das Atlantische Bündnis »ein Beitrag zur

Stabilität in Europa« sei, dann müsse sie auch »die Zugehörigkeit Deutschlands zu diesem Bündnis akzeptieren«:

1. Wir stehen vor einer Neuordnung Europas, auch der Sicherheitsstrukturen.
   Die sowjetische Führung hat ihre *Politik geändert,* weil die Herrschaft über Ostmitteleuropa ihr mehr Lasten als Nutzen brachte und weil der Kapital- und Energiebedarf dieser Länder im Rahmen des COMECON nicht mehr erwirtschaftet werden konnte. Das Streben der Sowjetunion nach militärischer Überlegenheit mußte scheitern, weil der Westen ihm solidarisch widerstand.
   Das führte zu einer begrüßenswerten grundsätzlichen Änderung der sowjetischen Politik, im Innern und nach außen. Das bewirkte den Wandel in Ost- und Ostmitteleuropa, der innerhalb weniger Monate den bisher von der Sowjetunion beherrschten Völkern Freiheit und Selbstbestimmung gebracht hat und deren Demokratisierung einläutet.
2. Die Ereignisse im Sommer und Herbst 1989 in Ostmitteleuropa wurden von der Sowjetunion nicht behindert, auch wenn sie möglicherweise weiter gegangen sind und schneller abliefen, als es den sowjetischen Vorstellungen entsprochen hat.
   Die Mäßigung der sowjetischen Führung entspringt ihrem »neuen Denken«; dazu gehört eine *neue, entscheidend veränderte Definition ihrer Interessen in der Außen- und Sicherheitspolitik.*
3. Ihr alles überragendes Interesse ist das an Stabilität – an Freiheit von Bedrohung entlang ihrer eigenen Peripherie – und an Kooperation, insbesondere mit einem prosperierenden (West-)Europa. Dem entspricht ihre erklärte Bereitschaft zur Abrüstung und zum Abbau bisheriger Konfrontation.
   Als Konsequenz »haben wir eine noch nie dagewesene Chance, die militärische Konfrontation in Europa abzubauen und die strategische Situation von Grund auf zu ändern« (US-Sicherheitsberater Snowcroft) ...

Legitime Sicherheitsinteressen

1. Artikel 51 der UN-Charta garantiert allen Staaten das *naturgegebene* Recht zur individuellen und kollektiven Selbstverteidigung, das letztlich Ausfluß des Selbstbestimmungsrechts eines jeden Volkes ist. Diesem Recht entspricht die Pflicht, das ganze Volk, alle Angehörigen dieses Volkes und damit das gesamte Territorium eines Staates auf diese Weise zu schützen. So fordert Artikel 1 unseres Grundgesetzes:
   »Die Würde des Menschen zu achten und zu *schützen*, ist Aufgabe aller staatlichen Gewalt.«
   Eigentlich kann dies von niemandem bestritten werden. Reine Selbstverteidigung ist auch für niemanden bedrohlich. Es muß das Recht eines Staates bleiben, sich an seinen Grenzen zu verteidigen. Das gilt für alle Staaten.
2. Hat die Sowjetunion über dieses allen Staaten zustehende Recht zur Selbstverteidigung hinaus noch weiter gehende »legitime« Sicherheitsinteressen, welche das westliche Bündnis berücksichtigen müßte? Welche wären dies? Bräuchte sie dafür Kapazitäten, die über jene für eine hinlängliche Verteidigung notwendigen hinausgehen?
3. Zur Selbstverteidigung braucht sie die 20 Divisionen, die heute noch in der DDR stehen, jedenfalls nicht in der DDR. Das sowjetische Angebot, *um den Preis der Neutralität des vereinigten Deutschlands willen sämtliche Truppen aus der DDR abzuziehen*, beweist dies. Zur Selbstverteidigung braucht sie Truppen am oder hinter dem Bug, nicht in ihrem strategischen Vorfeld.
4. In den vergangenen 45 Jahren mußten wir die Erfahrung machen: Die außerhalb der Sowjetunion stationierten sowjetischen Truppen in Europa waren keine Elemente der Stabilität, sondern der Instabilität. Ihr *vollständiger Abzug* sollte spätestens in einer zweiten Phase der VKSE in Wien vereinbart werden.

1. Deutschland liegt mitten in Europa. Es hat die meisten Nachbarn. *Ein wirtschaftliches starkes Deutschland ohne Bindung an ein Bündnis wäre ein Faktor der Instabilität für Europa. Für Deutschland wäre es der Platz zwischen den Stühlen. Dies hat für die Bundesrepublik Deutschland gegolten. Dies gilt auch für das vereinte Deutschland.*
2. Die Bundesregierung hat deshalb erklärt: Eine Demilitarisierung Deutschlands komme nicht in Frage, auch nicht die Neutralisierung. Es hat Anzeichen dafür gegeben, daß die sowjetische Führung dem zustimmen könnte. Ihre Erklärungen sind widersprüchlich. Die Formel – NATO-Mitgliedschaft Deutschlands unter Vermeidung eines militärischen Machtzuwachses für den Westen durch auszuhandelnde militärische Konzessionen an die Sowjetunion – wurde in Ottawa von Schewardnadse als »interessant« bewertet. Nach den Vorstellungen der Bundesregierung soll das vereinte Deutschland Mitglied des westlichen Sicherheitsbündnisses sein. Sinn macht dies nur, wenn Deutschland auf diese Weise seine Schutzpflicht gegenüber allen seinen Bürgern erfüllen kann.
3. Bisher haben wir uns innerhalb des westlichen Verteidigungsbündnisses immer gegen Zonen unterschiedlicher Sicherheit gewandt. Das gesamte Bündnis, das gesamte Vertragsgebiet sollte aus wohlerwogenen Gründen – auch um der Abschreckung willen! – den Schutz des Bündnisses genießen. Das war immer die Philosophie des Bündnisses. Seine bisherige Strategie hat dies gewährleistet.
   So entstand die gemeinsame Vorneverteidigung des Bündnisses, die über die Strategie der »flexible response« an die strategischen Abschreckungskräfte der USA gekoppelt war.
4. Im Rahmen einer beiderseitigen Struktur der hinlänglichen Verteidigung sind andere Lösungen denkbar. Die Solidarität des Bündnisses müßte nicht mehr in der gemeinsamen Vorneverteidigung aller nationalen Bündniskontingente nebeneinander demonstriert werden. Sie könnte ihren Ausdruck in hochmobilen multinationalen und möglicherweise

auch gemischten Verbänden finden, die in der Tiefe des Raumes – nicht nur auf deutschem Boden – bereitgehalten werden; z. B. als operative Gegenangriffsreserven.
Die französisch-deutsche Brigade – bisher mehr ein Symbol für den guten Willen der beiden Regierungen denn ein tatsächlicher Beitrag zu einer umfassenden militärischen Kooperation der beiden Länder und deren Identität in der Sicherheitspolitik – könnte zum Modell werden für solche multinationalen europäischen Verbände.

5. Unter diesem Aspekt müßte und könnte die grenznahe Verteidigung anders organisiert werden als bisher. Die moderne Waffenentwicklung, insbesondere die zur besseren Zielauffassung und Lenkung mit Hilfe des breiten elektromagnetischen Spektrums, ermöglicht eine wirksame grenznahe Verteidigung, ohne starke Truppen im Frieden vorne stationieren zu müssen. Dies könnte durch territoriale, nicht der NATO unterstellte Kräfte geschehen.
6. Die Klein- und Mittelstaaten Westeuropas können aufgrund der geographischen Bedingungen auch in einem kollektiven Sicherheitsbündnis die Übermacht der Sowjetunion alleine nicht ausbalancieren. Sie können dies nur gemeinsam mit Hilfe ihres Bündnisses und des strategischen Rückhaltes von jenseits des Atlantiks. Deshalb betrachten die meisten europäischen Staaten der Nordatlantischen Allianz die andauernde militärische Präsenz der USA und Kanadas in Europa als wesentlichen Faktor ihrer Sicherheit.
Amerikanische Streitkräfte waren und sind in Europa, weil ihre europäischen Partner dies wünschten. Ihre Präsenz war kein Faktor der Instabilität, sondern der Stabilität. Je mehr sich die Sowjetunion auf Vorkehrungen für eine hinlängliche Verteidigung beschränkt, um so geringer kann diese US-Präsenz in Europa sein.

Ein neues Sicherheitssystem?

1. Wir brauchen in Europa *Stabilität* und *Kooperation. Das wird unsere Zukunft bestimmen.* Wir können uns die Rei-

bungsverluste militärischer Konfrontationen nicht mehr leisten. Deshalb sollten wir ein Sicherheitssystem der beiderseitigen hinlänglichen Verteidigung – und ich füge hinzu –, der atomaren Rückversicherung, die sich auf eine Minimalabschreckung stützt, miteinander vereinbaren.

2. Minimalabschreckung, d. h. das qualitative und quantitative Minimum an Atomwaffen, das für die Abschreckung – und nur für die Abschreckung – notwendig ist. Denn für die Kriegsführung taugen diese Waffen nichts. Sie sind weder Waffen des Sieges noch der Schlacht. Daher gehören sie auch nicht auf das Gefechtsfeld. Atomwaffen sollen den Krieg verhindern; sie sollen einen potentiellen Angreifer mit einem für ihn unannehmbaren Risiko konfrontieren, »noch bevor er handelt (NATO-Gesamtkonzept)«. Die Franzosen nennen dies Dissuasion, d. h. »Abraten«. Atomwaffen werden dies nur leisten können, wenn sie sich gegen das Territorium des potentiellen Angreifers richten und nicht gegen das Territorium des Verteidigers.
3. Die KSZE und ihre Folgekonferenzen, der INF-Vertrag und der bisherige Verlauf der VKSE zeigen, daß die Konfrontation vergangener Jahrzehnte zunehmend *abgelöst wird durch Sicherheitsvorsorge und aktive Friedensgestaltung.* Die Kriegsverhinderung muß sich künftig nicht mehr auf die Abwehr einer überwältigenden militärischen Bedrohung konzentrieren. Dann lassen sich Verteidigungs- und Sicherheitsstrukturen miteinander vereinbaren, die wegen ihrer überwiegend defensiven Ausrichtung (Verteidigerdominanz) von niemandem als Bedrohung wahrgenommen werden müßten.
4. Die sowjetische Führung scheint die genannten beiden Grundelemente westlicher Sicherheit – hinreichende Verteidigung und atomare Rückversicherung – zunehmend als Voraussetzung einer stabilen Friedensordnung für ganz Europa anzuerkennen.

   Ist die Sowjetunion bereit, diesen Weg konsequent weiterzugehen? Ist sie bereit, anzuerkennen, daß das Bündnis ein Beitrag zur Stabilität in Europa und damit in ihrem eigenen Interesse ist? Dann müßte sie auch die Zugehörigkeit

Deutschlands zu diesem Bündnis akzeptieren, so wie sie inzwischen das Bündnis selbst zumindest als Verhandlungspartner und als Objekt ihrer Diplomatie mit dem Besuch des sowjetischen Außenministers bei der NATO in Brüssel anerkannt hat.
Wenn sie dann noch die bereits erwähnten militärgeographischen Grundtatsachen berücksichtigt, müßte sie auch zugestehen, daß die Anwesenheit der USA und Kanadas in Europa ein Beitrag zur Stabilität ist.

5. Im KSZE-Prozeß hat sie die Beteiligung Amerikas und Kanadas anerkannt.
Viele folgern daraus, daß dies genüge. Es sei ausreichend, wenn die Amerikaner im Rahmen dieses KSZE-Prozesses in Europa präsent blieben. Die Amerikaner sind aber nur im KSZE-Prozeß – und sie werden von der Sowjetunion in diesem Prozeß anerkannt –, weil sie in Europa präsent und weil sie Partner des westlichen Bündnisses waren. Eine Auflösung dieses westlichen Bündnisses, wie sie von einigen ja schon vorschnell gefordert worden ist, zugunsten neuer, kooperativer, die bisherigen »Bündnisse« überwölbender – sie möglicherweise damit auflösender – Sicherheitsstrukturen, entzöge der Mitwirkung der Vereinigten Staaten und Kanadas in der KSZE das feste Fundament. Die KSZE kann den *Rahmen* bilden für eine gesamteuropäische Friedensordnung, garantieren könnte sie diese nicht.

Eine Europäische Sicherheitsunion

1. Unabhängig von der fortdauernden Bedeutung der westlichen Allianz und amerikanischer Präsenz in Europa bleiben die Veränderungen in Ost- und Ostmitteleuropa nicht ohne Einfluß auf die Entwicklung in Westeuropa.
Die westeuropäische Integration, die weitergehen muß, hat die EG attraktiv gemacht, auch als *Modell für die Staaten Ost- und Ostmitteleuropas.* Diese suchen und brauchen die Anlehnung an die EG, in welcher Form auch immer. Diese

wird durch die Tatsache erleichtert, daß die EG nicht mit Sicherheitsaufgaben befrachtet ist.

2. Dennoch kann die westeuropäische Integration nicht an den Sicherheitsproblemen vorbeigehen. Die Entwicklung in Ost- und Ostmitteleuropa hat eine *gemeinsame Europäische Sicherheitsunion im Rahmen der Atlantischen Allianz nicht überflüssig, sondern dringlicher gemacht.*
3. Deshalb sollten wir die WEU – nicht die EG – als europäischen Pfeiler der NATO ausbauen. Dies würde die Sicherheit des ganzen Bündnisses stärken, die Stabilität in Europa fördern und es der Europäischen Gemeinschaft erleichtern, sich nach Osten zu öffnen. Der Schlüssel dafür liegt bei Frankreich. Frankreich müßte sich an diesem europäischen Verteidigungssystem ohne jede Einschränkung beteiligen und dürfte nicht weiter seine Neigung zur Autonomie in der Sicherheitspolitik pflegen.
4. Wenn die WEU zu diesem Zweck aktiviert werden soll – wozu der politische Wille ihrer Mitgliedsstaaten notwendig ist –, müßte sie offen sein für einen Beitritt aller anderen europäischen Mitglieder der Atlantischen Allianz. In deren Rahmen würde dies dann zu einer besser austarierten, doppelpoligen dauerhaften Partnerschaft führen.
5. Eine so veränderte Nordatlantische Allianz, in der die Verantwortung der Europäer für die europäische Sicherheit gestärkt würde, braucht von der Sowjetunion nicht als Machtzuwachs der USA empfunden, sondern kann auch von ihr als Beitrag zur politischen Stabilität in Europa verstanden werden.

Gemeinsame Sicherheit in Europa

Beitrag für die Zeitschrift »Europäische Wehrkunde/Wehrwissenschaftliche Rundschau« (Heft 7, 1990)

Ecksteine gemeinsamer Sicherheit auf dem europäischen Kontinent zu setzen: diese Forderung richtete Alfred Dregger in einem Anfang Juli 1990 von der CDU/CSU-Bundestagsfraktion verteilten Aufsatz für die Zeitschrift »Europäische Wehrkunde/Wehrwissenschaftliche Rundschau« (Heft 7) an die NATO und die Sowjetunion. Es gelte, militärische Strukturen in Europa zu vereinbaren, die es der Sowjetunion »erleichtern« könnten, der uneingeschränkten Mitgliedschaft des vereinten Deutschland in der Atlantischen Allianz zuzustimmen.

Am Vorabend des historischen Treffens zwischen Michail Gorbatschow und Helmut Kohl im Kaukasus präzisierte Dregger noch einmal sein Konzept einer »europäischen Friedensordnung, in der alle Völker und Staaten ohne Furcht und Zwang zusammenleben können«. Sicherheit, schrieb Dregger, bleibe »Voraussetzung für eine friedliche Entwicklung«, das westliche Bündnis ein »unentbehrliches Instrument« europäischer Sicherheitspolitik: »Die europäischen Klein- und Mittelstaaten – Großmächte gibt es seit dem Zweiten Weltkrieg in Europa nicht mehr – brauchen zu ihrer Selbstbehauptung ihr Bündnis und strategischen Rückhalt von jenseits des Atlantiks.« Rolle und Strategie der NATO müßten allerdings »neu definiert und den neuen Verhältnissen angepaßt werden«:

Das westliche Sicherheitsbündnis hat sich bewährt. Es hat seinen Mitgliedern die Freiheit erhalten.

Freiheit und Demokratie hat es bis in die 80er Jahre weltweit nur für eine Minderheit gegeben, die auch noch im Schwinden begriffen war. Heute gelten diese Werte als Schlüssel für eine bessere Zukunft. Deshalb bleibt Freiheit ein zu schützendes Gut und die westliche Allianz dafür ein *unentbehrliches Instrument.*

Dieses Bündnis hat allein durch seine Existenz die Voraussetzungen dafür geschaffen, daß nun Freiheit und Demokratie in

Ost- und Ostmitteleuropa (wieder) einkehren. Ohne die NATO gäbe es keine KSZE – und ohne die KSZE nicht den Wandel in Europa.

Wer diesen Wandel und seinen Erfolg will, wer die KSZE nutzen will für den Aufbau und den Ausbau einer *gesamteuropäischen Friedensordnung,* der achte darauf, daß deren Fundamente tragfähig bleiben, damit das »Haus Europa« nicht zum schiefen Turm gerät.

Europa als »Haus des Friedens«, von dem Konrad Adenauer gesprochen hat, muß seinen Menschen und Völkern Schutz geben.

Schützen wird es nur können, wenn es stabil ist. Stabilität ist die Frucht eines andauernden Ausgleichs der Kräfte. Sie ist nur im Prozeß zu erhalten. Stabilität ist mehr als Gleichgewicht; dazu gehören Entwicklung, Kooperation und neuerlicher Ausgleich sich unterschiedlich entwickelnder Interessen und Gewichte. Stabilität erfordert daher Machtbalance – auch militärische! – und geeignete Einrichtungen zum Ausgleich (sich wandelnder) unterschiedlicher Interessen sowie für vertrauensbildende Maßnahmen.

Nachdem die Sowjetunion den (ideologisch begründeten) Anspruch auf Hegemonie in Europa aufgegeben hat, müssen unsere Anstrengungen nicht mehr ausschließlich darauf gerichtet sein, uns gegenüber einer militärischen Übermacht in »friedlicher Koexistenz« die Freiheit zu erhalten. Den kalten Krieg gibt es nicht mehr. Wir können – und müssen dann auch – in gesicherter Freiheit die Wohlfahrt der Völker Europas gemeinsam entwickeln. Europa ist auf dem Weg von der Koexistenz zur Kooperation. Auf diese Weise überwinden wir nicht nur die Teilung Europas, sondern beseitigen auch deren Folgen, die überwiegend auf dessen östlicher Hälfte lasten.

Welches Europa?

Europa ist mehr, als seine Geographie beschreibt, deren Grenzen fließend sind. Europa wird eher durch seine Geschichte

bestimmt. Zu Europa gehören auf unterschiedliche Weise auch die USA und die Sowjetunion.
Letztere gehört rein geographisch dazu, obwohl sie auch eine asiatische Macht ist, mit auch aus diesem Grunde wachsenden Schwierigkeiten. Seit dem Nordischen Krieg war Rußland an allen wichtigen Entscheidungen in Europa beteiligt. Eine stabile Ordnung in Europa kann auch in Zukunft nicht ohne die Sowjetunion – wie immer sie sich entwickeln mag – und schon gar nicht gegen sie geschaffen werden ...
Die europäischen Klein- und Mittelstaaten – Großmächte gibt es seit dem Zweiten Weltkrieg in Europa nicht mehr – brauchen zu ihrer Selbstbehauptung ihr Bündnis und strategischen Rückhalt von jenseits des Atlantiks. Strategischer Rückhalt, das erfordert die Anwesenheit einer begrenzten Zahl amerikanischer Truppen und Atomwaffen in Europa zum Zweck der Rückversicherung (Präsident Bush: »last resort«, »letzter Rückgriff«). Diese zu gewährleisten, bleibt Aufgabe der Nordatlantischen Allianz.
Die USA und Kanada sind die erwachsenen Töchter Europas, die aber zur Familie gehören. Es ist Europa jeweils schlecht ergangen, wenn die USA ihm ferngeblieben sind, sich isoliert haben. Für die friedliche Entwicklung in Europa wird es daher gut sein, daß die USA auf dem alten Kontinent präsent sind.
Das Schicksal Europas zwischen den Weltmächten ist also in vielfältiger Weise mit diesen verknüpft. Zu seiner gedeihlichen Entwicklung ist daher die Beteiligung beider wichtig – der USA (nebst Kanada) und der Sowjetunion, am besten im Zusammenwirken. Der ideale Ort dafür ist der KSZE-Prozeß, der in seinen drei Körben das Baumaterial für eine gesamteuropäische Friedensordnung enthält. In ihm stecken noch große Möglichkeiten, z. B. für gesamteuropäische Institutionen.
Der Motor oder, wie Jacques Delors gesagt hat, das *Gravitationszentrum Europas* ist die *Europäische Gemeinschaft.* Sie ist im Schatten des kalten Krieges entstanden, gegen den Willen der Sowjetunion, unter dem Schutz der NATO.
Entscheidend für Kraft und Wachstum der EG sind deren konstitutive Prinzipien: einklagbare Rechte für Bürger und Staaten, Zusammenarbeit bei offenen Grenzen und damit eine

maximale Ausnutzung der ökonomischen Ressourcen. Die Fähigkeit zur Kooperation wird zu einem der wichtigsten Faktoren der Produktivität.

Ihre Gründerväter, Konrad Adenauer, Alcide de Gasperi, Robert Schuman, haben – klug beraten durch den bisher einzigen Ehrenbürger Europas, Jean Monnet – aus dem nationalen Gegeneinander der Vergangenheit mit seinen schlimmen Folgen nach dem Zweiten Weltkrieg die richtigen Schlüsse gezogen. Aus den gleichen Gründen wollen die Völker Ost- und Ostmitteleuropas jetzt »nach Europa zurückkehren« (Václav Havel). Sie suchen die *Anlehnung an das Erfolgsmodell der EG, um das Erbe des ihnen aufgezwungenen sozialistischen Systems abtragen zu können. Die EG muß sich ihnen öffnen – in welcher Form auch immer. Wir würden den Geist der EG und ihrer Gründerväter verraten, wenn wir uns diesem Begehren verschlössen.*

Die EG wird dies leichter können, wenn sie sich – zumindest in dieser Übergangsphase – bei der »hardware« der Sicherheitspolitik zurückhält. Diese sollte Angelegenheit der NATO bleiben und – stellvertretend für die EG – der schon existierenden, von Beginn an mit der NATO eng verbundenen »Europäischen Sicherheitsunion«, der WEU. Dort ist der geeignete Rahmen – parlamentarische Kontrolle, gemeinsamer Rat der Außen- und Verteidigungsminister und ein Generalsekretariat mit leistungsfähigem Unterbau – für die militärischen Verteidigungsaufgaben Europas in der NATO. Darüber hinausgehende außen- und wirtschaftspolitische Belange der Sicherheitspolitik sollten in der EPZ behandelt werden.

Veränderte geopolitische Lage

Die NATO ist und bleibt der Sicherheitsanker für beide europäischen Prozesse: für die KSZE und für die wirtschaftliche und politische Integration in der EG und ihrer Außenbeziehungen. Nur müssen sich die Schutzvorkehrungen des westlichen Bündnisses nach einem zu erwartenden Abrüstungserfolg in Wien nicht mehr – wie bisher – gegen eine überwältigende militärische Macht richten.

Das Ost-West-Verhältnis wird *zunehmend entmilitarisiert.* Die NATO muß ihre Schutzwirkung künftig in einer geänderten geopolitischen Lage und in einer neuen militärischen Machtbalance im Ost-West-Verhältnis entfalten – und zusätzlich das »Haus Europa« auch gegen mögliche »Übergriffe« aus anderen Richtungen schützen. Das heißt: Ihre Rolle, ihre Struktur, ihre Strategie und ihre im einzelnen zu treffenden Maßnahmen müssen *neu definiert und den neuen Verhältnissen angepaßt werden.*

Dafür einige Beispiele:

1. Wenn der größte Teil der bisherigen amerikanischen Streitkräfte in Europa abgezogen bzw. abgerüstet wird, dann wird NATO-Europa zu einer überwiegend europäischen Einrichtung; dann sollte auch endlich der schon von Kennedy geforderte »europäische Pfeiler der NATO« entstehen. Dann könnte die NATO auch nicht mehr als eine Einrichtung US-amerikanischer Hegemonie in Europa (miß)verstanden werden. Das könnte es der Sowjetunion erleichtern, der (uneingeschränkten!) Mitgliedschaft des vereinten Deutschland in der NATO zuzustimmen.
2. Wenn amerikanische Streitkräfte nur noch in einem geringen Ausmaß in Europa präsent bleiben, dann werden sie in erster Linie die Aufgaben erfüllen müssen, die den Interessen der maritimen Weltmacht USA an ihrer europäischen Gegenküste entspringen; dazu zählen Präsenz im Mittelmeer, das Offenhalten der atlantischen Verbindungen, also von Häfen und Flugplätzen, wie auch eine gemeinsame Luftverteidigung. Das bedeutet: Die in Europa notwendigen Vorkehrungen für die Verteidigung sind in erster Linie eine Angelegenheit der »Europäischen Sicherheitsunion« im Rahmen des Bündnisses. So sollte NATO-Europa auch europäisch geführt werden. Auf diese Weise entstünde eine reife, gleichgewichtige Partnerschaft mit der Weltmacht USA.
3. Wenn nach dem sich abzeichnenden Verhandlungsergebnis in Wien (VKSE) die Sowjetunion ihre bisherige massive

Überlegenheit an Truppen und kampfentscheidendem Gerät aufgeben wird und mithin die Fähigkeit zur raumgreifenden Offensive, dann könnte sie nur nach längerer Vorbereitung und nur noch regional zum Angriff fähige Truppen bereitstellen. Das hat Folgen für die notwendige Reaktionszeit und Präsenz. Aufklärung zur Früherkennung, Mobilisierungs- und Verstärkungsfähigkeit – z. B. über den Atlantik – und die Beweglichkeit der operativen Verbände gewinnen an Bedeutung.

4. Da die bisherige gemeinsame »Vorneverteidigung« der verschiedenen Bündniskontingente nebeneinander an der inzwischen nicht mehr relevanten innerdeutschen Grenze politisch keinen Sinn mehr macht, müssen wir andere Lösungen dafür finden, wie wir die politische Solidarität des Bündnisses militärisch demonstrieren. Dies könnten und sollten multinationale, möglicherweise auch gemischte, Verbände leisten, die in der Tiefe des Raumes – und nicht nur auf deutschem Boden – bereitgehalten werden. Diese müssen hoch beweglich sein und vielseitig verwendbar; z. B. auch für Einsätze an den Flanken.
5. Wenn Krieg kein Mittel der Politik mehr ist, dann sollten das Bündnis und die Sowjetunion mit Hilfe des Abrüstungsprozesses die Eckdaten einer gemeinsamen Sicherheit miteinander vereinbaren: *hinlängliche Verteidigung* auf beiden Seiten und *atomare Rückversicherung* (Minimalabschreckung). Hinlängliche Verteidigung, das bedeutet Überlegenheit in der Verteidigung. Diese allein wäre zwar noch keine Garantie dafür, daß im Falle von Konflikten nicht mit militärischen Übergriffen oder Drohungen zu rechnen sei. Doch wäre ein militärischer Angriff gegenüber einem überlegenen Verteidiger höchst unwahrscheinlich, ein militärischer Erpressungsversuch bliebe ohne Wirkung.

   Atomare Rückversicherung soll »einen potentiellen Angreifer, noch bevor er handelt, davon überzeugen, daß er mit einem Risiko konfrontiert ist, das jeden Nutzen überwiegt – mag er auch noch so groß sein –, den er sich von seinem Angriff möglicherweise verspricht« (Erklärung der Staats-

und Regierungschefs am 30. Mai 1989 in Brüssel). Hinlängliche Verteidigung *und* atomare Rückversicherung würden dazu zwingen, Konflikte politisch zu lösen, und eine militärische Lösung ausschließen. Dies wäre ein entscheidender Beitrag zu einer europäischen Friedensordnung, in der alle Völker und Staaten ohne Furcht und Zwang zusammenleben können.
Entscheidend ist dabei die Hinlänglichkeit beider Komponenten, weil keine der beiden die Unzulänglichkeit der anderen ausgleichen könnte.

6. Das Atomwaffenarsenal muß – auf beiden Seiten – diese Funktion der »Rückversicherung« erfüllen können. Mehr nicht! Alles andere kann und sollte abgerüstet werden.
In Europa brauchen wir dazu einen Minimalbestand von Atomwaffen, auch amerikanischer, die (in Konsequenz der oben zitierten Definition der NATO) den potentiellen Angreifer auf seinem Territorium zu treffen vermögen. Die gegenwärtigen landgestützten Kurzstreckensysteme könnten dies eben nicht, erst recht nicht die atomare Rohrartillerie. Sie sollten daher verschwinden – auf beiden Seiten, und zwar sehr bald!

Der Beitrag des vereinten Deutschland zur NATO

Deutschland wird bis zum Ende des Jahres vereint sein, »ohne Einschränkung seiner Souveränität« (US-Präsident Bush). Es wird sich – wie es in der KSZE-Schlußakte ausdrücklich verbrieft ist – für die Zugehörigkeit zu einem Bündnis souverän entscheiden können. *Es wird sich für die NATO entscheiden. Unsere Nachbarn in Ost und West wollen dies auch. Denn ohne Deutschland verlöre das Bündnis seinen Zusammenhalt und damit seine Funktionsfähigkeit.*
Deutschland wird dieser Sicherheitsgemeinschaft ohne Einschränkung angehören. Es wird dazu einen angemessenen militärischen Beitrag leisten. Die deutsche Armee wird eine Wehrpflichtarmee sein. Der überwiegende Teil ihrer Truppen wird wie bisher bündnisintegriert sein; nicht – wie das gele-

gentlich immer noch mißverstanden wird – um die Deutschen zu binden, sondern weil dies die bessere Lösung der gemeinsamen Sicherheitsprobleme ist.
Ein Teil der deutschen Kräfte wird – ebenfalls wie bisher – unter nationalem Kommando stehen, also aus »territorialen« Verbänden bestehen. Solche nationalen Streitkräfte könnten die im Frieden notwendigen Vorbereitungen für eine »grenznahe Verteidigung« treffen. Schon nach einem ersten Erfolg der Abrüstungsverhandlungen im konventionellen Bereich läßt die moderne Waffenentwicklung m. E. eine wirksame grenznahe Verteidigung zu, ohne im Frieden starke Truppen vorne stationieren zu müssen.
Eine solche militärische Struktur bedroht niemanden. Gerade weil es eine integrierte Struktur sein wird, taugt sie nur zur gemeinsamen Verteidigung, zu sonst nichts.
In einer europäischen Friedensordnung wird auch nur noch Verteidigung erlaubt sein. Das gilt für alle; auch für die Sowjetunion. Auch deren »legitime Sicherheitsinteressen« resultieren aus dem Recht zur individuellen oder kollektiven Selbstverteidigung nach dem Artikel 51 der UN-Charta. Dieses Recht und der Gewaltverzicht, die beiden wichtigsten Prinzipien der UN-Charta, müssen in einer europäischen Friedensordnung von allen strikt beachtet werden.
Zu ihrer Verteidigung braucht die Sowjetunion keine Truppen in Deutschland. Die *Rote Armee wird daher nach der Vereinigung Deutschlands nur noch für eine kurze Übergangszeit in unserem Land bleiben können, und auch nur aufgrund eines mit dem souveränen Deutschland zu schließenden Vertrags, nicht etwa aufgrund originären Rechts oder aufgrund irgendwelcher Konferenzbeschlüsse.*

Realismus und Hoffnung

Nach 40 Jahren des kalten Krieges, des »Containment« und der Stagnation im Ost-West-Verhältnis erleben wir nun die Neuordnung Europas, auch seiner Sicherheitsstrukturen. Dies wird nicht automatisch zu einem für alle Zeit ungefährdeten Frieden

führen. Im frei gewordenen Mittel- und Osteuropa – nicht nur dort – entstehen neue Probleme. Alte Konflikte brechen wieder auf. *Sicherheit bleibt daher Voraussetzung für eine friedliche Entwicklung.*
Wir werden die richtigen Lösungen der sich verändernden Probleme nur gemeinsam finden, und auch nur, wenn wir die Wirklichkeit richtig analysieren und in die Zukunft blicken. Doch dann sind die Chancen für eine friedliche Zukunft Europas größer denn je.

Der Krieg am Golf – Lehren für Europa

Rede im Deutschen Bundestag am 31. Januar 1991

Anfang 1991 erschütterte der Krieg am Golf die Welt. Er machte – wie Alfred Dregger am 31. Januar im Deutschen Bundestag sagte – »die Kräfteverhältnisse in der Welt und die Sicherheitserfordernisse Europas deutlich«. Ohne gemeinsame Sicherheitspolitik – so Dreggers Fazit – bleibe ein einiges Europa eine Illusion:

Der Golfkrieg ist der erste Krieg der Weltgemeinschaft UNO gegen einen Aggressor seit dem Koreakrieg. Doch im Unterschied zu diesem wird dieser mit Zustimmung der Sowjetunion geführt. Das ist das Neue, seitdem der Ost-West-Konflikt – ich will es einmal vorsichtig ausdrücken – gedämpft ist.

Die Welt ist jedenfalls nicht mehr geprägt von der bipolaren Spannung zwischen den beiden Supermächten. Das hat die Vereinten Nationen handlungsfähig gemacht. Deshalb konnte der Sicherheitsrat Beschlüsse fassen, während er früher vom Veto blockiert wurde. Deshalb konnten die USA nach dem Überfall des Irak auf Kuwait zusammen mit Europäern, Arabern, mit asiatischen Staaten, mit Kanada und Australien im Auftrage der UNO eine strategische Gegenkonzentration gegen Saddam Hussein organisieren. Damit hat er leider nicht gerechnet. Sonst hätte er den Krieg gegen Kuwait möglicherweise nicht begonnen.

Welche Schlüsse sollen wir daraus ziehen? Ich meine, gegen den Aggressor frühzeitig Front zu machen – frühzeitig! –, ist die Lehre, die aus dieser Erfahrung zu ziehen ist.

Der Golfkrieg macht die Kräfteverhältnisse in der Welt und die *Sicherheitserfordernisse Europas* deutlich.

Zunächst: Wir brauchen weiter eine enge Sicherheitspartnerschaft mit den USA. Wir brauchen sie aus zwei Gründen:

Erstens, weil wir auf dem alten Kontinent das Gewicht der Weltmacht Sowjetunion ohne die USA nicht austarieren können ...

Zweitens: Wir brauchen die USA auch, weil unsere Sicherheit von weltweiten Entwicklungen abhängig ist und die USA als

einzige westliche Macht zu weltweitem Handeln in der Lage sind.
Dieser Golfkonflikt hat uns aber auch drastisch vor Augen geführt, was uns Europäern fehlt: eine europäische Sicherheitsunion und deren Fähigkeit, weltweit zu handeln. Erst eine solche Sicherheitsunion bildet die Basis, auf deren Grundlage europäische Außenpolitik möglich wird.
Der Außenminister Saddam Husseins hat *die Europäische Gemeinschaft bei ihren Vermittlungsversuchen in keiner Weise ernst genommen.* Ich füge hinzu: Auch der amerikanischen Administration fiel es schwer, zu einer anderen Einschätzung zu kommen.
Das war schon bei den Mittelstreckenraketenverhandlungen in Reykjavik 1986 so, an denen Europa nicht beteiligt war, obwohl Europa davon in besonderer Weise betroffen war. Daran hat sich nichts Wesentliches geändert. Die europäischen Außenminister selbst haben vor Weihnachten daraus die Konsequenz gezogen, eigene Initiativen hintanzustellen, um der amerikanischen Politik den Vortritt zu lassen. Das war vernünftig. Aber es hat auch gezeigt, daß Europa bisher ein seiner ökonomischen Bedeutung entsprechendes außenpolitisches Gewicht nicht besitzt und daher in internationalen Fragen nur sehr begrenzt handlungsfähig ist ...
Die Konsequenz: *Die Europäer müssen sich endlich auch sicherheitspolitisch zusammenschließen. Die Römischen Verträge müssen einen militärischen Beistandsvertrag einschließen nach der Art und Qualität dessen, was einmal im WEU-Vertrag vereinbart wurde.*
Wenn wir einmal von der Unfähigkeit der Europäer, ihre Ziele und Mittel in Übereinstimmung zu bringen, absehen, dann stehen wir ja im Unterschied zu den 80er Jahren glänzend da. Auch Osteuropa wendet sich heute nach Westen. Es sind die Ideen des Westens, die sich durchgesetzt haben. *Damit das Bestand hat; damit Europas politischer Einfluß seinem ökonomischen Gewicht entspricht und Europa sich in der Welt behaupten kann, müssen wir die Politische Union schaffen. Europäische Politische Union heißt: gemeinsamer Wirtschaftsraum mit gemeinsamer Währung in gemeinsamer Sicherheit. Das ist unser Ziel.*

Alles, was wir allein nicht mehr machen können, gehört in die supranationale europäische Kompetenz. Auf dem Gebiet der Wirtschafts-, Währungs-, Finanz- und Sozialpolitik zum Beispiel kann noch viel im nationalen Rahmen gemacht werden, im Bereich der Sicherheitspolitik dagegen nicht. Daß ausgerechnet dieser Bereich aus der europäischen Einigungspolitik ausgespart blieb, kann man zwar erklären, aber nicht begründen.

Es kann auch in Zukunft nationale Truppenverbände geben, was ich wegen des inneren Zusammenhalts für zweckmäßig halte. Aber Logistik, Transport, Aufklärung und Operation müssen wir in Zukunft gemeinsam, d. h. natürlich im Rahmen der NATO, *europäisch machen.* Geschieht das, dann wird die NATO ein Bündnis unter Gleichen, ein Bündnis zwischen Amerika und Europa, das gemeinsam und arbeitsteilig handeln kann.

Dazu brauchen wir hochbewegliche, teilweise lufttransportfähige und – um der Solidarität und der Abschreckungsfähigkeit willen – *multinationale europäische Verbände mit einer gemeinsamen Strategie.* Diese Verbände müssen ihre Wirkung in alle Himmelsrichtungen entfalten können. Unsere Chance, auf diese Weise eine Krise zu bewältigen und dabei den Krieg zu vermeiden, wird um so größer sein, je größer der Zusammenhalt dieser Verbände im Bündnis ist und je flexibler sie operieren können.

Die beiden Regierungskonferenzen, die Ende des letzen Jahres ihre Arbeit begonnen haben, geben die Möglichkeit, beide Ziele zu verwirklichen: die Wirtschafts- und Währungs- sowie die Sicherheitsunion. Die Notwendigkeit der Parallelität beider Regierungskonferenzen ist gestern vom Bundeskanzler mit Recht hervorgehoben worden. Die in diesen beiden Konferenzen liegende Chance sollten wir in gutem Kontakt mit unseren europäischen Freunden, insbesondere mit Frankreich, das in dieser Frage eine Schlüsselrolle hat, nutzen.

Deutsche und Russen

Sergej Achromejew und Alfred Dregger beantworten im Juli 1991 Fragen der Tageszeitung »Die Welt« aus Anlaß des 50. Jahrestages des deutschen Angriffs auf die Sowjetunion.

Alfred Dregger und Sergej Achromejew, Marschall der Sowjetunion, lernten sich Anfang April 1991 in Moskau kennen – und schätzen. Es gab manches, was sie miteinander verband. Beide gehörten der gleichen Generation an. Beide waren Kriegsteilnehmer; als junge Bataillonskommandeure hatten sie sich an der Ostfront gegenübergestanden. Beide waren auch mehrfach verwundet worden.
Dregger und Achromejew sagten zu, als »Die Welt« sie aus Anlaß des 50. Jahrestages des deutschen Überfalls auf die Sowjetunion bat, Perspektiven für die Zukunft der deutsch-russischen Beziehungen zu entwerfen.
Die Fragen der »Welt« lauteten:

1. Sie haben beide am Krieg teilgenommen, beide als Bataillonskommandeur. Sie sind beide verwundet worden. Kürzlich haben Sie – 50 Jahre danach – in einem sehr nachdenklichen Gespräch Lehren daraus zu ziehen versucht. Welche sind das?
2. Die Nachkriegsordnung in Europa, die ja nicht durch historisch, kulturell oder ethnisch begründete Grenzen geprägt war, sondern den Kontinent in einer Ordnung des »kalten Krieges« geteilt hat, ist nun in einem raschen Prozeß des tiefgreifenden Wandels überwunden worden. Europa ordnet sich neu. War dieser Wandel ein »Nullsummenspiel«, bei dem eine Seite nur gewinnen konnte, was die andere verloren hat? Was ging »verloren«, was wurde »gewonnen«?
3. Wie sehen Sie die Rolle Deutschlands und der Sowjetunion in diesem Wandlungsprozeß und für die gemeinsame Zukunft in Europa?
4. Krieg und militärische Erfahrungen haben Ihr Den-

ken mitgeprägt. Früher hat es geheißen, der Krieg sei »der Vater aller Dinge«. Gilt dies auch heute noch? Ist Krieg heute noch ein verantwortbares »Mittel der Politik«?
5. Die meisten Menschen, auch die Politiker, sagen, daß sie den Frieden wollen. Dennoch wurden auch in jüngster Zeit Kriege geführt, gab es Gewaltanwendungen zur Durchsetzung politischer Ziele. Die meisten Staaten schützen deshalb ihre Bürger durch angemessene Vorkehrungen für ihre Sicherheit und zur Verteidigung. Welche Vorkehrungen scheinen Ihnen dazu geeignet, daß die Menschheit in Zukunft mehr Sicherheit für eine menschenwürdige Existenz finden und weniger unter der »Geißel des Kriegs« leiden muß?

Alle haben gewonnen
Die Antworten Alfred Dreggers

1
Der Krieg, an dem Marschall Achromejew und ich als junge Offiziere teilgenommen haben, war die Folge einer auf totalitäre Anmaßung, auf Gewalt und Unrecht gegründeten Politik. Unsere Völker, die Völker der Sowjetunion und das deutsche Volk, haben in diesem Krieg die meisten Opfer bringen müssen.
Deshalb war dieser Krieg unser Krieg; der Krieg, dessen Leidtragende vor allem unsere Völker gewesen sind. Für eine bessere Zukunft zu sorgen ist deshalb eine Aufgabe, die die politische Führung unserer Länder *in besonderer Weise verpflichtet.*
Wir sind zu einer Politik der Kooperation verpflichtet, die auf Recht und friedlichem Interessenausgleich beruht. Recht, das bedeutet: Wahrung der Menschenrechte und des Selbstbestimmungsrechts der Völker.
Der tiefgehende Wandel in den deutsch-sowjetischen Beziehungen hat diese Politik eindrucksvoll bestätigt. Auf diesem einzig sinnvollen Weg fortzuschreiten ist – davon bin ich überzeugt – auch die Mahnung der Toten an uns, die wir das Glück

hatten, überlebt zu haben, und an diejenigen, die bereit sind, aus unseren Fehlern und Erfahrungen zu lernen.

2

Bei diesem grundlegenden Wandel hat niemand verloren. *Alle haben gewonnen.*

Die Sowjetunion hat Freunde und Kooperationspartner gewonnen statt der bisherigen Gegner und Zwangsverbündeten, die ihr schließlich mehr Lasten als Nutzen gebracht haben.

Deutschland hat – wenn auch nach großen kriegs- und nachkriegsbedingten Gebietsverlusten – seine Einheit in Freiheit gewonnen. *Das vereinte Deutschland ist heute Bündnispartner des Westens und willkommener Kooperationspartner seiner östlichen Nachbarn einschließlich der Sowjetunion. Das ist einmalig in unserer Geschichte und der unseres Kontinents.*

In Westeuropa hat sich schon bald nach dem Krieg die Erkenntnis durchgesetzt, daß die freiwillige Kooperation aller mit allen nach festen und einklagbaren Regeln für die Wohlfahrt und das Glück der Völker ertragreicher ist als Hegemonie und Zwang. In diesem Geist haben wir die Europäische Gemeinschaft geschaffen. In diesem Geist können und werden wir nun in Zusammenarbeit mit der Sowjetunion das ganze Europa schaffen und damit unseren Beitrag leisten zu einer neuen Weltfriedensordnung.

3

Deutschland liegt in der Mitte unseres Kontinents und ist – schon wegen dieser geographischen Lage – seine ökonomische und nicht selten auch seine politische Drehscheibe.

Je fruchtbarer die technische, wissenschaftliche und wirtschaftliche Zusammenarbeit zwischen Deutschland und seinen Nachbarn ist, um so besser wird es Europa und seinen Völkern gehen.

Das gilt auch und gerade für die sowjetisch-deutsche Zusammenarbeit. Denn die Sowjetunion ist nach der Zahl ihrer Menschen, nach der Größe ihres Raumes und aufgrund ihrer Bodenschätze das bei weitem stärkste Land auf unserem Kontinent. Die friedliche Zusammenarbeit zwischen Deutschland und der Sowjetunion, ihren Völkern und Republiken wird daher für die Prosperität ganz Europas von entscheidender Bedeutung sein.

Rußland ist seit dem Ende des Nordischen Krieges europäische Großmacht. Seitdem war Rußland an allen wichtigen europäischen Entscheidungen beteiligt. Eine stabile Ordnung in Europa kann auch in Zukunft nicht ohne die Sowjetunion – wie immer sie sich entwickeln mag – geschaffen werden, schon gar nicht gegen sie.

Der Sowjetunion einen angemessenen Einfluß auf die europäischen Dinge zu ermöglichen, ist eine der wichtigen Aufgaben der Konferenz für die Sicherheit und Zusammenarbeit in Europa (KSZE), an der auch unsere transatlantischen Bündnispartner USA und Kanada mitwirken.

Am wichtigsten scheint mir die kulturelle Zusammenarbeit, die wechselseitige Durchdringung unserer Kulturen zu sein. Rußland hat seine Identität zum erstenmal in der Kiewer Rus etwa zu der Zeit gefunden, zu der Otto der Große zum Kaiser des Heiligen Römischen Reiches Deutscher Nation gekrönt wurde. Für die Identität Europas sind unsere beiden Kulturen wesentlich; sie sind es von Anfang an gewesen. Dies zu verkennen oder gar zu verdrängen, war einer der schwersten Fehler in der Vergangenheit. Im künftigen Europa, das Teil einer zusammenwachsenden Welt ist, werden Ost und West keine Gegensätze sein, sondern sich ergänzende und wechselseitig befruchtende Elemente eines größeren Ganzen.

4

Der Krieg ist nicht der Vater aller Dinge, wie Herodot gemeint hat; heute ist er das Ende aller Dinge, jedenfalls dort, wo atomare, chemische oder biologische Waffen zum Einsatz kommen. Deshalb haben wir Deutschen auf diese Waffen total verzichtet.

Wir erwarten auch von den Weltmächten, daß sie zu einer weltweiten Beseitigung aller chemischen und biologischen Waffen beitragen und die atomaren auf ein Mindestmaß reduzieren, das zur Abschreckung eines potentiellen Angreifers notwendig ist. Das ist der einzig legitime Zweck dieser Waffen. Sie sind kein Mittel der Strategie; auf dem Gefechtsfeld haben sie nichts zu suchen.

Heute ist nicht der Krieg, sondern der Friede angesichts der knappen Ressourcen und der wachsenden globalen Umweltprobleme die Lebensgrundlage der stetig wachsenden Menschheit.
Diese Grunderkenntnis verhindert leider nicht, daß verantwortungslose Machtpolitiker zu militärischen Mitteln greifen oder damit drohen, um ihren Nachbarn auf diese Weise ihren Willen aufzuzwingen. Saddam Hussein hat das fast wehrlose Kuwait überfallen, anstatt mit ihm zu verhandeln; nicht weil er es fürchten mußte, sondern weil er keinen nennenswerten Widerstand erwartet hat.
Der Krieg ist kein verantwortbares Mittel der Politik. Aber die militärische Vorsorge gegen fremde Gewalt, die niemand ausschließen kann, bleibt notwendig. Sicherheitspolitik dieser Art ist eine Politik gegen den Krieg und für den Frieden.

5

Eine militärische Vorsorge zum Schutz ihrer Bürger und Völker gegen solche fremde Übergriffe gehört nach wie vor zu den elementaren Schutzpflichten der Staaten. Deshalb räumt die Charta der Vereinten Nationen allen Staaten das Recht auf individuelle oder kollektive Selbstverteidigung ein. Doch das Ziel dieser Vorkehrungen ist die Sicherheit der Völker und Staaten, die sie am besten gemeinsam verwirklichen können, nicht Hegemonie oder Fremdherrschaft. Erst auf der Basis dieser Sicherheit gewinnen sie das Selbstvertrauen, das für ihre gedeihliche Entwicklung notwendig ist.
Je besser wir diese kollektive Sicherheit organisieren, um so mehr werden wir weltweit die Geißel des Krieges eindämmen können. Deshalb werden wir Deutschen auch in Zukunft unseren Beitrag für eine friedliche Entwicklung Europas auf der Grundlage der beiden Sicherheitsorganisationen leisten, zu denen wir gehören und die Europa Stabilität verleihen: der NATO und ihrem europäischen Pfeiler, der WEU.
Diese Sicherheitsbündnisse waren und sind auch die Grundlage für den Erfolg der Konferenz für Sicherheit und Zusammenarbeit in Europa, in der alle Völker und Staaten unseres Kontinents und mit ihnen die ganze Sowjetunion und die USA und Kanada zusammenwirken können. Mit Hilfe der KSZE

wollen wir eine gesamteuropäische Friedensordnung schaffen, zu der drei große Staatenunionen gehören sollten: die Sowjetunion im Osten, die USA im Westen und die sich bildende Politische Union der europäischen Länder zwischen den beiden Weltmächten. Diese Politische Union sollte nach unserer Vorstellung zur friedenserhaltenden Mitte zwischen den Weltmächten werden, was es auch diesen erleichtern würde, ihre Beziehungen friedlich zu gestalten.

Clausewitz ist überholt
Die Antworten Sergej Achromejews

1
Wie sich im Verlauf des Gesprächs mit Herrn Dregger, das vor kurzem stattfand, herausstellte, gehören wir beide der gleichen Generation an. Im Großen Vaterländischen Krieg kämpfte er in der Wehrmacht an der sowjetisch-deutschen Front, und ich verteidigte mein Vaterland gegen die Aggression Hitlers. Damals im Krieg haben sowohl er als auch ich eine Kompanie und ein Bataillon geführt. Wir haben am eigenen Leibe erfahren, was Krieg im allgemeinen und insbesondere ein Krieg zwischen der Sowjetunion und Deutschland bedeutet.
Unsere Begegnung verlief in einer loyalen und angemessenen Atmosphäre. Feindschaft und Animosität gehören der Vergangenheit an. Doch sowohl er als auch ich empfinden natürlich noch immer ein Gefühl der Bitterkeit angesichts des unvorstellbaren Leids der Völker, der Massenzerstörungen und der enormen und unwiederbringlichen Verluste an Menschenleben infolge des letzten Krieges. Es ist nicht möglich, diesen schrecklichen Abschnitt der Geschichte zu vergessen. Er darf meiner Ansicht nach auch nicht in Vergessenheit geraten. Es ist unsere Pflicht, stets diejenigen in Erinnerung zu behalten, die in diesem erbitterten und unversöhnlichen Krieg, der nur in einem uneingeschränkten Sieg der einen und in der Zerschlagung und bedingungslosen Kapitulation der anderen seinen Ausgang finden konnte, gefallen sind. Dies war die Politik unserer Länder in den Jahren vor dem Krieg und während des

Krieges. Sie läßt sich durch ein Wort charakterisieren: Unversöhnlichkeit. Hieraus ergeben sich wohl auch die Lehren, die aus unserer tragischen Vergangenheit zu ziehen sind:
Erstens: Es darf niemals mehr ein Krieg entfesselt werden. Die Verluste im letzten Krieg waren enorm und unersetzbar. Wenn es heute in Europa zu einem Krieg kommt, wird dieser zum Untergang der Völker aller europäischen Länder führen. Die europäische Zivilisation wird dem Untergang geweiht sein. Dann wird es für uns weder eine Vergangenheit noch eine Gegenwart oder eine Zukunft geben.
Zweitens: Die deutsch-sowjetischen Beziehungen müssen gepflegt, ausgebaut und verbessert werden. Wenn sich die Sowjetunion und Deutschland darin einig sind, daß ein Krieg nicht zugelassen werden darf, kann es keinen Krieg in Europa geben. Davon bin ich zutiefst überzeugt. Ich bin davon überzeugt, daß dies für die Sowjetunion und Deutschland die beiden wichtigsten Lehren des Zweiten Weltkrieges sind.

2

Die Nachkriegsordnung in Europa wurde infolge der Zerschlagung und der bedingungslosen Kapitulation Deutschlands und seiner Verbündeten auf der Potsdamer Konferenz aufgebaut. Diese Ordnung sollte, als sie von den Staatsoberhäuptern der UdSSR, der USA und Großbritanniens aufgebaut wurde, nur vorübergehend, nur einige Jahre lang gelten. Dabei wurden natürlich die historischen, kulturellen und ethnischen Aspekte nicht berücksichtigt. Ich will nicht näher darauf eingehen, warum diese Ordnung fast 45 Jahre lang bestehenblieb.
Die grundlegenden Umgestaltungen in Europa haben sich im Zeitraum von 1985 bis 1990 vollzogen. Ein faktischer und juristischer Frieden ist Ende 1990 nach der Konferenz der europäischen Staatsoberhäupter in Paris geschaffen worden. Deutschland wurde wiedervereinigt. Nun zu Ihrer Frage, wer was »gewonnen« hat und was »eingebüßt« worden ist. Heute haben alle »gewonnen«. Die Kriegsgefahr ist abgewendet, und die militärische Bedrohung ist geringer geworden. Die territorialen Probleme sind endgültig gelöst. Doch viele Menschen, darunter auch in der Sowjetunion, haben angesichts der neuen Lage Bedenken. Aus zwei Gründen:

Erstens: Diese Menschen sind es gewohnt, die Sicherheit des Landes vor allem durch militärische Mittel zu gewährleisten. Heute gewinnen die politischen Mittel immer mehr an Bedeutung. Viele haben kein Vertrauen zu diesen Mitteln. Die Menschen kann nur die Zeit überzeugen.
Zweitens: Heute glauben, offen gesagt, in der Sowjetunion bei weitem nicht alle, daß Deutschland künftig der Sowjetunion gegenüber wohlgesinnt sein wird. Die Menschen fürchten ein Wiedererwachen des Revanchismus in Deutschland. Darum werden künftig die sowjetisch-deutschen Beziehungen eine entscheidende Rolle spielen. Erst in Zukunft wird man die Frage endgültig beantworten können, ob jemand durch die endgültige Nachkriegsregelung in Europa etwas »eingebüßt« hat oder ob alle »gewonnen« haben. Wir werden uns daran erinnern und auf einen gemeinsamen »Gewinn« hoffen. Dazu müssen wir alles Erdenkliche tun.

3

Wenn wir für die Völker und Staaten Europas langfristig den Frieden sichern und Gesetzlichkeit und Sicherheit gewährleisten wollen, müssen wir ein regionales (ein europäisches) Sicherheitssystem schaffen, an dem alle Staaten Europas, die USA und Kanada mitwirken müssen. Dabei würden die heute bestehenden militärpolitischen Bündnisse entsprechend umgestaltet werden. Bei der Schaffung eines europäischen Sicherheitssystems könnten die Sowjetunion und Deutschland gemeinsam mit den anderen Großmächten und den USA einen entscheidenden Beitrag leisten.

4

Der bekannte preußische General und Gelehrte Carl v. Clausewitz hat vor fast zwei Jahrhunderten für seine Zeit zu Recht behauptet, der Krieg sei die Fortsetzung der Politik, jedoch mit anderen Mitteln, mit den Mitteln der Gewalt. Zu Beginn unseres Jahrhunderts hat W. I. Lenin die Lehre vom Krieg nicht nur bestätigt, sondern auch weiterentwickelt. Diese These hatte bis Mitte März unseres Jahrhunderts, bis zum Aufkommen der Atomwaffen, Gültigkeit.
Heute ist die These vom Krieg wie auch von der Fortsetzung der Politik nicht mehr allgemein gültig. Sie ist nur teilweise

begründet, und zwar in bezug auf regionale militärische Konflikte wie zum Beispiel den Krieg im Persischen Golf, der gerade zu Ende gegangen ist, und ähnliche Konflikte. Übrigens lassen sich heute erfahrungsgemäß auch regionale Konflikte durch rein militärische Mittel nicht endgültig lösen.
Doch im Falle eines Weltkrieges oder eines Krieges zwischen den Großmächten ist diese These nicht realitätsbezogen:

Erstens: Wenn ein Atomkrieg ausbricht, wird er alles Leben auf der Erde vernichten. Die gegenseitige Vernichtung kann keine Politik sein. Das ist Unsinn.
Zweitens: Selbst wenn in Europa auch nur ein konventioneller Krieg entfesselt wird, würde auch er den Untergang für unseren Kontinent bedeuten. Derzeit gibt es in Europa etwa 350 Atomreaktoren, die im Falle eines Krieges Ziele der Zerstörung und Vernichtung wären. Allein der Unfall eines einzigen Reaktors in Tschernobyl vor fünf Jahren hatte schwerwiegende Folgen. Für die Beseitigung der Folgen hat die Sowjetunion bereits 20 Milliarden Rubel ausgegeben, doch ein Ende ist noch nicht abzusehen. Hunderttausende von Menschen haben schwere gesundheitliche Schäden erlitten, und der Schaden, der der Umwelt zugefügt worden ist, ist ebenfalls enorm. Bei der Zerstörung von Dutzenden oder gar Hunderten solcher Reaktoren wird Europa völlig vernichtet.
Heute ist ein Krieg großen Ausmaßes keine Politik mehr. Er bedeutet nur noch gegenseitiges Vernichten.

5

Heute gibt es weltweit zwei Tendenzen zur Gewährleistung einer friedlichen Entwicklung der Völker:

Erstens: die alte Tendenz, durch Waffen und Gewalt Bürger und Staaten zu schützen.
Zweitens: die Schaffung eines Systems der kollektiven Sicherheit. In der zweiten Hälfte der achtziger und zu Beginn der neunziger Jahre werden wir Zeugen grundlegender Veränderungen in der militärpolitischen Lage, die sich weltweit und insbesondere in Europa vollzogen haben.
Die militärische Konfrontation zwischen dem NATO-Bündnis und der Organisation des Warschauer Vertrages gehört der

Vergangenheit an, der Rüstungswettlauf und der kalte Krieg gehen zu Ende. Die UNO wird allmählich zu dem Instrument des Friedens, als das sie seinerzeit gedacht war. Gerade die UNO und ihr Sicherheitsrat bieten sich als Organe an, auf deren Grundlage das System der globalen Sicherheit, das die friedliche Beilegung von Streitigkeiten und schließlich den Frieden für alle Völker und Staaten der Erde gewährleistet, geschaffen werden kann. Die Krise im Persischen Golf hat den Prozeß der Schaffung dieses Systems verzögert, ihm geschadet, ihn jedoch nicht aufgehalten.

Im November 1990 wurden in Paris auf dem europäischen Gipfeltreffen die Charta für ein neues Europa und der Vertrag über die Reduzierung der Streitkräfte in Europa unterzeichnet, die zusammen mit den Organen, welche aufgrund dieser Verträge gebildet werden, als Grundlage für ein regionales europäisches Sicherheitssystem dienen können.

Die beiden Sicherheitssysteme (das globale und das regionale), die bei einer positiven Entwicklung der internationalen Lage geschaffen werden können, dürfen sich nicht beeinträchtigen und widersprechen. Jedes von ihnen wird seine eigene Aufgabe und bestimmte Pflichten gegenüber den Völkern und Staaten zu erfüllen haben; das europäische Sicherheitssystem muß natürlich Bestandteil des globalen Sicherheitssystems sein.

Die Aufgabe des regionalen europäischen Sicherheitssystems könnte darin bestehen, einen Krieg zu verhindern und Streitfälle jeglicher Art (darunter auch territoriale) zwischen den Staaten Europas auf friedlichem Wege beizulegen. Zur Lösung dieser Aufgabe müssen entsprechende militärpolitische Organe des regionalen Sicherheitssystems gebildet werden, die die Ausführung der Beschlüsse überwachen.

Darüber hinaus könnte das europäische Sicherheitssystem die Organisation der Verhandlungen über die Reduzierung der Streitkräfte in Europa übernehmen.

Durch die Verminderung der militärischen Bedrohung, die Entspannung und die anderen sich daran anschließenden Ereignisse konnten in der zweiten Hälfte der 80er Jahre Voraussetzungen geschaffen werden, die es gestatten, die Sicherheit in Europa nicht auf der Grundlage von Militärblöcken, son-

dern auf kollektiver Grundlage unter Mitwirkung (ausnahmslos) aller Staaten Europas, der USA und Kanadas zu gewährleisten.
Doch ein solches Sicherheitssystem kann natürlich nicht innerhalb kurzer Zeit geschaffen werden. Dem muß die Auflösung der militärischen Organisation der NATO vorausgehen (die militärische Organisation des Warschauer Vertrages ist bereits aufgelöst worden). Als politisches Bündnis könnte die NATO natürlich weiterhin bestehenbleiben. Auch müßten die militärischen Aufgaben der Westeuropäischen Union präzisiert werden. Zur Schaffung eines europäischen Sicherheitssystems bedarf es wohl einer umfangreichen Vorarbeit.
An diesen Gedanken müssen wir uns gewöhnen, wir müssen ihm zustimmen und die politische Entscheidung für ein europäisches Sicherheitssystem treffen. Natürlich wird es nicht einfach sein, die Entscheidung über die Schaffung eines solchen Systems zu treffen, denn wir reden von der Zukunft und versuchen einen Blick ins 21. Jahrhundert zu werfen, darauf hoffend, ein blühendes Europa aufbauen zu können, in dem für alle Völker und Staaten ein stabiler Frieden und Sicherheit gewährleistet sein werden.

Die Einhegung der atomaren Gefahr

Diskussionsbeitrag auf der Wehrkundetagung in München am 8. Februar 1992

Anfang November 1991 gab sich das westliche Bündnis auf dem NATO-Gipfel von Rom eine neue Struktur: Es erhielt – wie Alfred Dregger in einem Beitrag für die »Nordsee-Zeitung« (Ausgabe vom 8. November 1991) anmerkte – ein »europäisches Gesicht«; aus der NATO werde nun »eine ausgewogene transatlantische Allianz zwischen gleichberechtigten und gleichgewichtigen Partnern«. Er, Dregger, begrüße vor allem

- *den Verzicht des Bündnisses auf die landgestützten atomaren Kurzstreckenwaffen und die atomare Artillerie auf deutschem Boden;*
- *den Bau eines europäischen Pfeilers der NATO mit Hilfe der Westeuropäischen Union (WEU) und*
- *die künftige Zusammenarbeit und Arbeitsteilung zwischen der NATO und der WEU in Brüssel.*

Diese »grundlegenden Veränderungen«, fügte Dregger hinzu, habe er »namens der CDU/CSU-Bundestagsfraktion seit Jahren gefordert: vor 1989, um den Status quo im geteilten Europa zu überwinden – nach der Wende als Fundament einer gesamteuropäischen Friedensordnung«.
Die politischen Umwälzungen in Europa, die Ende 1991 zur Auflösung des Sowjetimperiums führten, beschworen indessen eine »neue Gefahr« herauf: Mit dem Zerfall der Sowjetunion – so Alfred Dregger in einem Diskussionsbeitrag auf der »Konferenz für Sicherheitspolitik« (Wehrkundetagung) am 8. Februar 1992 in München – könnten »die immer noch vorhandenen atomaren Kurzstreckenwaffen und atomaren Artilleriegranaten gänzlich außer Kontrolle geraten«. Dregger legte ein in die Zukunft weisendes Konzept zur »Einhegung der atomaren Gefahr« vor. Er forderte die Atommächte auf, die »Gunst der Stunde« für eine international zu vereinbarende Kontrolle aller »atomaren Einrichtungen einschließlich der Atomwaffen« zu nutzen.

Aus der Erkenntnis, daß Atomwaffen angesichts ihrer zunehmenden Risiken kein »verantwortbares Instrument der Strategie« mehr sein könnten, müßten überdies Folgerungen für die Sicherheits- und Verteidigungspolitik gezogen werden:

1. Auf den hinter uns liegenden Wehrkundetagungen habe ich zwei Forderungen vorgetragen:
   - Weg mit der atomaren Rohrartillerie!
   - Weg mit den landgestützten atomaren Kurzstreckenwaffen!

   Beide Systeme waren zur Abschreckung eines potentiellen Angreifers wenig geeignet; *für den möglichen Kriegsschauplatz Mitteleuropa und für das geteilte Deutschland waren sie ein existentielles Risiko.*

   Ost und West mit Ausnahme Frankreichs haben der totalen Beseitigung dieser Systeme inzwischen zugestimmt. Das ist ein Erfolg, zu dem sich alle beglückwünschen können, die daran mitgewirkt haben.

   Jetzt droht eine neue Gefahr. *Mit der sich auflösenden Sowjetunion könnten die immer noch vorhandenen atomaren Kurzstreckenwaffen und atomaren Artilleriegranaten gänzlich außer Kontrolle geraten.* Nur eine umgehende Verwirklichung der Abrüstungsversprechen kann dieser Gefahr wirksam begegnen.
2. Mit der Beseitigung der taktischen Nuklearwaffen ist es natürlich nicht getan. Auch die verdienstvollen Abrüstungsinitiativen des amerikanischen Präsidenten Bush und die konstruktiven Antworten des russischen Präsidenten Jelzin reichen nicht aus, um die atomare Gefahr wirksam einzuhegen. Die Weltgemeinschaft und insbesondere die Atommächte müssen jetzt die Frage beantworten, ob sie dazu bereit sind, die atomare Gefahr auf ein unvermeidbares Mindestmaß zu beschränken.
3. Welches ist die Position unserer Allianz? Die NATO hat in Rom eine »Strategie« beschlossen, die immer noch auf Atomwaffen gründet; wenn auch nur als Mittel des letzten Rückgriffs (»last resort«). Trägt das für die Zukunft?

Ich habe oft darauf hingewiesen: Atomwaffen sind keine Waffen des Sieges. Man kann mit ihnen weder eine Schlacht noch einen Krieg gewinnen.

Der einzig legitime Zweck der Atomwaffen war und ist die Verhinderung eines Krieges. Diese Aufgabe haben sie bisher erfüllt.

Dennoch frage ich, ob Atomwaffen angesichts ihrer Risiken, die nicht abnehmen, sondern zunehmen, heute noch ein verantwortbares Instrument der Strategie sein können.

Damit ich nicht falsch verstanden werde: Atomwaffen existieren, und sie werden weiter existieren; niemand kann das Rad »zurückerfinden«.

Allein die Angst vor einer Atomwaffe Saddam Husseins, die ja im Bereich des Möglichen lag, oder Ghadafis oder anderer Desperados wird die Atommächte veranlassen, gegen derartige Gefahren eine ausreichende Abschreckung aufrechtzuerhalten. Und das ist gut so.

Dennoch wiederhole ich die Grundsatzfrage: Können Atomwaffen heute noch – auch außerhalb der Abwehr von Desperados – ein verantwortbares Instrument der Strategie sein?

Zur Zeit gibt es weltweit mehr als 40 000 atomare Gefechtsköpfe. Tschernobyl hat uns eine Ahnung davon vermittelt, welches Risiko in diesem exorbitant großen Potential des Schreckens steckt.

4. Wenn aber Atomwaffen heute weit mehr Risiko als Stabilität bedeuten – und diesen Standpunkt möchte ich angesichts der Lage mit Nachdruck vertreten –, dann sind daraus drei Forderungen abzuleiten:
   - Radikale Abrüstung der atomaren Waffen auf einen Bruchteil ihres jetzigen Bestandes: Das bisher zwischen den USA und der ehemaligen Sowjetunion Vereinbarte und neuerdings Vorgeschlagene genügt nicht.
   - Es ist sehr problematisch, Atomwaffen grundsätzlich zu verbieten, sie für einige wenige Staaten jedoch zu einem frei verfügbaren Instrument ihrer Strategie zu erklären. Erforderlich ist daher zumindest eine allgemeine Kontrolle aller Atomwaffen, auch der der etablierten Atommächte.

- Der derzeitige Wandel in Osteuropa ist für die Einhegung der Atomwaffen konsequent zu nutzen. Bisher ist das nicht ausreichend geschehen. Die möglicherweise einmalige Chance, die sich jetzt bietet, darf nicht ungenutzt bleiben.
  Ich habe nach dem Putsch in Moskau und nach dem Referendum am 1. Dezember 1991 in der Ukraine mehrfach vorgeschlagen, der Westen solle darauf hinwirken, daß die Nachfolgestaaten der ehemaligen Sowjetunion im Zuge ihrer Anerkennung dem Nichtverbreitungsvertrag beitreten.

Ich fordere weiterhin, daß der Westen nur *den* Nachfolgestaaten Hilfe gewährt, die zur Minderung der atomaren Gefahr wesentlich beitragen.
Die Ukraine hat ein Beispiel gegeben; nach den Erklärungen des Präsidenten Krawtschuk will sie alles tun, um möglichst bald ein atomwaffenfreier Staat zu sein.

5. Aber nicht nur die neuen, alle Atommächte sind jetzt gefordert. Sie sollten sich klar sein: *Die von den Massenvernichtungsmitteln ausgehende Gefahr kann nur wirksam eingedämmt werden, wenn sie selbst dazu den entscheidenden Beitrag leisten, wenn sie nicht am »Privileg« ihrer unbeschränkten Verfügungsgewalt über diese Waffen festhalten.*
   Gibt es ein moralisches Recht für irgendeine Regierung, Massenvernichtungsmittel in einem Ausmaß anzusammeln, das bei ihrem Einsatz große Teile der Welt unbewohnbar machen würde? Ich meine: Ein solches Recht gibt es nicht.
   Solange dieses vermeintliche Recht von den alten Atommächten in Anspruch genommen wird, werden auch andere, nicht zuletzt Staaten der Dritten Welt, danach streben und es mit immer größerem Erfolg tun können. Deshalb muß das Nichtverbreitungsregime erweitert und vertieft werden.
   Der bestehende Nichtverbreitungsvertrag läuft 1995 aus. Er muß also ohnehin erneuert werden. Meine Forderung:
   Alle Staaten müssen ihre gesamten atomaren Einrichtungen einschließlich der Atomwaffen der gleichen internationalen Kontrolle unterwerfen; alle, ohne Ausnahme!

Solange *atomare Rückversicherung* notwendig bleibt, muß sie unter internationale Kontrolle gestellt werden. Atomwaffen, die zur Abschreckung von Desperados notwendig bleiben, sollten nur mit der Zustimmung der Weltgemeinschaft eingesetzt werden dürfen.

6. Das allerdings bedeutet, daß die Staaten und ihre militärischen Planer ihre künftige strategische Planung nicht mehr auf atomare Waffen gründen dürfen. Militärische Sicherheit muß auf andere Weise gewonnen werden. Dabei muß auf Waffen zurückgegriffen werden, die einsetzbar sind.
   Am Golf waren es besonders die elektronischen Präzisionswaffen der Amerikaner, die militärisch den Sieg der Anti-Saddam-Koalition ermöglicht haben.
   Mitentscheidend waren die modernen Aufklärungsmittel und die Transportkapazitäten, mit denen die erforderlichen Truppen rechtzeitig an Ort und Stelle gebracht worden sind.
   Saddam Hussein hat am Golf seine »Mutter aller Schlachten« gegen drei Atommächte gewagt, ohne daß deren Atomwaffen dabei eine Rolle gespielt hätten. Die atomaren Waffen der USA, Frankreichs und Großbritanniens haben Saddam Hussein nicht dazu bewegen können, die von ihm begonnene Aggression »politisch zu beenden«, wie es im »Atomchinesisch« so schön heißt.
   Atomwaffen bedeuten also nicht nur eine existentielle Gefahr für die Welt. Hinzu kommt, daß sie zur Abschreckung nur begrenzt geeignet sind.
   Der mit der atomaren Bewaffnung eingeschlagene Weg war vielleicht so lange gerechtfertigt, solange es notwendig war, der von einer totalitären Weltmacht ausgehenden militärischen Gefahr zu begegnen. Das Ausmaß der atomaren Bewaffnung war meines Erachtens niemals gerechtfertigt. Hier sind Ressourcen verschwendet worden, die einer wirksamen Verteidigungsbereitschaft entzogen wurden.
   Wie dem auch sei: Den alten Weg weiterzugehen, würde diesen jedenfalls zu einem Irrweg machen. Heute sollte es den großen Mächten gelingen, ihre Verteidigungsbereitschaft anders zu organisieren. Sie sollten diese auf einsetzbare Waffen stützen.

Wenn die Staatengemeinschaft die von mir vorgeschlagene Politik betreibt, wird das Interesse an Atomwaffen erheblich abnehmen. Darauf kommt es an.

7. 1946 – unter dem Eindruck von Hiroshima und Nagasaki – haben die USA im sogenannten *Baruch-Plan* angeboten, ihre Atomwaffen einer internationalen Kontrolle zu unterstellen.
   Es waren die Sowjets, die den Baruch-Plan damals abgelehnt haben, weil sie schon auf dem Wege zur Atommacht waren und auf die Bombe nicht weniger gierig waren als andere.
   Damals wollten die USA ihre Nichtverbreitungspolitik mit Hilfe der Vereinten Nationen betreiben. Jetzt, nachdem dort ein sowjetisches Veto nicht mehr zu befürchten ist, sollten sie dazu erneut die Initiative ergreifen.
   Wenn die Weltgemeinschaft und die Atommächte jetzt nicht handeln, werden bald mehr als 20 Staaten über Atomwaffen verfügen; auch über chemische Waffen und über eine weitreichende Trägertechnik. Und angesichts dieser Tatsachen fordere ich alle, die politische Verantwortung tragen, auf, jetzt zu handeln, d. h. die Gunst der Stunde für eine international zu vereinbarende, weitgehend atomwaffenfreie Sicherheits- und Verteidigungspolitik zu nutzen.

Europäische Sicherheitsunion

Vorschlag vom 19. März 1992 für die Beratungen des Monnet-Komitees auf der Grundlage der Verträge von Maastricht

Europäische Sicherheitsunion: der Begriff wird Alfred Dregger zugeschrieben – mit Recht. Er hat sie immer gefordert: als einen eigenständigen europäischen Pfeiler der transatlantischen Allianz, die auf diese Weise zu einem dauerhaften Bündnis zwischen den USA und Kanada auf der einen und Europa auf der anderen Seite werden soll.
Damit Europa in der NATO mit einer Stimme sprechen könne, hat Dregger stets auf eine gemeinsame Außenpolitik und – als deren Voraussetzung – auf eine gemeinsame Sicherheitspolitik der Europäischen Gemeinschaft gedrängt. Wirtschafts- und Währungsunion plus Sicherheitsunion – und zwar gleichzeitig –: das ist Dreggers Definition für die Politische Union Europas.
Die Ergebnisse des Gipfels von Maastricht (Dezember 1991) haben Alfred Dregger eindrucksvoll bestätigt – auch wenn der dort geschlossene Vertrag die Außen- und Sicherheitspolitik der EG noch nicht »vergemeinschaftet«. Doch der Weg dahin ist offen: ein Grund für Dregger, nach Maastricht über praktische Schritte nachzudenken, mit deren Hilfe die »Westeuropäische Union als integraler Bestandteil des Prozesses zur Europäischen Union« – wie es im Vertrag heißt – nun so ausgestaltet werden soll, daß die Europäische Sicherheitsunion spätestens mit der für 1996 vorgesehenen Vertragsrevision, also noch vor der endgültigen Einführung der Wirtschafts- und Währungsunion, Wirklichkeit wird.
In einer Beschlußempfehlung für das »Aktionskomitee für Europa« (Monnet-Komitee), dessen sicherheitspolitische Arbeitsgruppe er leitet, faßte Dregger am 19. März 1992 seine Vorstellungen zusammen:

1. Europa steht an der Schwelle zur *Europäischen Union*. Seit dem Gipfel von Rom am 8. November 1991 ist die NATO damit einverstanden, daß eine »europäische Sicherheits-

identität« (wie es in der Erklärung der Staats- und Regierungschefs des Bündnisses heißt) als »europäischer Pfeiler« der transatlantischen Allianz entwickelt wird.
Das entspricht Forderungen, die das Komitee seit 1983 erhoben hat.

2. Mit dem Vertragswerk von Maastricht haben die Mitglieder der Europäischen Gemeinschaft (EG) am 10. Dezember 1991 die Westeuropäische Union (WEU) zum bewaffneten Arm der künftigen Europäischen Union (EU) bestimmt.
Das Komitee begrüßt diese zukunftsträchtige Weichenstellung. Es hat immer wieder darauf hingewiesen, daß NATO und Westeuropäische Union sich nicht ausschließen, sondern gegenseitig ergänzen.
In der dem Vertrag über die Europäische Union beigefügten Erklärung der Mitgliedsstaaten der Westeuropäischen Union bestätigen diese, daß die WEU integraler Bestandteil des Prozesses der Entwicklung der Europäischen Union sein wird. Die WEU-Mitgliedsstaaten sind sich nach dieser Erklärung darin einig, daß sie die WEU in einer mit der Atlantischen Allianz zu vereinbarenden gemeinsamen Politik stärken wollen und daß die »gemeinsame Verteidigungspolitik« der Europäischen Union zu gegebener Zeit zu einer *gemeinsamen Verteidigung* führen soll.
3. Die WEU kann und sollte beides sein: Europäische Sicherheitsunion als Teil der Politischen Union Europas und europäischer Pfeiler der NATO.
Die Westeuropäische Union sollte Aufgaben dort übernehmen, wo die NATO nicht handeln kann oder nicht handeln will. Die mit dem NATO-Kooperationsrat (NACC) weit nach Osten ausgreifende NATO braucht die WEU als eigenständigen festen europäischen Pfeiler des transatlantischen Bündnisses.
4. Die Verwirklichung dieses Ziels trägt dazu bei, daß die im Maastrichter Vertrag noch vorhandene »Schieflage« zwischen der *verbindlich vereinbarten* und bereits datierten *Wirtschafts- und Währungsunion (WWU)* und der noch nicht vergemeinschafteten *Außen- und Sicherheitspolitik* durch *verstärkte Zusammenarbeit* Schritt für Schritt ausgeglichen

wird. Dies gilt für gemeinsame Einrichtungen und für gemeinsame Aktionen.
Spätestens mit der für *1996* vorgesehenen *Überprüfung* des Maastrichter Vertrages muß die *Parallelität* zwischen Währungsunion und Politischer Union Europas hergestellt werden, von der vor dem Gipfel die Rede war.

5. Die bereits erwähnte Erklärung der WEU-Mitgliedsstaaten vom 10. Dezember 1991 fordert in ihrem Abschnitt B eine Neuregelung der Beziehungen der Westeuropäischen Union mit der Atlantischen Allianz.
Dabei sollten Doppelarbeit und Doppelorganisation vermieden werden. Deshalb schlägt das Komitee vor:
- Die in den Partnerländern vorhandene Logistik sollte für die Einsatzoptionen beider Bündnisse genutzt werden.
- Dies sollte auch für die Einsatzverbände gelten.
- Andererseits erfordert die rasche Reaktionsfähigkeit für beide Bündnisse den *direkten Zugriff* auf besonders zugeordnete schnelle Reaktionskräfte, die deshalb zweifelsfrei ihrem jeweiligen Bündnis sofort verfügbar sein müssen.
- Die *wechselseitige Unterstützung* des jeweils anderen Bündnisses muß jederzeit möglich sein. Es gilt, dieselben Truppen und dieselben Stäbe je nach Lage und Krise beiden Bündnissen nutzbar zu machen.
- Für die enge Zusammenarbeit zwischen NATO und WEU wäre es besonders günstig, wenn die Ständigen Vertreter bei der NATO ihr Land auch bei der WEU vertreten würden.

6. Die Erklärung der WEU-Mitgliedsstaaten fordert in ihrem Abschnitt C, zur operativen Stärkung der Westeuropäischen Union verschiedene Aufgaben, Strukturen und Mittel festzulegen, um die Handlungsfähigkeit der Europäischen Union herzustellen. Dazu empfiehlt das Komitee:
a. Die Westeuropäische Union braucht ebenso wie die NATO ein *Militärkomitee* der Generalstabschefs, die sich in diesem Rahmen *regelmäßig* treffen sollten, insbesondere vor den jeweiligen Treffen der Ministerräte.
b. Die WEU braucht einen Planungsstab, durch den Einsatzoptionen für die potentiellen Krisen erarbeitet wer-

den. Dies ist eine zwingend notwendige Voraussetzung dafür, daß die Europäische Union *Krisen politisch meistern* kann. (In der Jugoslawien-Krise hat es daran völlig gefehlt).

Darüber hinaus muß dieser Planungsstab gegebenenfalls die *militärischen Operationen koordinieren;* dies gilt für die Transportaufgaben, die Organisation der Versorgung wie für die Führung der Truppen.

Im Rahmen dieser Zusammenarbeit sollten auch die militärischen Forderungen für die europäische Rüstungszusammenarbeit definiert werden.

Schließlich sollte dieser Planungsstab auch die für die militärische Zusammenarbeit im europäischen Rahmen wichtigen *Ausbildungsinhalte* bestimmen.

c. Die im Vertrag von Maastricht vorgesehene *Europäische Rüstungsagentur* sollte die Aufgaben der bisherigen unabhängigen Planungsgruppe (IEPG) übernehmen.

d. Nach der Initiative von Staatspräsident Mitterrand und Bundeskanzler Helmut Kohl soll die deutsch-französische Brigade zu einem *europäischen Armeekorps* erweitert werden. Es wäre zu begrüßen, wenn auch andere Mitglieder der Europäischen Union sich dieser Initiative anschließen könnten und ihrerseits Truppenkontingente zu diesem europäischen Armeekorps beisteuerten.

Für die Westeuropäische Union brauchen *keine neuen Truppenteile* aufgestellt zu werden. Diese können aus Kontingenten bestehen, die auch einen Verteidigungsauftrag im nationalen Rahmen bzw. im Bündnis erfüllen. Die der Westeuropäischen Union zugeordneten Truppenteile sollten jedoch im Regelfall nicht mit den Truppenteilen der schnellen Eingreiftruppe der NATO identisch sein.

e. Obwohl für die Logistik der WEU-Truppen auf vorhandene Einrichtungen zurückzugreifen ist, gibt es für die *WEU* darüber hinausgehende *besondere Erfordernisse,* die bisher noch nicht oder nicht ausreichend erfüllt sind:

- Die WEU sollte für (strategische) Transportleistungen über große Entfernungen ausgestattet werden;
- sie sollte auch zum Einsatz an den Flanken Europas,

d. h. außerhalb der gemäßigten Klimazonen in der Lage sein.

f. In Zukunft sollte die WEU über ihre *eigene strategische Aufklärung* verfügen, sonst wäre Europa nicht in eigener Verantwortung handlungsfähig. Dies gilt nicht nur für die Auswertung und Beurteilung von Satellitendaten, sondern auch für deren Gewinnung. Die Europäer sollten auf diesem Gebiet keine nationalen Programme verfolgen, sondern ein gemeinsames europäisches Programm, und zwar im Rahmen der WEU! Dieses sollte ein europäisches System zum Ziel haben, das sowohl für die militärische Aufklärung als auch für die *Verifizierung* der verschiedenen *Abrüstungsmaßnahmen* geeignet ist.
   Auch die mit dem KSZE-Vertrag über die »offenen Himmel« vereinbarte Überwachung aus der Luft muß die WEU für ihre Mitglieder organisieren und durchführen.

g. Im Rahmen der Westeuropäischen Union sollte eine *europäische Sicherheitsakademie* gegründet werden, die mit den entsprechenden nationalen Einrichtungen eng zusammenarbeitet.

7. Die *Westeuropäische Union* »als integraler Bestandteil des Prozesses zur Europäischen Union« muß *für alle EG-Mitglieder offen* sein. NATO-Mitglieder, die nicht der EG angehören, sollten an die Westeuropäische Union möglichst umfassend assoziiert werden, damit sie an allen ihren Aktivitäten teilhaben können.
   Alle Staaten Europas, die der EG bzw. der Europäischen Union beitreten wollen, müssen zu einer gemeinsamen Außen- und Sicherheitspolitik auf der Grundlage des Vertrages von Maastricht bereit sein.

ZWEITER TEIL

Beiträge zur Deutschland- und Europapolitik

Heimat, Vaterland, Europa

Rede auf dem Bundestreffen der Oberschlesier am 19. Juni 1988 in Essen

Standfestigkeit, Grundsatztreue, nationale und europäische Solidarität: der Deutschlandpolitiker Alfred Dregger hat sich an diese Maßstäbe, die er sich in den Jahren der Teilung selbst setzte, stets gehalten. Er fühle sich »dem nationalen Schicksal seines Volkes und der Freiheit ganz Europas zutiefst verpflichtet«, sagte er in seiner ersten großen Rede zur Deutschlandpolitik im Februar 1971 vor dem Bund der Vertriebenen in Bonn. Bereits in dieser Rede nannte er die Vision, an der er in der Folgezeit unbeirrt – und unbeirrbar – festhielt: die Vision einer »Friedensordnung für Europa, die alle Europäer diesseits und jenseits des Eisernen Vorhangs einbezieht, eine Zielsetzung, die allen Menschen und Völkern dieses gequälten Kontinents dient. Sie kann nur lauten: Nicht Sozialismus, sondern Freiheit für ganz Deutschland und ganz Europa.«
Standfestigkeit, Grundsatztreue, nationale und europäische Solidarität: diese Trias kennzeichnet auch die Rede, die Dregger 17 Jahre später, am 19. Juni 1988, auf der Großkundgebung beim Bundestreffen der Oberschlesier in Essen hielt:

Wenn ich zu Beginn meiner Rede sage, daß ich mich mit Ihnen eng verbunden fühle, dann wissen Sie, daß das keine Phrase ist. Für meine Verbundenheit gibt es vor allem zwei Gründe:

Ich bin gewählter Abgeordneter des deutschen Volkes. Ich trage Verantwortung für die Deutschen, für Deutschland und das deutsche Volk, von dem Sie, die Oberschlesier, ein Teil sind.
Es gibt einen zweiten Grund, der ebenfalls schwer wiegt. Ihnen ist Unrecht geschehen – und es geschieht Ihnen immer noch Unrecht. Deshalb stehe ich an Ihrer Seite, ganz schlicht und klar, wie sich das nach meinem Selbstverständnis gehört.

Unrecht ist Ihnen geschehen durch die Vertreibung. Völkermord und Völkervertreibung sind Verbrechen, die um des Überlebens der Menschheit willen als Menschheitsverbrechen geächtet werden müssen. Dabei kann es keinen Unterschied machen, von wem oder an wem diese Verbrechen verübt werden. Deshalb kann es auch keine Aufrechnung von Verbrechen geben. Jedes Verbrechen steht für sich, jedes verletzt die Menschenwürde und damit die Menschheit als Ganzes. Für jeden Täter und für jedes Opfer muß der gleiche Maßstab gelten. Die Gleichheit vor dem Recht ist einer der Kardinalsätze der abendländischen Rechtskultur.
Nicht nur Ihnen ist Unrecht geschehen, das wissen Sie. Auch den Polen ist schweres Unrecht geschehen, nicht nur von deutscher Seite. Am Beginn des Zweiten Weltkrieges stand die Verabredung Hitlers und Stalins, Polen gemeinsam zu überfallen und unter sich aufzuteilen.
Auch den Russen ist schweres Unrecht geschehen und vielen anderen Völkern.

Die Lehren der Geschichte

Die Deutschen und insbesondere die vertriebenen Deutschen haben aus der Geschichte eine Lehre von elementarer Bedeutung gezogen, eine Lehre, die Vorbild sein sollte für die Welt. Sie lautet: Die Kette von Unrecht, Gewalt und Vergeltung muß einmal, sie muß *jetzt* zerrissen werden. Eine neue Zeit muß beginnen: die Zeit der Versöhnung, die Zeit des Friedens und der Freundschaft unter den Völkern.
Das ist der Sinn der berühmten Charta der Heimatvertriebenen von 1950, die am Anfang des europäischen Versöhnungswerkes steht. Das ist der Sinn der Gewaltverzichtsverträge, die wir mit Moskau, Warschau und Prag abgeschlossen haben. Das ist der Sinn der Hilfe, die von den Deutschen, nicht zuletzt von den deutschen Heimatvertriebenen, den Polen 1981 in ihrer Versorgungskrise geleistet wurde. Die Hilfe für Polen kam damals spontan. Sie wurde geleistet aus dem Geist christlicher Solidarität, aus dem Wunsch, ein Zeichen zu setzen für einen neuen

Abschnitt in der deutsch-polnischen Geschichte, aus dem Geist guter Nachbarschaft.
Ich sagte zu Beginn, Ihnen geschehe auch heute Unrecht. Ich sehe das vor allem darin, daß der Versuch gemacht wird, Ihnen Ihre Identität zu rauben, aber auch darin, daß Ihre Versöhnungsbereitschaft nicht erwidert wird. Ihre alte Heimat war ja kein von Hitler erobertes und annektiertes Land. Es war Ihre Heimat; von Ihren Vorfahren seit Jahrhunderten bewohnt, von Ihren Vorfahren mit Schweiß gedüngt und durch harte Arbeit zu einer einzigartigen Blüte gebracht.
Es waren polnische Fürsten, die selbst in aller Regel deutsche Frauen heirateten, die deutsche Bauern, Handwerker, Kaufleute ins Land gerufen haben. Es war eine friedliche Symbiose von Deutschen und Polen, die nicht endete, als Schlesien über Böhmen zum Bestandteil des alten Reiches, des Heiligen Römischen Reiches Deutscher Nation wurde.
Ein Beispiel: Oberglogau steht unter der Patenschaft meiner Heimatstadt Fulda. Anläßlich eines Pfingsttreffens der Oberglogauer hat mir vor einigen Jahren Graf von Oppersdorf, ehemals Majoratsherr in Oberglogau, eine alte Schrift überreicht, die den Titel trägt: »Die Beziehungen der Reichsgrafen von Oppersdorf zu den Königen von Polen«. Diese Beziehungen waren eng und freundschaftlich. Sie hatten eine religiöse Grundlage. In Notzeiten fanden polnische Könige Schutz bei den Reichsgrafen in Oberglogau – und diese umgekehrt am polnischen Königshof in Krakau.
Der Nationalismus und Chauvinismus des 19. und 20. Jahrhunderts sowie die totalitären Systeme des Marxismus/Leninismus und des Nationalsozialismus haben diese großen Ideen des christlichen Abendlandes zugedeckt und Europa in ein Trümmerfeld verwandelt. Die Vertreibung, auch die der deutschen Oberschlesier, war ein Teil dieser Zerstörung Europas.
Auch wenn Sie und Ihre Nachkommen, meine Damen und Herren, nie in Ihre angestammte Heimat zurückkehren könnten, Ihre Geschichte, Ihre Identität als Schlesier und Oberschlesier darf Ihnen niemand rauben. Ihre Existenz, Ihre historische Leistung für Schlesien und Oberschlesien zu respektieren, das ist

das mindeste, was Sie verlangen können. Die Ostpolen, die, selbst vertrieben, in Schlesien angesiedelt wurden, sind dorthin ebensowenig »zurückgekehrt«, wie etwa die Russen nach Königsberg, die Stadt Kants, zurückgekehrt sind.

Ebensowenig wie man den Versuch machen darf, Ihre Geschichte auszulöschen, ebensowenig sollte man Ihre Versöhnungsbereitschaft schnöde zurückweisen. *Alberne Revanchismusvorwürfe sind keine konstruktive Antwort.* Ich sage Besuchern aus Warschau immer wieder: »Die Zeit ist reif für die Aussöhnung unserer Völker. Diese Zeit darf nicht ungenutzt verstreichen. Weder deutscher Chauvinismus, von dem zur Zeit wenig zu spüren ist, noch polnischer Chauvinismus darf diese Aussöhnung verhindern.«

Aussöhnung kann es nur auf dem Boden des Rechts und der geschichtlichen Wahrheit geben: Diese Erkenntnis muß Deutsche und Polen leiten.

In dieses Versöhnungswerk müssen das *ganze* polnische und das *ganze* deutsche Volk einbezogen sein. Die deutschen Heimatvertriebenen können aus einem Versöhnungsfrieden nicht ausgeschlossen werden. Im Gegenteil: Sie müssen das Fundament sein, auf dem der Frieden ruht.

Die deutsch-polnische Aussöhnung ist die Schlüsselfrage für Osteuropa, wie es die deutsch-französische für Westeuropa war. Deutsche und Polen werden – wie es Deutsche und Franzosen erreicht haben – nur zueinander finden, wenn die Erinnerung an das erlittene Unrecht und das gemeinsame Leid nicht verdrängt, sondern überwunden wird: durch den gemeinsamen Willen, den anderen zu achten und seinen Menschenrechten Geltung zu verschaffen. Nur dann wird Zukunft gewonnen – und nicht für immer verbaut.

Das Recht ist die Grundlage des Friedens. Frieden ist nicht nur das Schweigen der Waffen. Frieden bleibt immer das Werk der Gerechtigkeit. Wir wollen Frieden suchen, wo er allein zu finden ist: in der universalen Geltung des Rechts und in der Freiheit der Selbstbestimmung von Menschen und Völkern.

Gemeinsame Zukunft für Deutsche und Polen

Freilich: Polen hat keine frei gewählte Regierung. Polen ist einem Blocksystem eingefügt, das seiner Handlungsfreiheit enge Grenzen setzt. Die Grenzen können zur Zeit nicht in gleicher Weise durchlässig gemacht werden wie die zwischen Frankreich und Deutschland. Gerade deshalb war die private Hilfe der Deutschen für Polen so wichtig. Das war Hilfe von Mensch zu Mensch und damit auch von Volk zu Volk.

Unser nationales Interesse wie das der Polen gebietet es in gleicher Weise, daß unsere Völker zueinander finden und wieder gute Nachbarn werden, wie sie es durch viele Jahrhunderte hindurch gewesen sind. Gemeinsam ist Polen und Deutschen ja nicht nur die geographische Mittellage, die sie immer wieder zur Beute für andere hat werden lassen. Gemeinsam ist Polen und Deutschen auch die Kultur und die Ethik des Abendlandes.

Hinzu kommt die Erkenntnis, daß die Zukunft Deutschlands und Polens nicht voneinander zu trennen ist. Polen und Deutschland werden, was ihre Freiheitsrechte angeht, eine gemeinsame Zukunft haben:

Entweder werden beide Völker das Recht auf Selbstbestimmung zurückgewinnen und mit ihm die Freiheit, ihre Menschenrechte frei nach ihrem Willen auszuüben – oder sie werden beide, die Polen und die Deutschen östlich der Teilungsgrenze, auch in Zukunft ohne Selbstbestimmung und ohne den freien Gebrauch ihrer Menschenrechte leben müssen.

Beide Völker sollten das erkennen. Im Kampf um ihre freie Zukunft stehen ihre Interessen nicht gegeneinander. Sie können – wenn überhaupt – ihre freie Zukunft nicht als *Gegner,* sondern nur als *Partner* gewinnen.

»Ehrenpflicht der polnischen Kirche«

Das Schicksal der noch in Ihrer alten Heimat lebenden Deutschen geht uns sehr nahe. Mich erreichen viele Berichte und Briefe, in denen die Menschen bitter darüber klagen, daß sie

von den Menschenrechten – was die Muttersprache, die Erziehung der Kinder im deutschsprachigen Unterricht und Gottesdienste in deutscher Sprache angeht – bis heute ausgeschlossen sind.
Das muß sich selbstverständlich auch bei denen zeigen, die häufig nach langem, mit Schikanen ihnen gegenüber verbundenem Bemühen die Genehmigung zur Ausreise zu uns erhalten haben. Das gilt für alle Deutschen, die jetzt aus Ostdeutschland, aus Ostmittel-, aus Südosteuropa und aus der Sowjetunion zu uns kommen. Ihre Zahl steigt. 1986 waren es 42 000, 1987 86 000. In diesem Jahre rechnen wir mit 120 000 bis 150 000.
Wir, die wir mit der historischen Wirklichkeit besser vertraut sind als manche Zeitgenossen, müssen den Westdeutschen erklären, welches die geschichtlichen und politischen Ursachen und Gründe sind, die noch heute, über 40 Jahre nach Kriegsende, diese Menschen veranlassen, ihre angestammte Heimat zu verlassen.
Das Wesentlichste: Die Ausreise ist für sie die einzige Möglichkeit, sich dem ständigen Entnationalisierungsdruck zu entziehen. Jetzt kommen sie als Deutsche zu uns, auch soweit ihnen die Muttersprache genommen wurde – und deshalb müssen wir ihnen helfen; in vieler Hinsicht, nicht zuletzt bei der Versorgung mit Wohnraum. Wir gewinnen wertvolle Menschen; Brüder und Schwestern, die sich mit uns und dem ganzen deutschen Volk identifizieren.

Was den Polen Halt gibt, ist ihre Kirche und ihr Heiliger Vater, der auch der unsere ist, soweit wir seiner Kirche angehören.
Papst Johannes Paul II. war zweimal in Fulda, das erste Mal als Erzbischof von Krakau, das zweite Mal als Papst. Vor meiner Reise durch Polen und die von Polen verwalteten deutschen Ostgebiete im Jahre 1985 hat der Papst mich in einer Privataudienz in Rom empfangen. Ich habe das Gespräch genutzt, um ihm das Denken und Fühlen der deutschen Heimatvertriebenen zu erläutern.
Die polnische Kirche hat mich nach diesem Gespräch in Rom auf meiner Reise durch Polen freundlich empfangen. Daß sich

die Verhältnisse der deutschen Minderheit seitdem verbessert hätten, darüber kann ich leider nicht berichten.
Trotzdem: Daß mit Karol Woityla zum erstenmal in der Geschichte der katholischen Kirche ein Pole ihr höchstes Amt verwaltet, ist ein Zeichen. Es ist ein Zeichen für die Tatsache, daß Polen ein Teil des Abendlandes ist, daß es zu Mitteleuropa gehört und Westeuropa eng verbunden ist. Für die Tschechen, Slowaken und Ungarn gilt das gleiche.
Religiöser Glaube und Liebe zur polnischen Nation machen Polen unüberwindlich. Wir respektieren und bewundern das. Gerade deshalb möchte ich auch von hier aus die polnische Kirche daran erinnern, daß auch Liebe zur deutschen Nation und katholischer Glaube vereinbar sein müssen. Die katholische Weltkirche ist auch die Kirche der deutschen Katholiken. Es sollte Ehrenpflicht der polnischen Kirche sein, die deutschen Katholiken in Polen, in Schlesien und Oberschlesien unter ihren besonderen Schutz zu stellen, da sie heute eine kleine bedrängte Minderheit sind. Ihre Existenz zu leugnen, müßte als Verstoß gegen das Wahrheits- und gegen das Liebesgebot empfunden werden.
Ich spreche das ebenso offen aus, wie ich die Kraft bewundere, die diese polnische Kirche verkörpert, den Segen, den sie bewirkt, und wie ich dankbar bin für das Wort, das die polnischen Bischöfe einst an ihre deutschen Brüder im Bischofsamt gerichtet haben. Es gipfelte in dem Satz: Wir vergeben und wir bitten um Vergebung. Dieses versöhnende Wort, das die deutschen Bischöfe aufgegriffen und erwidert haben, weist unseren Völkern den Weg in die Zukunft.

Selbstbestimmung für alle europäischen Völker

Wie kann diese Zukunft aussehen?
Was unsere Völker heute trennt, sind nicht Staatsgrenzen, sondern ist eine Systemgrenze, die auf kommunistischer Seite ihren Ausdruck findet in Mauer und Stacheldraht.
Unser Grundgesetz schreibt uns vor, beides zu überwinden, die deutsche Teilung und die europäische Teilung. *Beides*

gleichzeitig anzustreben, ist nicht nur Verfassungsgebot, sondern auch allein realistisch. Wir leben heute nicht mehr in einem europäischen, sondern in einem Weltmächtesystem, in dem Washington und Moskau dominieren. In diesem Weltmächtesystem könnte auch ein wiedervereinigtes Deutschland nicht mehr Mitte sein. Zur Mitte, zur friedenserhaltenden Mitte zwischen den Weltmächten kann nur ein vereinigtes Europa werden.

Allein in den Staaten der EG, die zugleich Mitgliedsländer der WEU sind, nämlich Großbritannien, Frankreich, Italien, den Beneluxstaaten und der Bundesrepublik Deutschland, leben mehr Menschen als in den USA. Diese politische Union würde ein ernst zu nehmender Gesprächspartner der beiden Weltmächte sein, auch im Hinblick auf die Überwindung der deutschen und der europäischen Teilung.

Dieses Europa wird nicht an die Stelle seiner Nationen treten; es wird sie überwölben; es wird ihnen Schutz bieten für die Vielfalt der Nationalkulturen, zu denen nicht zuletzt die deutsche gehört.

Ich weiß aus vielen persönlichen Begegnungen bei Reisen durch die DDR, durch Schlesien, durch Ostpreußen, aber auch aus Gesprächen, die ich immer wieder in Bonn führe, wie sehr die Deutschen, die in Unfreiheit leben müssen, *darauf bauen, daß wir unbeirrt festhalten am Recht auf Selbstbestimmung für die ganze deutsche Nation.*

Kein Staat existiert auf Dauer ohne nationale Identität. Und unsere nationale Identität ist keine bundesdeutsche, sondern eine deutsche.

Unser Vaterland heißt nicht »BRD« oder »DDR«, sondern Deutschland. So steht es in der Präambel unserer Verfassung. Dort ist *nicht von zwei Staaten in Deutschland die Rede, sondern von Deutschland – von der Einheit Deutschlands, die es in Freiheit zu vollenden gilt.*

Wer die Präambel des Grundgesetzes ändern oder gar abschaffen will – solche Stimmen gibt es ja, wie wir alle wissen –, der gibt zu erkennen, daß er unsere Verantwortung für Deutschland, vor allem für die in Unfreiheit lebenden Deutschen, verdrängen will. Ich halte das für einen skandalösen Vorgang.

Trotz der Systemgrenze, die uns teilt, sind wir nicht nur Kulturnation, sondern auch *deutsche Staatsnation.* Das deutsche Staatsangehörigkeitsrecht besteht fort. In allen Deutschen den Willen zur Einheit der Nation, zur gemeinsamen Kultur und Geschichte lebendig zu erhalten, ist der Auftrag unserer Verfassung. Wir sind entschlossen, ihn zu erfüllen.
Das Selbstbestimmungsrecht der Völker ist eine zentrale Gebotsnorm des allgemeinen Völkerrechts, die in der Satzung der Vereinten Nationen verankert ist. Darüber hinaus ist es Bestandteil des völkerrechtlichen Vertragsrechts: Es ist als zwingende Rechtspflicht in Artikel 1 der beiden Internationalen Menschenrechtspakte festgehalten, die weltweit gelten und auch von den Staaten des Warschauer Paktes ratifiziert worden sind.
Das Selbstbestimmungsrecht hat also universalen Charakter und ist in seiner Anwendbarkeit nicht – wie von östlicher Seite immer vorgebracht wird – nur auf die Völker anzuwenden, die in der Dritten Welt gegen den »Kolonialismus« kämpfen oder sich in Südamerika gegen Militärdiktaturen auflehnen. Es begründet auch den Anspruch aller Deutschen – ebenso wie der Polen, der Tschechen, Slowaken und Ungarn –, über ihr Schicksal in freier Selbstbestimmung autonom zu verfügen.
Die deutschen Heimatvertriebenen haben in den 43 Jahren, die seit dem Ende des Zweiten Weltkrieges vergangen sind, entscheidend dazu beigetragen, daß das Bewußtsein der Einheit der deutschen Nation wachgehalten worden ist. Ihre Stimme, meine Damen und Herren, hat, mahnend und ermutigend, über die Parteigrenzen hinweg unser nationales Gewissen geschärft, das Vermächtnis der ganzen deutschen Geschichte und Kultur anzunehmen und zum Inhalt unserer Politik zu machen. Dafür danke ich Ihnen.

Der Beitrag der Vertriebenen

Europa als Bund seiner Nationen ist ein Ziel und ein Weg, die einen langen Atem erfordern. Zu diesem Ziel gehört es, daß wir uns nicht abwenden von unseren Nachbarn im Osten, sondern

uns ihnen zuwenden, der Sowjetunion, den Staaten Ostmitteleuropas, besonders aber den Deutschen in Ostdeutschland und der DDR.
Unsere Perspektive im Ringen um Deutschland und Europa ist die der freiheitlichen Demokratie. Sie gründet sich auf die Sehnsucht der Menschen, frei zu sein, und auf die Sehnsucht der Völker, über sich selbst zu bestimmen.
Ob diese Perspektive Wirklichkeit wird, das hängt ab von der moralischen Kraft, von der ökonomischen Leistung und der politischen Klugheit der Europäer, diesseits und jenseits der Teilungsgrenze. *Den größten Teil der Verantwortung tragen die freien Europäer;* denn sie haben ja Handlungsspielraum. Sie können, gestützt auf das Bündnis mit den USA, denen die Europäer durch die gemeinsamen Werte von Freiheit und Demokratie verbunden sind, das vereinigte Europa – zunächst im Westen – gründen, nicht wie bisher nur auf dem Feld der Wirtschaft, sondern auch auf dem der Außen- und Sicherheitspolitik.
Das freie Europa braucht jetzt einen qualitativen Sprung, den Sprung zur Wirtschafts- und Währungs-, den Sprung aber auch zur Sicherheitsunion, damit auch zu einer wirklichen *Politischen Union, die bundesstaatlichen Charakter besitzt.*
Krieg ist kein Mittel der Politik mehr. Die Auseinandersetzungen um die Zukunft Europas müssen unter der Schwelle von Gewalt und der Androhung von Gewalt gehalten werden. Das ist auch möglich, wie die letzten 40 Jahre zeigen. Aber der geistigen Auseinandersetzung, dem friedlichen Wettbewerb unter der Schwelle der Gewalt, können wir nicht ausweichen.
Die Auseinandersetzung um die Zukunft Deutschlands und Europas werden wir gewinnen, wenn wir wissen, um was es geht; wenn wir einen langen Atem haben und wenn wir nicht nur zurück-, sondern auch nach vorn schauen, der Zukunft entgegen.
Möge es eine Zukunft der Freiheit sein, in der alle Menschen und Völker des Abendlandes ihren Platz finden.
Für ein solches Europa müssen wir arbeiten. Ich rechne dabei besonders auf Ihren Beitrag, den Beitrag der deutschen Heimatvertriebenen, die mehr Leid erfahren haben als andere, die

mehr Verantwortungsbewußtsein gezeigt haben als viele – und für die *die Begriffe Heimat, Vaterland, Europa kein Gegensatz, sondern ein Dreiklang sind, ein Dreiklang voller Harmonie und Zukunftshoffnung.* Alle Menschen guten Willens in Polen und in Deutschland sollten ihre Kräfte mit den unsrigen in dieser Perspektive vereinen.

Von der erstarrten Kriegs- zur europäischen Friedensordnung

Rede vor dem Bund der Mitteldeutschen am 23. April 1989 in Bonn

1989 feierte die Bundesrepublik Deutschland die 40. Wiederkehr des Tages ihrer Gründung. Alfred Dregger nahm das Jubiläum in einer Rede vor dem »Bund der Mitteldeutschen« (Pressedienst der CDU/CSU-Bundestagsfraktion vom 23. April 1989) zum Anlaß, die »freien Deutschen« an die »historische Aufgabe« zu erinnern, die ihnen in der Periode des beginnenden Wandels in Europa gestellt sei: »Wir freien Deutschen müssen die Anwälte derer sein, denen bis heute die Menschenrechte und das Selbstbestimmungsrecht der Völker vorenthalten werden.« Die Entwicklung in der Sowjetunion und in Osteuropa zeige, daß die Zeit nicht mehr für den Sozialismus, sondern für eine Ordnung des Friedens auf dem europäischen Kontinent arbeite:

»Einigkeit und Recht und Freiheit für das deutsche Vaterland; danach laßt uns alle streben brüderlich mit Herz und Hand«: Mit diesen Kernsätzen unserer Nationalhymne beglückwünsche ich nicht nur uns alle zum 40jährigen Jubiläum der Bundesrepublik Deutschland; ich beglückwünsche damit auch Sie, den Bund der Mitteldeutschen, zu Ihrem 20jährigen Verbandsjubiläum.

Einigkeit und Recht und Freiheit für das deutsche Vaterland, das ist nicht nur für uns alle Verfassungsgebot; es ist auch für Sie, den Bund der Mitteldeutschen, das Ziel, das Sie für Ihre engere Heimat im Verband eines einigen, freien und rechtsstaatlichen Deutschland verwirklichen möchten.

Sie wissen, daß ich in den hinter uns liegenden Jahren immer an Ihrer Seite und an der Seite der Ostdeutschen, der Vertriebenen und ihrer Landsmannschaften gestanden habe. Ich sehe darin nicht ein Verdienst, sondern eine *selbstverständliche Pflicht* ...

Meine Vorfahren entstammen alle der westfälischen Landschaft. Mit meinen Angehörigen hatte ich nach 1945 das Glück, westlich der Teilungsgrenze zu leben. Das war nicht unser Verdienst, es war ausschließlich eine Folge der Geographie und der Demarkationslinien, die die Sieger durch Deutschland gezogen hatten. Aus einem Schicksal, das wir über Jahrhunderte hindurch gemeinsam getragen haben und das sich nach 1945 für die einzelnen Teile unseres Vaterlandes so unterschiedlich entwickelte, ergibt sich *die Solidaritätspflicht der Begünstigten gegenüber den anderen Deutschen, gegenüber den Mitteldeutschen, den Ostdeutschen und den Deutschen aus den Siedlungsgebieten in Ost- und Südosteuropa.*

Wir werden unsere Landsleute hier im Westen, die in Geschichtslosigkeit aufgewachsen sind, *aufrütteln* müssen und sie daran zu erinnern haben, daß es nicht Verdienst, sondern Gnade war, daß sie jetzt unseren deutschen Landsleuten helfen können und nicht selbst der Hilfe bedürftig sind.

Wir werden darauf zu achten haben, daß diese Solidaritätspflicht auch bei der Neuordnung Europas in der Periode des Wandels beachtet wird, die jetzt möglicherweise begonnen hat. Wir freien Deutschen müssen die Anwälte derer sein, denen bis heute die Menschenrechte und das Selbstbestimmungsrecht der Völker vorenthalten werden.

Vor einer historischen Aufgabe

Diese Solidaritätspflicht wird allerdings nicht erkannt und wahrgenommen werden, *wenn es uns an selbstverständlichem Nationalgefühl fehlt.* Deshalb erinnere ich noch einmal an die Kernsätze unserer Nationalhymne ...

Kennen Sie, meine Damen und Herren, eine schönere, eine würdigere, eine weniger militante Nationalhymne als die unsere? Ich nicht. Wie dem auch sei: Wir achten die nationalen Symbole eines jeden Volkes, die unseren aber lieben wir:

- den Adler, den die Deutschen mit dem Eintritt in die Geschichte vom Römischen Reich, das sie wiederherstellen wollten, übernommen haben;
- die schwarzrotgoldene Flagge, das Symbol der Freiheits- und

Einheitsbewegung des 19. Jahrhunderts, der Paulskirche, des liberalen Verfassungsstaates und

- unsere Nationalhymne, deren Text um 1840 entstand, deren Melodie wir Joseph Haydn verdanken, die zunächst inoffiziell, dann durch Reichspräsident Ebert auch offiziell zur Nationalhymne der Deutschen bestimmt wurde und deren Fortbestand nach 1945 wir Bundeskanzler Konrad Adenauer ganz persönlich verdanken.
  Er hat den Fortbestand durchgesetzt gegen die ursprüngliche Absicht des ersten Bundespräsidenten Theodor Heuss, der eine neue Hymne wollte.
  Konrad Adenauer wußte, daß man Symbole nicht wechseln kann wie ein Hemd; daß sie mit ihrem Alter an Würde gewinnen und daß sie über alle Brüche der Geschichte hinweg die Kontinuität eines Volkes spürbar machen müssen.

Woran liegt es, daß viele unserer Landsleute das Verständnis für die Bedeutung unserer nationalen Symbole verloren haben oder sich gar bewußt von ihnen abwenden?

Das hat gewiß mit den Katastrophen zu tun, die unser Volk in den letzten beiden Jahrhunderten heimgesucht haben.

- Es begann mit dem Untergang des Alten Reiches 1806 und des Deutschen Bundes 1866, die ein Jahrtausend hindurch die Mitte Europas zusammengehalten hatten, »von der Maas bis an die Memel, von der Etsch bis an den Belt«, wie es der Dichter unserer Nationalhymne – für seine Zeit zutreffend – feststellte.
- Es folgte die zunächst glanzvolle Neugründung des Bismarck-Reiches, das während seines relativ kurzen Bestandes drei grundlegend verschiedene Verfassungsordnungen hatte: das Kaiserreich, die Republik, den nationalsozialistischen Führerstaat, der nach zwölf Jahren in der größten Katastrophe der deutschen Geschichte unterging.
- Raymond Aron, der französische Publizist und Philosoph, hat die Jahre von 1914 bis 1945 als zweiten 30jährigen Krieg in Europa bezeichnet. An seinem Ende stand kein Friedensschluß, wie es ihn am Ende des ersten 30jährigen Krieges gegeben hatte. Damals, 1648, wurden im Frieden von Osnabrück und Münster das gegenseitige Verzeihen und die Ver-

söhnung ausdrücklich zum Vertragsgegenstand gemacht, und auf dieser Grundlage wurde die Ordnung Europas wiederhergestellt.

1945 geschah, wie schon 1919, nichts Vergleichbares. 1945 wurden die Sieger über Deutschland untereinander zu Gegnern. Ihre militärischen Demarkationslinien wurden zu Grenzen. Es entstand eine Ordnung, die als erstarrte Kriegsordnung in unsere Gegenwart wirkt.

Sie in eine Friedensordnung zu verwandeln, die auf den Menschenrechten und dem Selbstbestimmungsrecht der Völker beruht, ist eine historische Aufgabe. Sie kann nicht juristisch vor einem internationalen Gericht durchgesetzt werden. Sie kann nur politisch – und zwar ohne Gewalt, d. h. im Konsens aller Beteiligten – gelöst werden.

Die Schwierigkeit dieser Aufgabe darf nicht unterschätzt werden. Sie stößt nicht nur auf Großmachtinteressen, sondern auch auf den Systemkonflikt zwischen Freiheit und Diktatur.

Das zweite, was die heutige Situation von der früherer Jahrhunderte unterscheidet, ist die Tatsache, daß wir nicht mehr in einem europäischen Mächtesystem leben, sondern in einem Weltmächtesystem, in dem außereuropäische Mächte dominieren, die USA und die Sowjetunion.

Aus diesen beiden Tatsachen – Systemgegensatz und Weltmächtesystem – sowie aus der militärischen Präsenz der beiden Weltmächte auf deutschem Boden folgt, daß die Überwindung der Teilung auch ein Sicherheitsproblem ist. Das gilt für die beiden Weltmächte, für unsere europäischen Nachbarn und für uns selbst ...

Keine Alternative »Deutschland oder Europa«

Untersuchen wir den Einfluß von Raum, Macht und Interessen etwas näher:

1. Zunächst: Wie zutreffend ist das Bild vom »gemeinsamen europäischen Haus«, das Generalsekretär Gorbatschow in die Diskussion eingeführt hat?

Es ist zutreffend, aber nur begrenzt: Die Völker der Sowjetunion leben nicht nur in einem europäischen, sondern auch in einem weit größeren asiatischen Haus. Die Sowjetunion ist mehr als eine europäische, sie ist auch eine asiatische Macht, Landmacht vor allem.

2. Die USA sind demgegenüber geographisch kein Teil Europas. Aber sie sind eine große Insel jenseits des Atlantiks, auf der Menschen leben, mit denen wir durch Verwandtschaft, Kultur und demokratische Ideale eng verbunden sind. Kein Volk hat den USA mehr Einwanderer gestellt als das deutsche.
   Hinzu kommt, daß der Atlantik für uns das unentbehrliche Tor zur Welt ist. Während die Sowjetunion in der Energie- und Rohstoffversorgung autark ist, sind wir auf Rohstoffimporte ebenso angewiesen wie auf den Export hochqualifizierter Industrieerzeugnisse. Dazu brauchen wir die Freiheit der Meere, insbesondere den Atlantik. Diese Tatsache verbindet uns mit der Seemacht USA, mit der wir vielfältig zusammenwirken.
3. Eine dritte geopolitische Tatsache:
   Wer sich die Kleinräumigkeit der Bundesrepublik Deutschland klarmacht, insbesondere in Ost-West-Richtung, und die räumliche Nähe der Weltmacht Sowjetunion, dem muß auch klar sein, daß Deutschland jetzt und auch nach der Überwindung der Teilung auf den europäischen und atlantischen Verbund angewiesen ist.
   Dazu noch eine historische Reminiszenz: Die Großmacht »Deutsches Reich« ist zweimal bei dem Versuch gescheitert, sich in der Mitte Europas ohne starke Verbündete allein zu behaupten. Was der Großmacht Deutsches Reich im europäischen Mächtesystem nicht gelungen ist, könnte einer Mittelmacht Deutschland, die zudem atomar unbewaffnet ist, in einem Weltmächtesystem erst recht nicht gelingen.
   Schlußfolgerung: Wir Deutschen brauchen Europa, wie Europa uns braucht. Die Alternative »Deutschland oder Europa« gibt es nicht. Sie beruht auf Unkenntnis der Realitäten – für die zum Beispiel Bismarck immer ein Auge hatte – oder auf einem Denkfehler, der lebensgefährlich werden kann.

Ferner: Solange Europa geteilt ist, braucht Europa die militärische Präsenz der USA. Die Alternative wäre die sowjetische Hegemonie auch über Westeuropa, insbesondere über Westdeutschland. Diese Alternative lehnen wir ab. Schließlich: Wie auch immer die Entwicklung in der Sowjetunion verlaufen wird, die Allianz und die Bundeswehr behalten unvermindert ihre Bedeutung; denn wir wollen Partner der Sowjetunion sein, nicht ihr Satellit.

Über den Tag hinaus

Das ist die Lage. Was ist zu tun, um in friedlichem Wandel aus der erstarrten Kriegsordnung eine Friedensordnung werden zu lassen, die auf den Menschenrechten und auf dem Selbstbestimmungsrecht der Völker beruht?

1. Das, was ich jetzt sage, ist ein *weiter Griff in die Zukunft:* ein Denkansatz, der über den Tag hinausgeht. Er lautet – und für die Überwindung der Teilung gibt es keinen anderen Denkansatz –:

   Das Zwischeneuropa, zwischen der Sowjetunion und den USA, das heute geteilte Europa von Polen bis Portugal, könnte zur friedenserhaltenden Mitte zwischen den Weltmächten werden. Ich sage Zwischeneuropa, um es abzugrenzen von der Sowjetunion und den USA, die ja in unterschiedlicher Weise ebenfalls zu Europa gehören.
2. Die Initiative zu einer solchen Entwicklung kann nur von *dem* Teil Europas ausgehen, der politisch handlungsfähig wäre, wenn er die ihm verbliebene Chance nutzen würde, sich auch politisch eng zusammenzuschließen. Das ist Westeuropa.

   Die politische Union Westeuropas ist auf dem Weg, aber zu langsam, zu sehr auf den wirtschaftlichen Bereich beschränkt und vor allem ohne Gemeinschaftskonsens über das politische Ziel des Zusammenschlusses. Das wird nur deshalb kaum sichtbar, weil über die Zukunft, über den Status quo hinaus, nicht gesprochen wird. *Wir Deutschen, wir Europäer, wir westlichen Demokraten müssen aber über die Zukunft reden, wenn wir sie mitgestalten wollen ...*

1992 soll der europäische Binnenmarkt entstehen, der größte Markt der Erde. *Aber dieser Markt kann nur funktionieren und politisches Gewicht haben, wenn er durch die Politische Union Europas einen politischen Rahmen erhält.*

3. Als erstes brauchen wir die politische Union der freien Staaten Europas. Wir brauchen die Wirtschafts-, Währungs- und Sicherheitsunion. Das eigentlich Politische ist die Sicherheitsunion.

   Diese Sicherheitsunion würde der NATO eine neue, eine nicht mehr allein amerikanisch bestimmte, eine zweipolige europäisch-amerikanische Struktur geben. Die europäische Sicherheitsunion würde es den Europäern ermöglichen, an allen Verhandlungen der Weltmächte teilzunehmen, durch die die europäischen Interessen und Sicherheitsstrukturen betroffen sind ...
4. Wichtiger noch als die sicherheitspolitische ist die gesamtpolitische Komponente. Erst die Politische Union, also die Wirtschafts-, Währung- und Sicherheitsunion der freien Staaten Europas, macht dieses zum Partner der Weltmächte. Erst die Politische Union gibt Europa eine hörbare Stimme, die über den Atlantik und in den Kreml dringt. Erst die Politische Union ermöglicht es den freien Staaten Europas, eine gemeinsame europäische Ostpolitik mit dem Ziel zu betreiben, die Teilung Europas zu überwinden ...
5. Die Wege zum östlichen Mitteleuropa sollten in der weiteren Entwicklung offengehalten werden. Die EG sollte sich zunächst den neutralen Staaten öffnen, zum Beispiel Österreich, das daran interessiert ist. Das ist möglich, weil die sicherheitspolitischen Kompetenzen des europäischen Zusammenschlusses nicht bei der EG, sondern bei der WEU liegen, der neutrale Staaten selbstverständlich nicht angehören können.

   Die EG sollte auch offenbleiben für die ostmitteleuropäischen Staaten von Polen bis Ungarn, soweit diese durch innere Reformen eine Struktur annehmen, die die Menschenrechte und die Demokratie verwirklicht.

Je mehr die Sowjetunion den Weg freigibt zur Überwindung der Teilung, um so enger kann und muß die Zusammenarbeit mit ihr werden.

6. Daß ein Wandel in den Beziehungen zwischen den Staaten und Völkern Europas heute als denkbar erscheint, hängt mit dem Beginn des inneren Wandels der Sowjetunion und anderer sozialistischer Länder zusammen. Bei allem Respekt vor Gorbatschow: dieser innere Wandel ist nicht das Verdienst *eines* Mannes. Er ist die Folge des Scheiterns des sozialistischen Systems 70 Jahre nach der Oktoberrevolution. Dieses System hat sich als fähig erwiesen, eine riesige Militärmacht aufzubauen. Es war aber und es bleibt ohne grundlegende Reformen unfähig, den Menschen ein Leben in Freiheit, Rechtssicherheit und Wohlstand zu ermöglichen. Das Experiment Gorbatschow, dessen Ausgang ungewiß ist, ist das größte Kompliment, das unserem System der freiheitlichen Demokratie und der Sozialen Marktwirtschaft jemals gemacht worden ist. Es ist der Sieg Ludwig Erhards über Karl Marx ...
7. Vor der Überwindung der Teilung steht das Zusammenleben der Teile in einem gesicherten Frieden. Reduzierung der Rüstung auf ein Mindestmaß, Veränderung der Rüstungsstrukturen mit dem Ziel, den Verteidiger zu begünstigen, sowie die gegenseitige Offenlegung und Kontrolle der Rüstung können es möglich machen, daß Ost und West die Angst voreinander verlieren.
   Ich füge hinzu: Wir müssen lernen, mit dem Kopf des anderen zu denken und zu erkennen, was er als militärische Bedrohung seiner Existenz empfindet oder empfinden muß – und müssen das abstellen. Die elementaren militärischen Sicherheitsbedürfnisse des anderen zu akzeptieren, ist das erste Prinzip eines friedlichen Zusammenlebens, nicht nur im europäischen Haus. Ich spreche von den »militärischen« Sicherheitsbedürfnissen, nicht von den ideologischen. Diese müssen sich dem Wettbewerb stellen.
8. Um den inneren Wandel zu fördern, müssen wir mit der Sowjetunion und den Ländern Ostmitteleuropas auch technisch und ökonomisch zusammenarbeiten. Dafür spricht

auch die Tatsache, daß es heute grenzüberschreitende Umweltprobleme gibt, die kein Land mehr allein lösen kann, die aber zu Überlebensfragen der Menschheit geworden sind. Die Kooperation aller mit allen wird damit zur Bedingung menschlicher Existenz.

9. Menschliche Existenz bedeutet menschenwürdige Existenz. Unsere Verfassung drückt aus, was jeder Mensch – zumindest für sich selbst – wünscht, nämlich, daß seine »Würde unantastbar ist« und daß »sie zu achten und zu schützen, Aufgabe aller staatlichen Gewalt« sein muß. Je mehr dieses Prinzip zur inneren Praxis der Staaten wird, um so sicherer wird der Frieden unter den Staaten.
   Das Abschlußdokument des Wiener KSZE-Folgetreffens ist auch von der DDR unterschrieben worden. Ich frage in diesem Zusammenhang: Kann ein Deutscher aus der DDR jederzeit ausreisen? Achtet die dortige Regierung sein Recht auf Rückkehr, und zwar ohne Einschränkung? Kann er mit Aussicht auf Erfolg gerichtlich klagen, wenn ihm die Genehmigung zur Ausreise versagt wird? Leider kann keine dieser Fragen positiv beantwortet werden. *Aber die Weltgeschichte wird vor den Toren der DDR nicht haltmachen.* Die sozialistische Idylle hinter Mauer und Stacheldraht wird keine Zukunft haben.
   Ich warne die Führung der DDR davor, zum Schlußlicht der Entwicklung in Europa zu werden – vielleicht an der Seite Ceausescus ...

10. Eine europäische Friedensordnung, die die Teilung Deutschlands und Europas überwindet, kann in ihrer Bedeutung für eine friedliche Zukunft der Welt nicht überschätzt werden:
    - Sie wird die verletzte Würde Europas und seiner Nationen wiederherstellen.
    - Sie wird die militärische Konfrontation der Weltmächte und ihrer Bündnissysteme im Herzen Europas beenden.
    - Sie wird es der Sowjetunion ermöglichen, die dadurch gesparten Ressourcen in die innere Entwicklung ihres großen Landes zu stecken, und den USA, ohne nachteilige Wirkungen für sie selbst und ihre Verbündeten, eine

Last wesentlich zu vermindern, die auch für sie immer drückender wird.

Ich sage das nicht nur an die Adresse des sozialistischen Lagers, sondern auch an die Adresse unserer westlichen Verbündeten, die sich im Deutschlandvertrag verpflichtet haben, mit uns gemeinsam für die Freiheit und Einheit Deutschlands einzutreten.

Der friedliche Wandel von der erstarrten Kriegsordnung in eine europäische Friedensordnung nutzt allen. Niemand sollte sich aus kurzsichtigem Egoismus oder geistiger Unbeweglichkeit oder aus Angst vor der Zukunft in dem jetzigen Zustand der Teilung auf Dauer einrichten.

Gefahren und Chancen der Mitte

Ich fasse meine Überlegungen zusammen:

1. Wer die Realitäten sieht, wie sie sind, wer die Verflechtungen, die Machtverhältnisse und Interessen der Beteiligten analysiert, dem ist klar, daß die Überwindung der Teilung Deutschlands und die Überwindung der Teilung Europas nicht aus ihrem Zusammenhang gelöst werden können ...
2. Der Nationalstaat, der sich in größere Gemeinschaften einzufügen bereit ist, ist nicht überholt. Im Gegenteil, er ist ein Zukunftsmodell für die Welt: *Nation und die Union von Nationen schließen sich nicht aus, sie ergänzen sich. Die Europäische Union ist kein Ersatz für die Nationen Europas. Sie ist das Dach, das die Vielfalt der Nationen schützen soll.*

   Es gibt Deutsche, die an dieser These zweifeln. Die anderen Nationen zweifeln nicht daran. Frankreich wird auch im vereinten Europa immer Frankreich bleiben, Großbritannien immer Großbritannien, Italien immer Italien. So kann auch Deutschland nichts anderes als Deutschland bleiben – es sei denn, es würde sich selbst aufgeben; das kommt für uns, für die Union nicht in Frage.

Wir wollen, daß Deutschland als Gliedstaat eines vereinten Europa seinen deutschen Charakter ebenso behält wie Frankreich seinen französischen und Großbritannien seinen britischen. Die USA sind ein Schmelztiegel, die Europäische Union ist es nicht.
Von den Vereinigten Staaten von Amerika wird sich das vereinte Europa vor allem dadurch unterscheiden, daß die Einzelstaaten in Amerika nur administrative Einheiten, in Europa aber der staatliche Rahmen nationaler Kulturen sind. Deren Einschmelzung wäre ein nicht wiedergutzumachender Verlust nicht nur für Europa, sondern für die Welt.

3. Die Deutschen in der Mitte Europas zu einen und sie mit ihren Nachbarn in angemessener Weise zu verbinden, war immer eine schwierige Aufgabe. Sie wurde nahezu ein Jahrtausend lang vom Heiligen Römischen Reich Deutscher Nation wahrgenommen und danach noch vom Deutschen Bund.
Seit dieser Zeit blieb diese Aufgabe ungelöst.
Die Last der Mitte zu tragen, war vor allem *unsere* Last – und die der *Polen*. Frankreich im glücklichen Hexagon zu einen und Großbritannien auf den Britischen Inseln, war einfacher.
Aber die Mitte ist nicht nur eine Last. Sie birgt nicht nur Gefahren, sondern auch Chancen kultureller, ökonomischer und politischer Art. Die Mitte darf nicht schwach sein, damit sie ihre Funktionen für das Ganze wahrnehmen kann.
Die Mitte muß stark sein durch das, was unsere Nationalhymne so unübertroffen ausdrückt, stark durch Streben nach Einigkeit, nach Recht und Freiheit. Stark natürlich auch durch das, was einige Leute zur Zeit als »Sekundärtugenden« abzuwerten versuchen; stark also durch Tüchtigkeit und Tapferkeit, stark auch durch Fleiß und Verläßlichkeit.
Wenn es uns gelingt, diese Tugenden zu erhalten und zu entfalten und unsere Politik ebenso klug wie besonnen in das Gesamtinteresse Europas und der Welt einzufügen, dann haben wir gute Zukunftschancen. Dann wird es uns Deutschen

auch gelingen, im Zusammenwirken mit unseren europäischen Nachbarn und den beiden Weltmächten eine Friedens-ordnung für Europa aufzubauen, die allen seinen Völkern das Recht auf Selbstbestimmung, d. h. auch das Recht auf staatliche Einheit, gewährleistet.

4. Es gibt nicht wenige, die beklagen, daß es keine Konzeption gäbe für die Überwindung der Teilung. Hier ist sie, in groben Zügen jedenfalls – Details müssen der Entwicklung vorbehalten bleiben. *Sie beruht auf dem, was Adenauer, de Gasperi und Schuman, was Churchill und Henri Spaak und andere, was die erste Generation der Europäer nach dem Kriege zugrunde gelegt hat. Sie faßt zusammen, was jetzt anzustreben ist.*

   Diese Konzeption mag manchem als Utopie erscheinen. Diese Wertung, für sich genommen, ist nicht negativ. Entscheidend ist, daß diese Konzeption nichts aufs Spiel setzt, was wichtig ist: weder den Frieden noch die im Westen Deutschlands und Europas errungene Freiheit noch die nationale Identität der europäischen Völker. Entscheidend ist ferner, daß diese Konzeption mit den Lebensinteressen aller Menschen und aller Völker Europas vereinbar ist und sie fördert.

   Unsere historische Aufgabe ist es, den Frieden zu erhalten und der Freiheit und den Menschenrechten in ganz Deutschland und Europa den Weg zu ebnen.

5. Können wir zuversichtlich sein? Ich sage: Ja. *Die Entwicklung in der Sowjetunion und in Osteuropa zeigt, daß die Zeit für diese Konzeption der gegliederten Freiheit, für die Konzeption der Selbstbestimmung der Menschen und Völker arbeitet.*

   Sie arbeitet nicht für einen engen Nationalismus, aber auch nicht für den Schmelztiegel einer multikulturellen Gesellschaft, die den Menschen ihre nationale Identität nehmen würde.

   Die Zeit arbeitet schon gar nicht für den Sozialismus, der nirgendwo in der Welt den Menschen geholfen, sondern überall zu Unfreiheit, zu Ausbeutung und zu Armut geführt hat.

Nein, die Zeit arbeitet für *unsere* Konzeption, aber nur dann, wenn *wir* für *sie* arbeiten. Das sollten wir tun, mit Klarheit, mit innerer Stärke und mit Elan.

In dieser Überzeugung rufe ich Ihnen zu:

Es lebe unser Vaterland,
es lebe Deutschland in Einheit und Freiheit,
es lebe das vereinte Europa!

Die Staatsräson der Bundesrepublik Deutschland

Rede im Deutschen Bundestag am 1. September 1989

In das Jahr 1989, das zum Epochenjahr der deutschen und europäischen Geschichte, ja der Weltgeschichte werden sollte, fiel auch das Gedenken an jenen Tag, an dem ein halbes Jahrhundert zuvor mit dem Überfall Hitlers auf Polen der Zweite Weltkrieg begonnen hatte.
50 Jahre nach dem 1. September 1939 stand Europa unter dem Eindruck eines anbrechenden neuen Zeitalters der Verständigung und des Ausgleichs nach Jahrzehnten politischer und militärischer Konfrontation. Am 13. Juni 1989 hatten Helmut Kohl und Michail Gorbatschow in Bonn eine »Gemeinsame Erklärung« unterzeichnet, die – wie Alfred Dregger kommentierte – einen »Wendepunkt der deutsch-sowjetischen, aber auch der Ost-West-Beziehungen in Europa« markierte; beide Regierungen hatten ihren Willen bekundet, »in ihrer Politik an die geschichtlich gewachsenen europäischen Traditionen anzuknüpfen und so zur Überwindung der Trennung Europas beizutragen«.
In der Sitzung des Deutschen Bundestages am 1. September 1989 gab Alfred Dregger seiner Hoffnung auf ein »versöhntes, einiges und freies Europa« Ausdruck, in das ein einiges und freies Deutschland eingebettet werden könne: »Das ist die Perspektive, die mir vor Augen steht, wenn ich an den Tag vor 50 Jahren zurückdenke, den ich als 18jähriger erlebt habe«:

Der deutsche Angriff auf Polen hat den Zweiten Weltkrieg ausgelöst, der für Europa zur schlimmsten Katastrophe seiner Geschichte wurde. Wer diese Zeit bewußt miterlebt hat oder von ihren Folgen besonders getroffen ist, wird nicht nur an diesem Tage nach den Ursachen und danach fragen, was wir tun müssen, damit sich eine ähnliche Katastrophe nicht wiederholt.
Bewahrung des Friedens, Sicherung der Freiheitsrechte der Menschen und eine Friedensordnung für Europa gehören denn

auch zu den großen Themen, die den Deutschen Bundestag von der ersten Legislaturperiode an immer wieder beschäftigt haben.
Zunächst ein Blick zurück: Es war Hitler, der, nachdem er die Macht in Deutschland an sich gerissen hatte, den Zweiten Weltkrieg entfesselte. Und es war Stalin, der das durch den Pakt mit Hitler ermöglicht hat.
Aber auch die alten Führungsmächte und die alten Führungsschichten Europas, von rühmlichen Ausnahmen abgesehen, hatten es nicht vermocht, eine gerechte und menschenwürdige Friedensordnung für Europa zu schaffen und zu erhalten. Manches, was zum Ausbruch des Zweiten Weltkrieges beitrug, hatte schon am Zustandekommen des Ersten Weltkrieges mitgewirkt:
Nationalismus und Chauvinismus, die das Gegenteil von wahrem Patriotismus sind – denn wer sein Volk liebt, führt es nicht in einen Krieg –, Maßlosigkeit und Rücksichtslosigkeit gegenüber anderen Völkern sowie hybride Überschätzung der eigenen Art und Stärke und mangelnde Einsicht in die sich ständig steigernde Zerstörungsgewalt moderner Kriegstechnik, die den Versuch, politische Ziele mit militärischen Mitteln zu erreichen, zur Sinnlosigkeit werden läßt. Verhängnisvoll wirkte sich eine mit größtem Raffinement geübte Lügenpropaganda aus, die es den meisten Menschen unmöglich machte, Wahrheit und Unwahrheit voneinander zu unterscheiden.
Zu dem Krieg an den Fronten, dem schon im Ersten Weltkrieg Millionen von Soldaten zum Opfer gefallen waren, kamen im Zweiten Weltkrieg neue Dimensionen: der grausame Luftkrieg gegen die Zivilbevölkerung, d. h. gegen Frauen, Kinder und Greise, und die nicht weniger grausame Vertreibung der Zivilbevölkerung, d. h. ebenfalls von Frauen, Kindern und Greisen, von Millionen von Menschen aus ihrer seit Jahrhunderten angestammten Heimat. Schändlicher noch als alles andere waren aber die schrecklichen Ausrottungsmorde, die im Schatten des Kriegsgeschehens und unter dessen Tarnung vor allem an den Juden Europas verübt wurden.
Wenn man nach den tieferen Ursachen dieser furchtbaren Geschehnisse forscht, so mag es unterschiedliche Antworten ge-

ben, nicht jeder wird dieselbe geben. Ich sehe die tiefste Ursache in der Abkehr von Gott. Ohne diese Bindung verliert der Mensch seine einzigartige Würde, seine Gottebenbildlichkeit, was ihn leicht zum Werkzeug wahnhafter Ideologien werden läßt.
Die Väter unseres Grundgesetzes haben aus ihren Erfahrungen und Erkenntnissen den Kernsatz unserer Verfassung entwickelt. Er lautet – ich zitiere ihn –:

»Die Würde des Menschen ist unantastbar. Sie zu achten und zu schützen, ist Verpflichtung aller staatlichen Gewalt.«

Das, meine Damen und Herren, ist die *Staatsräson der Bundesrepublik Deutschland.*
Die Würde des Menschen heißt die Würde jedes Menschen, die Würde jedes einzelnen Menschen, ohne Rücksicht auf Rasse oder Klasse. Haben wir, hat die Welt aus dem gelernt, was von 1914 bis 1945 im »zweiten 30jährigen Krieg«, wie Raymond Aron ihn bezeichnet hat, geschehen ist?
In Europa folgte nach 1945 dem heißen der kalte Krieg. Nicht Zusammenarbeit in einer Friedensordnung, sondern Antagonismus der Systeme und ideologische Konfrontation bei gegenseitiger militärischer Abschreckung vor allem durch atomare Waffen waren die bestimmenden Faktoren. Zwar schweigen die Waffen – sie müssen schweigen, weil ein Krieg mit den Waffen unserer Zeit alles zerstören würde, was Menschen geschaffen haben und was wir bis heute bewahren konnten –, aber der Nichtkrieg bedeutet noch nicht Frieden; denn Friede ist mehr als Abwesenheit von Krieg, Friede ist auch mehr als das Gleichgewicht des Schreckens. *Friede ist eine Ordnung des Rechts, die die Macht begrenzt und legitimiert. Friede ist eine Ordnung, die eine moralische Grundlage hat, die – so formulieren wir es heute – auf den Menschenrechten und dem Selbstbestimmungsrecht der Völker beruht.*
Zum Frieden gehört aber auch der Rückhalt des einzelnen Menschen in seiner Gruppe und in seiner Nation, die ihm Heimat ist, auch geistige und kulturelle Heimat, in der er Geborgenheit findet. *Nation und Demokratie haben einen gemeinsamen Ursprung. Die Ereignisse in Polen, in Ungarn, im Baltikum,*

in der sowjetischen Moldau-Republik zeigen die Aktualität dieser Feststellung.

Auch für uns Deutsche ist die Nation eine Kraft, die dazu beitragen wird, *die DDR für die Demokratie reif zu machen.* Das Fehlen der Demokratie, der persönlichen Freiheit und des daraus erwachsenden Wohlstandes der breiten Schichten in der DDR ist ja das einzige, was Mitteldeutschland und Westdeutschland voneinander unterscheidet. *Wenn diese Unterschiede wegfallen – sie werden wegfallen, weil sich auch die DDR den Entwicklungen in Osteuropa nicht entziehen kann und weil die Menschen in der DDR es satt sind, das länger zu ertragen, was drüben als Sozialismus bezeichnet wird –, dann ist auch die staatliche Einheit der deutschen Nation nicht mehr aufzuhalten.*

Meine Damen und Herren, das wissen auch die Machthaber in der DDR. Sie und ihre Fürsprecher östlich und westlich der Teilungsgrenze warnen daher vor einer Destabilisierung der DDR durch Reformen. Wir wünschen einen friedlichen Wandel.

Wir wissen: Destabilisierend ist auf Dauer nicht die Freiheit, sondern die Unterdrückung.

Auf Freiheit kann nicht verzichtet werden; als Vertreter ohne Vollmacht für andere kann man das schon gar nicht. Wer selbst die Freiheit im Übermaß genießt wie wir, sollte sich hüten, seinen Landsleuten in der DDR einen Verzicht oder Teilverzicht auf Freiheit zu empfehlen.

Das wäre nicht nur unmoralisch, sondern auch unwirksam. *Nein, die Geschichte wird vor der DDR, diesem »künstlichen Gebilde«, wie de Gaulle es einmal genannt hat, nicht haltmachen, und das ist gut so.*

Meine Damen und Herren, 44 Jahre nach Kriegsende steht der große gesamteuropäische Friedensschluß noch aus. Wie können wir zusammen mit unseren europäischen Nachbarn und mit den beiden Weltmächten den Zustand des Nichtkrieges in einen Zustand des Friedens überführen? Wie können wir eine Friedensordnung, die ohne Mauern und Stacheldraht bestehen kann, die den kulturellen Zusammenhängen und dem Willen der Völker Rechnung trägt, schaffen? Das ist die große Aufga-

be, die, bisher nicht erfüllt, mahnend und fordernd vor uns steht.
Sind die jetzt bestehenden Paktsysteme, sind die jetzt dominierenden Mächte fähig, Frieden zu schließen?
In früheren Jahrhunderten sind Europa große Friedensschlüsse gelungen. Sie waren groß, weil in ihnen nicht nur die Sieger, sondern auch die Besiegten zu Garanten der wiederhergestellten Ordnung gemacht wurden. So war es 1648 im Westfälischen Frieden von Münster und Osnabrück, durch den – darin sehe ich das Besondere an diesem Frieden – das gegenseitige Verzeihen und die Versöhnung ausdrücklich zum Vertragsgegenstand gemacht wurden.
Verzeihen und versöhnen, das ist ein christliches Gebot. Kann das Europa auch in unserer Zeit den Frieden bringen?
Auch am Ende der Napoleonischen Kriege stand ein Vertrags- und Versöhnungsfrieden. Das besiegte Frankreich wurde in seiner territorialen Integrität nicht angetastet. Es wurde als gleichberechtigter Partner an den Friedensverhandlungen beteiligt und übernahm wieder seine alte Rolle im Konzert der Mächte, wie man es damals nannte.
Das Gegenbeispiel ist der Versailler Vertrag von 1919, bei dem sich die Siegermächte nicht damit begnügten, dem Besiegten Gebietsverluste und sinnlose Reparationslasten aufzuerlegen. Die Sieger demütigten den Besiegten zusätzlich, indem sie ihn von den Verhandlungen ausschlossen und ihm die alleinige Schuld am Kriegsausbruch zuwiesen.
Am Ende des Zweiten Weltkrieges kam eine Friedensordnung in Europa schon deshalb nicht zustande, weil die Allianz der Siegermächte an dem fundamentalen Gegensatz zwischen freiheitlicher Demokratie und kommunistischer Diktatur zerbrach. Nur der gemeinsam geführte Krieg gegen Hitler-Deutschland hatte diesen Gegensatz für wenige Jahre überdecken können.
Wenn auch das gesamteuropäische Friedenswerk noch aussteht: Es ist manches geschehen, und es geschieht manches, was diesen Friedensschluß vorbereitet. Westlich der Teilungsgrenze ist eine Friedensordnung entstanden, die aus Feinden gute Nachbarn, Freunde und Verbündete gemacht hat. *Was im We-*

sten Europas gelungen ist, kann in manchem Modell für eine gesamteuropäische Friedensordnung sein.
In den bilateralen und multilateralen Verträgen, die wir mit der Sowjetunion, mit Polen und anderen abgeschlossen haben, ist Gewalt als Mittel der Politik endgültig, vorbehaltlos und glaubhaft ausgeschlossen. Abrüstungspolitik ist zu einem wichtigen Faktor der Außen- und Sicherheitspolitik geworden. Die militärische Strategie – zumindest die der NATO – hat einen grundlegenden Wandel im Vergleich zu den beiden Weltkriegen durchgemacht. Es geht nicht mehr darum, den Gegner zu vernichten – eine Strategie, die ihren höchsten Triumph im Zweiten Weltkrieg feierte –, sondern es geht darum, den Gegner vom Krieg abzuhalten, und, wenn das mißlingen sollte, so schnell wie möglich die Kampfhandlungen zu beenden und den Frieden wiederherzustellen.
Östlich der Teilungsgrenze wächst die Erkenntnis, daß auch das dortige System, das sich Sozialismus nennt, seine Zukunft nicht auf Militärmacht, auf Unterdrückung der Menschen und auf Isolation von der übrigen Welt gründen kann.
Die gemeinsame Erklärung des Bundeskanzlers und des sowjetischen Staats- und Parteichefs Gorbatschow vom 13. Juni in Bonn hat neue Perspektiven aufgezeigt. Es heißt dort – ich zitiere –:

»Die Bundesrepublik Deutschland und die Sowjetunion betrachten es als vorrangige Aufgabe ihrer Politik, an die geschichtlich gewachsenen europäischen Traditionen anzuknüpfen und so zur Überwindung der Trennung Europas beizutragen. Sie sind entschlossen, gemeinsam an Vorstellungen zu arbeiten, wie dieses Ziel durch den Aufbau eines Europas des Friedens und der Zusammenarbeit – einer europäischen Friedensordnung oder des gemeinsamen Europäischen Hauses –, in dem auch die USA und Kanada ihren Platz haben, erreicht werden kann.«

Ich beglückwünsche Sie, Herr Bundeskanzler, zu dieser gemeinsamen Erklärung, die ... deutlich gemacht hat, daß die Bundesrepublik Deutschland heute in der internationalen Politik ein Element des Friedens, der Stabilität und der internationalen Zusammenarbeit ist. Das 50 Jahre nach Ausbruch des Zweiten Weltkrieges feststellen zu können, ist für mich persönlich eine Genugtuung.

Diese Feststellung ehrt unser Volk, unseren Staat, sie ehrt den Deutschen Bundestag, sie ehrt den Bundeskanzler und seinen Außenminister, dem wir bei dieser Gelegenheit unsere besten Genesungswünsche aussprechen, und sie ehrt auch alle diejenigen, die Vorgänger im Amt des Bundeskanzlers oder Außenministers gewesen sind ...

Wie kann die in der gemeinsamen Erklärung genannte »gesamteuropäische Friedensordnung« aussehen? Die Völker Europas allein können sie nicht schaffen. Wir leben nicht mehr in einem europäischen, sondern in einem Weltmächtesystem, in dem die USA und die Sowjetunion dominieren. Beide Weltmächte sind Staatenunionen, wenn auch höchst unterschiedlicher Art. Beide sind notwendige Partner einer gesamteuropäischen Friedensordnung ...

Der dritte Partner sollte das vereinigte Europa sein, das zwischen den USA und der Sowjetunion liegt, d. h. das Europa von Polen bis Portugal, das zur Zeit geteilt ist und aus Mittelmächten und Kleinstaaten besteht. Dieses vereinigte Europa in der Mitte könnte zur friedenserhaltenden Mitte zwischen den Weltmächten werden. Es könnte ihnen ersparen, sich mitten in Europa, d. h. in Deutschland, einander hochgerüstet gegenüberzustehen. Es könnte sie dadurch von Lasten befreien, die für sie immer größer werden. Dieses Ziel, das mir vorschwebt, ist Sache eines Entwicklungsprozesses, der zum Ziel führen kann. Der Sowjetunion kommt dabei eine besonders wichtige Rolle zu. Je mehr die Sowjetunion das Selbstbestimmungsrecht ihrer Nachbarvölker, z. B. der Polen, anerkennt, um so enger kann und muß unsere und des ganzen Westens Zusammenarbeit mit der Sowjetunion werden.

Wenn die von Gorbatschow eingeleitete Entwicklung nicht gestoppt wird, dann wird auch die Sowjetunion erkennen, daß eine gesamteuropäische Friedensordnung, in der die Völker und Nationen ohne Furcht und Zwang unter Wahrung ihrer Eigenständigkeit miteinander leben können, auch für sie die bessere Alternative zur jetzigen Teilung Europas ist ...

Meine Damen und Herren, das, was als Aufgabe vor uns steht, vor Polen, Deutschen, Russen, vor allen Europäern und vor den Amerikanern, ist so groß, daß wir es ohne die Kräfte des Herzens, des Geistes und des Glaubens nicht erfüllen können. *Es geht ja um nicht weniger als um eine gemeinsame friedliche Zukunft, um eine Zukunft ohne Haß, ohne Angst, ohne Willkür, ohne Gewalt, um ein versöhntes, einiges und freies Europa, das mit beiden Weltmächten zusammenarbeitet, und in der Mitte Europas um ein einiges und freies Deutschland.*
Das ist die Perspektive, die mir vor Augen steht, wenn ich an den Tag vor 50 Jahren zurückdenke, den ich als 18jähriger erlebt habe. Die Vision einer gesamteuropäischen Friedensordnung bewegt gewiß nicht nur meine Fraktion. Ich glaube, daß wir uns in der Zielsetzung in diesem Hause zumindest nahe sind. Es mag Unterschiede in der Beurteilung der Wege geben, die zu diesem Ziel führen, nicht aber in dem Wunsch, dieses Ziel zu erreichen.
Tun wir daher alles, was in unseren Kräften steht, damit die gesamteuropäische Friedensordnung, wie ich sie erläutert habe, Wirklichkeit wird. Sie ist gewiß ein gutes Ziel. Es steht nicht nur in Übereinstimmung mit den Zukunftshoffnungen der Menschheit, sondern es dient vor allem ganz unmittelbar den Menschen, die von Teilung, Gegnerschaft und Unterdrückung betroffen sind.

Die schöpferische Kraft der Freiheit

Beitrag zu einem im Herbst 1989 erschienenen Sammelband zur Erinnerung an den Kriegsausbruch 1939 und die Gründung der Bundesrepublik Deutschland 1949

In seiner ersten Regierungserklärung, abgegeben am 20. September 1949, hatte Konrad Adenauer – auf das geteilte Deutschland hinweisend – die Bundesrepublik Deutschland als den deutschen »Kernstaat« bezeichnet. Der Begriff »Kernstaat«, schrieb Alfred Dregger 40 Jahre später in einem Beitrag für einen Sammelband, sei seinerzeit »bedachtsam gewählt« worden; in ihm komme das »Selbstverständnis« zum Ausdruck, von dem sich die Bundesrepublik Deutschland, »unter nationalem wie unter europäischem Blickwinkel betrachtet«, in den Jahrzehnten der Teilung habe leiten lassen. Dregger schloß »drei Bemerkungen« an, in denen die Grundsätze seiner Deutschlandpolitik niedergelegt sind:*

1. Deutsche Politik nach Hitler konnte nur Politik für die Freiheit und den Frieden sein. Die Gründung des deutschen »Kernstaates« Bundesrepublik Deutschland war eine Antwort auf die Erfahrungen, die Deutschland und Europa mit einer Politik zynischer Menschenverachtung, der Gewalt und des Hasses hatten machen müssen. Im Zeichen dieser Antwort auf die nationalsozialistische Diktatur hat die Bundesrepublik Deutschland eine Entscheidung getroffen, die fortan ihren politischen Weg bestimmte: die Entscheidung für die Einbettung der Bundesrepublik Deutschland in die Gemeinschaft der westlichen Demokratien, in das Atlantische Verteidigungsbündnis ebenso wie in die Europäische Gemeinschaft. Konrad Adenauer hat diese historische Grundentscheidung unseres Staates für Freiheit, Menschenrechte und Selbstbestimmung in klassische Sätze gekleidet:

---

* Alfred Dregger, 50 Jahre seit Kriegsbeginn, 40 Jahre Bundesrepublik Deutschland, in: Hans-Jürgen Häßler (Hrsg.), 1939–1945, Erinnerungen, Standpunkte, Perspektiven, Zur Wiederkehr zweier Gedenktage, 1989, S. 71–73.

»Freiheit verpflichtet. Es gibt für uns in der Welt nur einen Platz: an der Seite der freien Völker.«

2. Der deutsche »Kernstaat« Bundesrepublik Deutschland trägt Verantwortung für *ganz* Deutschland. Er ist Anwalt und Treuhänder *aller* Deutschen – vor allem jener, die unfrei sind; im Grundgesetz, das vor 40 Jahren in Kraft trat, heißt es, das »deutsche Volk« habe »auch für jene Deutschen gehandelt, denen mitzuwirken versagt war«.
   Nach unserer Verfassung bleibt »das gesamte deutsche Volk aufgefordert, in freier Selbstbestimmung die Einheit und Freiheit Deutschlands zu vollenden«. Der Satz hat politisches und rechtliches Gewicht. Das höchste deutsche Gericht entschied 1973: »Die Wiedervereinigung Deutschlands ist ein verfassungsrechtliches Gebot.« Wir handeln im Sinne dieses Gebotes, wenn wir unsere Kräfte darauf richten, auf einen Zustand des Friedens in Europa hinzuwirken, in dem das deutsche Volk in freier Selbstbestimmung seine staatliche Einheit wiedererlangt.
3. Der deutsche »Kernstaat« Bundesrepublik Deutschland trägt nationale *und* europäische Verantwortung. Das Grundgesetz verpflichtet uns nicht nur auf die Wiederherstellung der nationalen und staatlichen Einheit Deutschlands, sondern gibt uns auch den Auftrag, »in einem vereinten Europa dem Frieden der Welt zu dienen«. Beide Verfassungsziele stehen in engem Zusammenhang: Europa ist geteilt, weil Deutschland geteilt ist – und Deutschland ist geteilt, weil sich in Europa zwei antagonistische politische Systeme in militärischer Konfrontation gegenüberstehen. Deshalb müssen wir die deutsche Frage im gesamteuropäischen Zusammenhang sehen; *deutsche und europäische Einheit sind nur gemeinsam wiederzugewinnen.*
   Die deutsche und europäische Frage, »in ihrem Kern« (Georg Leber) eine Frage der Menschenrechte, der Menschenwürde und der Selbstbestimmung, ist offen. Wer das verneint, wer bereit ist, die Spaltung Deutschlands und Europas in einen freien und in einen unfreien Teil für immer hinzunehmen, gibt nur zu erkennen, daß er aus bitteren geschichtlichen Erfahrungen nichts gelernt hat.

Die Zukunft in Europa – ich meine das *ganze,* das abendländische Europa, das Europa von Polen bis Portugal – gehört der Freiheit, nicht dem Sozialismus. Im Wettbewerb der Systeme, der seit über 40 Jahren in Europa stattfindet, hat der Westen, haben Demokratie und Marktwirtschaft gegen Diktatur und zentralistische Planwirtschaft gesiegt. Auf die schöpferische Kraft der Freiheit richten sich die Zukunftshoffnungen der Völker Mittel-, Ost- und Südosteuropas, die Hoffnungen auch unserer deutschen Landsleute östlich der Elbe. Wenn es der Führung in der Sowjetunion ernst ist mit dem von ihr propagierten »neuen Denken«, dann sollte auch sie erkennen: *Eine gesamteuropäische Friedensordnung, die das Selbstbestimmungsrecht aller europäischen Völker wiederherstellt und sich auf Freiheit, Partnerschaft und gegenseitigen Interessenausgleich gründet, ist die bessere Alternative zum geteilten Europa von heute.* Denn ein solches Europa könnte als neue Mitte zwischen den Weltmächten die militärische Konfrontation in Europa beenden und in enger Zusammenarbeit mit den Vereinigten Staaten von Amerika und der Sowjetunion der Sicherung des Friedens in der Welt dienen.
Eine gemeinsame, friedliche Zukunft der Völker und Volksgruppen auf dem europäischen Kontinent; eine Zukunft ohne Haß, ohne Angst, ohne Willkür, ohne Gewalt; ein versöhntes, einiges und freies Europa und – darin eingebettet – ein einiges und freies Deutschland: Das ist die Perspektive für die Zukunft, die mir vor Augen steht, wenn ich an den Tag zurückdenke, an dem vor 50 Jahren mit dem Angriff Hitlers auf Polen die Lichter auf dem europäischen Kontinent zu verlöschen begannen.
Die Bundesrepublik Deutschland hat in den 40 Jahren ihres Bestehens einen entscheidenden Beitrag zum Wiederaufstieg Deutschlands und Europas aus Trümmern, Not und Verzweiflung geleistet. Sie hat – gemeinsam mit ihren Bündnispartnern – tatkräftig daran mitgewirkt, im Westen Europas ein Fundament zu legen, auf dem einmal ein »gesamteuropäisches Haus« gebaut werden kann: ein Haus der Freiheit und des Friedens, in dem alle Europäer und alle europäischen Völker einen Platz finden.

Perspektiven für den Weg zur deutschen Einheit

Rede vor der Panzerbrigade 6 der Bundeswehr in Arolsen am 31. Oktober 1989

*Im Herbst 1989 spitzte sich die Lage in der DDR dramatisch zu. Massenflucht – Hunderttausende von Deutschen setzten sich im Verlauf dieser »Abstimmung mit den Füßen« über Ungarn, Polen und die Tschechoslowakei ab – und Massendemonstrationen gegen das Regime führten am 18. Oktober 1989 zur Ablösung Erich Honeckers. Neuer Generalsekretär des SED-Zentralkomitees wurde Egon Krenz, der im Fernsehen »eine Wende in der Politik der SED« ankündigte. Vertrauen fand Krenz, der am 24. Oktober auch Staatsratsvorsitzender der DDR wurde, nicht: Der Bürgerprotest riß nicht ab, sondern verschärfte sich noch. Immer lauter erklang der Ruf: »*Wir *sind das Volk«, aus dem bald die Losung »Wir sind* ein *Volk« und dann die Forderung »Deutschland, einig Vaterland« wurde ...*
Ein Staat, sagte Alfred Dregger am 31. Oktober 1989 bei einem Besuch der Panzerbrigade 6 in Arolsen, könne »auf Dauer nur existieren, wenn er Legitimität und seine Bevölkerung Identität« besitze; dem SED-Staat fehle es an beidem. Wandel durch Selbstbestimmung, durch freie Wahlen und freie Abstimmungen – das sei der Wille der Deutschen in der DDR. Zur Frage, wie »das Selbstbestimmungsrecht der Deutschen ausgeübt« werde, verwies Dregger auf den Artikel 23 des Grundgesetzes. Dregger war einer der ersten prominenten deutschen Politiker, die diesen – später begangenen – Weg zur deutschen Einheit öffentlich vorschlugen:

1. Politisch leben wir in einer Zeit raschen, teilweise stürmischen Wandels. Das gilt für die Außen- wie für die Innenpolitik.
   Der Wandel vollzieht sich in einer von uns gewollten und international weitgehend mitbestimmten Richtung.
   Bei seinem letzten Staatsbesuch in Bonn hat der amerikanische Präsident uns gegenüber von *Partnerschaft in einer Führungsrolle der Allianz gesprochen.*

Der kurz danach eintreffende sowjetische Staatspräsident hat mit Bundeskanzler Kohl eine »Gemeinsame Erklärung« unterzeichnet, die den Wandel zu mehr Demokratie, zu mehr Selbstbestimmung und zu mehr Achtung vor der Würde des Menschen zum gemeinsamen Programm erhebt.
Wer das würdigen will, muß sich daran erinnern, daß Deutschland in zwei Weltkriegen niedergeworfen wurde, 1918 und 1945. Er muß sich daran erinnern, daß Deutschland 1945 zertrümmert wurde. Aus dem größten Trümmerstück im Westen entstand die Bundesrepublik Deutschland.
Dieser deutsche Teilstaat ist heute drittgrößtes Industrieland, größtes Exportland der Erde. Die DM ist nach dem Dollar die wichtigste Reservewährung der Welt. In keinem Land ist das soziale Netz dichter geknüpft als bei uns. Nirgendwo ist der Wohlstand der vielen größer als hier.
Aber nicht nur das. Unser Ansehen in Ost und West beruht mehr noch auf der Tatsache, daß die Bundesrepublik Deutschland heute ein Hort der Stabilität, des Friedens und der internationalen Zusammenarbeit ist.

2. Unsere wichtigste Aufgabe ist die Überwindung der deutschen und europäischen Teilung auf der Grundlage des Selbstbestimmungsrechts der Völker. Was sagen unsere Nachbarn zum Selbstbestimmungsrecht der Deuschen?
   Zunächst: *Niemand hat Anlaß, sich vor einem vereinigten Deutschland zu fürchten.*
   - Das vereinigte Deutschland wird sicherlich eine wirtschaftliche Großmacht sein; das ist die Bundesrepublik Deutschland schon jetzt.
   - Aber: Wir sind *Gliedstaat der Europäischen Gemeinschaft, und das wird auch für das vereinigte Deutschland gelten.* In dieser Europäischen Gemeinschaft und der künftigen Europäischen Union sind wesentliche Teile der Souveränitätsrechte auf die Gemeinschaft übertragen; die wirtschaftliche Kraft Deutschlands kommt allen Europäern zugute. Ohne diese wirtschaftliche Kraft könnten auch die von uns erwarteten Hilfeleistungen sowohl für Osteuropa als auch für die Dritte Welt nicht finanziert werden.
   - Auch ein vereintes Deutschland wird eine demokratische

Verfassung nach dem Beispiel des Grundgesetzes haben. Etwas anderes kommt für uns überhaupt nicht in Frage. Wenn schon Ungarn und Polen dabei sind, Mehrparteiensysteme und marktwirtschaftliche Ordnungen zu schaffen, dann ist es doch völlig unvorstellbar, daß ein vereinigtes Deutschland die demokratischen Errungenschaften der Bundesrepublik Deutschland aufgeben würde.

- Der Platz in der Mitte ist der Platz zwischen den Stühlen, wenn die Mitte nicht stärker ist als die Peripherie. Daß sie es nicht ist, haben wir in zwei Weltkriegen erfahren müssen. Auch deshalb haben wir 1949 auf den Versuch verzichtet, eine eigenständige Rolle zwischen Ost und West zu spielen. *Wir haben uns für den Westen entschieden. Hätten wir es nicht getan, wäre es nicht zu den Veränderungen im Osten gekommen, die wir jetzt erleben. Hätten wir es nicht getan, hätten wir heute weder Verbündete im Westen noch Optionen im Osten. An dieser Grundentscheidung für den Westen, d. h. für Freiheit, Demokratie und Menschenrechte, eine Wertegemeinschaft also, halten wir auch in Zukunft fest. Als Teil des Westens suchen wir den Ausgleich mit dem Osten.*

3. Was sagen unsere Nachbarn im Osten zum Selbstbestimmungsrecht der Deutschen?
   - Die neuen Regierungen in Polen und Ungarn stimmen dem Selbstbestimmungsrecht der Deutschen prinzipiell zu.
   - Und die Sowjetunion? In der »Gemeinsamen Erklärung« Kohl/Gorbatschow vom 13. Juni dieses Jahres ist vom Selbstbestimmungsrecht der Völker und Staaten die Rede. Die Völker oder die Staaten, was geht vor? Schon die Reihenfolge – Völker und Staaten, nicht umgekehrt –, aber auch das in derselben Erklärung enthaltene Bekenntnis zur Würde des Menschen und zur Demokratie läßt keinen Zweifel zu, *daß das Selbstbestimmungsrecht der Völker nicht durch diktatorische Staatsführungen außer Kraft gesetzt werden kann, die gegen den Willen ihres Volkes regieren.*

Ich möchte dazu eine Äußerung zitieren, die Prof. Daschit-

schew, der als wichtigster deutschlandpolitischer Berater Gorbatschows gilt, vor kurzem nach einem Bericht der Stuttgarter Zeitung vom 16. Oktober 1989 auf einer Tagung in Weikersheim gemacht hat. »In Freiheit und Einheit soll das deutsche Volk sein Schicksal selbst bestimmen. Das brauche Zeit. Allein im gesamteuropäischen Ansatz könne die deutsche Frage gelöst werden. Eine Neutralisierung Deutschlands, wie früher vorgeschlagen, verliere ihren Sinn, wenn es keine Konfrontation mehr gebe.«
Dem können wir zustimmen.

4. Ein Staat kann auf Dauer nur existieren, wenn er Legitimität und seine Bevölkerung Identität besitzt.
Dem anderen Staat in Deutschland fehlt es an beidem. Die SED-Herrschaft beruht auf gefälschten Wahlergebnissen und einer Scheinverfassung, die bis heute nicht zur Staatspraxis geworden ist.
Die DDR kann sich auch nicht auf eine eigene Nation stützen. Der Versuch, eine sozialistische Teilnation zu gründen, ist gescheitert. Es gibt weder eine westdeutsche noch eine ostdeutsche, es gibt weder eine sozialistische noch eine kapitalistische, *es gibt nur eine unteilbare deutsche Nation – und dabei wird es bleiben.*
Das ist offenbar auch die Meinung der Machthaber in der DDR. Der SED-Chefideologe Reinhold hat gemeint, ohne Sozialismus habe die DDR keinen Daseinszweck mehr. Ich kann dem nicht widersprechen. Sozialismus ist aber keine Rechtfertigung für die Aufrechterhaltung der Teilung Deutschlands; denn Sozialismus bedeutet im Ergebnis Unfreiheit, Armut und Diktatur.
Auch den Menschen in der DDR liegt nichts am Sozialismus; den realen finden sie schrecklich – und den Weg zu einem besseren kann ihnen niemand weisen. Unsere Aufgabe kann es daher nicht sein, das von der Bevölkerung abgelehnte Zwangssystem in der DDR zu stabilisieren. Unsere Aufgabe ist es, den friedlichen Wandel zu fördern.
5. Auch die Siegermächte des Zweiten Weltkrieges, die nach wie vor die Gesamtverantwortung für Deutschland als Ganzes innehaben und in Anspruch nehmen, tragen *Verant-*

wortung für Rahmenbedingungen, die einen friedlichen Wandel in Deutschland und Europa ermöglichen ...

6. Die deutsche Frage wäre über vier Jahrzehnte hinweg nicht offengeblieben, wenn wir, die Union, nicht entschlossen und unerschütterlich am Ziel der deutschen Einheit in Freiheit festgehalten hätten.
   Die SPD hat mehrfach versucht, dieses ihr offenbar lästige und unrealistisch erscheinende Ziel aufzugeben.
   - SPD-Repräsentanten haben dafür plädiert, die Präambel des Grundgesetzes zu ändern.
   - SPD-Repräsentanten haben die Anerkennung einer eigenen Staatsbürgerschaft für die Deutschen in der DDR gefordert.

   Wir – die Union – sind fest geblieben. *Hätten wir nachgegeben, dann hätten die Botschaften der Bundesrepublik Deutschland in Budapest, in Prag und in Warschau den Flüchtlingen aus Mitteldeutschland nicht beistehen können.*
7. Wie wird das Selbstbestimmungsrecht der Deutschen ausgeübt? Im Grundgesetz, Artikel 23, steht, das Grundgesetz gelte »zunächst« im Gebiet der Bundesländer, die damals beitreten konnten, beginnend mit Baden und Bayern. Dann heißt es weiter in Artikel 23: »In anderen Teilen Deutschlands ist es nach deren Beitritt in Kraft zu setzen.«
   Von *Beitritt* ist hier die Rede – nicht von *Anschluß*. Den Willen zum Beitritt kann nur das Volk erklären, das Volk in den »anderen Teilen«, das beitreten will. *Es geht also auch in dieser Grundfrage der deutschen Nation um freie Wahlen und freie Abstimmungen, die einzige Legitimation, die es für ein freies Volk geben kann.* Eine frei gewählte Regierung der DDR wird der Partner sein, mit dem die Modalitäten eines Beitritts auszuhandeln sind.

Europa als Mitte

1. Wie soll die gesamteuropäische Friedensordnung aussehen, in deren Rahmen das deutsche Volk sein Recht auf Selbstbestimmung verwirklicht?

Die Völker Europas allein können sie nicht schaffen. Wir leben nicht mehr in einem europäischen, sondern in einem Weltmächtesystem, in dem die USA und die Sowjetunion dominieren. Beide Weltmächte sind Staatenunionen, wenn auch höchst unterschiedlicher Art. Beide sind notwendige Partner einer gesamteuropäischen Friedensordnung.

2. Der dritte und wichtigste Partner sollte das vereinte Europa sein, das zwischen den USA und der Sowjetunion liegt, d. h. das Europa von Polen bis Portugal. Es wird ein Europa der Nationalstaaten sein, die ihre nationalen Kulturen, den Reichtum Europas, erhalten. Es wird dezentral organisiert sein, daher nicht angriffs-, sondern nur abwehrfähig.
   Dieses Europa würde zur friedenserhaltenden Mitte zwischen den Weltmächten werden. Es würde diesen ersparen, sich mitten in Europa, d. h. in Deutschland, einander hochgerüstet gegenüberzustehen. Es würde sie dadurch von Lasten befreien, die für sie immer größer werden.
   Bei dem Entwicklungsprozeß, der mir vorschwebt, kommt der Sowjetunion eine besonders wichtige Rolle zu. Die innere Entwicklung der Sowjetunion ist natürlich auch für ihre Außenbeziehungen von größter Bedeutung und umgekehrt. Je mehr die Sowjetunion das Selbstbestimmungsrecht ihrer eigenen Völker und ihrer Nachbarvölker, z. B. der Polen, anerkennt, um so enger kann und muß unsere und des ganzen Westens Zusammenarbeit mit der Sowjetunion werden. Schon jetzt tun wir alles, um den Reformprozeß in der Sowjetunion zu unterstützen durch technisch-ökonomische und abrüstungspolitische Zusammenarbeit.

Gesicherte Stabilität

1. Vor der Überwindung der Teilung steht das Zusammenleben der Teile in einem gesicherten Frieden. Reduzierung der Rüstung auf ein Mindestmaß, Veränderung der Rüstungsstrukturen mit dem Ziel, den Verteidiger zu begünstigen, sowie die gegenseitige Offenlegung und Kontrolle der Rüstung

können es möglich machen, daß Ost und West die Angst voreinander verlieren.
Die gegenwärtigen Wiener Verhandlungen über konventionelle Stabilität in Europa verlaufen zügig und positiv. Die erklärten Ziele der beiden Seiten, NATO und Warschauer Pakt, stimmen überein. Natürlich steckt der Teufel im Detail. Ausschlaggebend ist der politische Wille, Hindernisse zu überwinden. Bei den USA und der Sowjetunion ist der offensichtlich vorhanden, und wir Deutschen unterstützen das mit Nachdruck.
Von Erfolg kann gesprochen werden, wenn die Sowjetunion und der Warschauer Pakt auf ihre Invasionsfähigkeit, auf ihre Fähigkeit zur raumgreifenden Offensive verzichten und ihre massive Überlegenheit am kampfentscheidenden Großgerät abschaffen.

2. Zur gesicherten Stabilität wird eine zweite Phase der Wiener Verhandlungen führen. Dabei muß über die Doktrinen beider Seiten gesprochen werden. Wir müssen eine Vereinbarung anstreben, die beiden Seiten keine andere Option als Verteidigung läßt. Die Verteidigerdominanz muß also das Ziel sein ...
3. Hinlängliche Verteidigung bei überlegenem Feuer mit gesicherten Gegenoptionen im Falle eines dann nicht mehr wahrscheinlichen Angriffes: das wäre nahezu militärische Stabilität in Zentraleuropa.

Wenn wir diese dann an eine atomare Rückversicherung im Rahmen des qualitativen und quantitativen Minimums an Atomwaffen binden, dann könnte niemand mehr einen Krieg mit Aussicht auf Erfolg beginnen und auch nicht damit drohen. D. h., auch eine militärische Erpressung wäre ausgeschlossen.
Ein Atomkrieg ist nicht mit Aussicht auf Gewinn führbar. Das haben der amerikanische Präsident Reagan und der damalige sowjetische Generalsekretär Andropow bereits 1984 miteinander festgestellt. Wenn beide Seiten nach dieser Erkenntnis handeln, dann halte ich das, was ich eben vorgetragen habe, nicht für eine Utopie, sondern für machbar.

4. Verteidigungsbereitschaft des Westens und nukleare Abschreckung haben dafür gesorgt, daß der Krieg in Europa immer unwahrscheinlicher – ja, man möchte sagen, undenkbar geworden ist. *Sie, die Soldaten der Bundeswehr, haben die Voraussetzungen mitgeschaffen, daß wir nun zum ersten Male seit 1945 die reale Chance haben, die Teilung Deutschlands und Europas zu überwinden ...*
Einheit und Freiheit werden Wirklichkeit werden, wenn unsere Politik weiterhin klug und besonnen ist und wenn wir weiterhin unsere freiheitliche Existenz durch das erforderliche Maß an Fähigkeit zur Selbstverteidigung sichern. Das ist die Aufgabe der Bundeswehr, das ist die politische Dimension Ihres persönlichen Dienstes, meine Herren. Sie leisteten für die friedliche und freiheitliche Zukunft unseres Volkes einen unentbehrlichen Dienst. Dafür danke ich Ihnen.

Pflicht zu nationaler Solidarität

Rede im Deutschen Bundestag am 1. Dezember 1989 zum Zehn-Punkte-Plan des Bundeskanzlers

Nach 29 Jahren Abriegelung öffnete die DDR am Abend des 9. November 1989 ihre Grenze nach Berlin-West und zum übrigen Bundesgebiet. Noch in der Nacht strömten Zehntausende von Ostberlinern durch die Übergänge an der Sektorengrenze in den Westteil der Stadt. Einen Tag später begannen Grenzsoldaten der DDR mit Abrißarbeiten an der Berliner Mauer.

Aber der Massenexodus hielt unvermindert an – und das Regime klammerte sich weiterhin an die Macht. Am 13. November 1989 wurde der Erste Sekretär der SED-Bezirksleitung Dresden, Hans Modrow, zum neuen Ministerpräsidenten gewählt. Er stellte freie Wahlen in Aussicht und wollte – wie er ankündigte – die »Verantwortungsgemeinschaft beider deutscher Staaten durch eine Vertragsgemeinschaft ersetzen«. Eine Vereinigung der beiden Staaten lehnte er ab. Modrow bat die Europäische Gemeinschaft um Zusammenarbeit mit der DDR. Die DDR bleibe ein »sozialistisches Land«, betonte auch Krenz am 25. November 1989.

Drei Tage später legte Bundeskanzler Kohl im Deutschen Bundestag ein Zehn-Punkte-Programm zur Überwindung der Teilung Deutschlands und Europas vor. Das Zusammenwachsen der beiden Staaten in Deutschland müsse eingebettet sein in den europäischen Einigungsprozeß und in weitere internationale Abrüstungsschritte: »Nur miteinander und in einem Klima wechselseitigen Vertrauens können wir die Teilung Europas, die immer auch die Teilung Deutschlands ist, überwinden.«

Zum Kanzlerplan, dem Michail Gorbatschow nahezu umgehend eine Absage erteilte, sagte Alfred Dregger am 1. Dezember 1989 im Deutschen Bundestag: »Der Deutschlandplan des Bundeskanzlers führt die Deutschland- und Europapolitik und die Ost-West-Sicherheitspolitik zusam-

men und öffnet damit Perspektiven für ein Ziel, das nur im Konsens und nur im Zusammenwirken aller Beteiligten erreicht werden kann.« Wichtiger noch als die Schaffung internationaler Rahmenbedingungen, »unter denen es den Deutschen möglich wird, ihr Recht auf Selbstbestimmung auszuüben«, sei nationale Solidarität; sie sei »zunächst und vor allem« von den Deutschen in der Bundesrepublik Deutschland zu erbringen:

Notwendig in einer Zeit des Wandels – das ist auch immer eine Zeit der Ungewißheiten – ist ein festes Fundament, ein klares politisches Ziel und eine weitreichende Perspektive. Die Union verfügt darüber. Unser Fundament ist Deutschland und Europa in einem untrennbaren Zusammenhang.
Unser klares politisches Ziel ist die Wiederherstellung der staatlichen Einheit Deutschlands in einer Föderation.
Unsere Perspektive ist die gesamteuropäische Friedensordnung, an der die Sowjetunion im Osten, die Vereinigten Staaten im Westen und das vereinigte Europa von Polen bis Portugal in der Mitte als friedenserhaltende Mitte zwischen den Weltmächten beteiligt sind. Das ist diese weitreichende Perspektive ...
Der Deutschlandplan des Bundeskanzlers führt die Deutschland- und Europapolitik und die Ost-West-Sicherheitspolitik zusammen und öffnet damit Perspektiven für ein Ziel, das nur im Konsens und nur im Zusammenwirken aller Beteiligten erreicht werden kann.
Dabei ist klar, daß die Entwicklung der sowjetischen Innenpolitik auch für die Ost-West-Beziehungen von größter Bedeutung ist. Deshalb wünschen wir den Reformbemühungen des sowjetischen Staatspräsidenten nicht nur Erfolg, wir unterstützen sie auch.
Wir unterstützen sie auch durch Zusammenarbeit in der Wirtschafts- und – selbstverständlich in Abstimmung mit unseren Verbündeten – auch durch Zusammenarbeit in der Abrüstungspolitik. Wir sind uns ferner klar darüber, daß auch die Reformbemühungen Ungarns und Polens und der anderen Staaten Ostmitteleuropas, die sich jetzt auf diesen Weg bege-

ben, eine Voraussetzung für den Erfolg der Reformbemühungen in der DDR und damit in Deutschland sind.

Zusammenarbeit, nicht Konfrontation, ist die bestimmende Größe des neuen Europa. Das gilt nicht nur für den Westen, wo wir diesen Grundgedanken schon weithin verwirklicht haben. Es gilt jetzt auch für den Osten. Staatspräsident Gorbatschow hat erkannt, daß die Sowjetunion die Kooperation mit dem Westen braucht. Diese Zusammenarbeit mit dem Westen ist für die Sowjetunion wichtiger als die Aufrechterhaltung eines Systems von Zwangsverbündeten in Ostmitteleuropa, das ihr nur noch Lasten – moralische, politische und ökonomische Lasten – gebracht hat.

Wenn Sie beobachten, wie die Sowjetunion auf die Veränderungen in Ungarn reagiert – aus einer Volksrepublik wird eine freie Republik mit marktwirtschaftlicher Ordnung und einem Mehrparteiensystem –, dann können Sie sehen, daß die Sowjetunion heute auch so handelt, von diesem Grundsatz ausgehend. Die Kooperation ist wichtiger als das Zwangssystem. Ich habe das übrigens bereits vor fünf Jahren in einer Buchveröffentlichung vorausgesagt.* Das ist jetzt Gott sei Dank eingetroffen.

In dieser Zusammenarbeit zwischen West- und Osteuropa eröffnet sich die Zukunftschance für die Deutschen, auch ihre staatliche Einheit in Freiheit zu vollenden ...

Die Verhandlungen in Wien über die konventionelle Abrüstung verlaufen zügig und konstruktiv. Dazu tragen beide Weltmächte in gleicher Weise bei, die Amerikaner auch in Erfüllung eines Versprechens, das sie uns auf dem NATO-Gipfel am 30. Mai 1989 gegeben hatten. Daß wir Deutschen diese auf Abrüstung zielende Politik der beiden Weltmächte in Wien nach Kräften unterstützen, ist klar. Das ergibt sich auch uns unseren nationalen Interessen, und zwar in jeder Hinsicht.

Aber so wichtig es ist, durch eine kluge Deutschland-, Europa- und Ost-West-Politik die Rahmenbedingungen zu schaffen, unter denen es den Deutschen möglich wird, ihr Recht auf Selbstbestimmung auszuüben, wichtiger noch ist im Augenblick das

---

* Der Preis der Freiheit, a.a.O., S. 271–277.

Verhalten der Deutschen selbst. Der Bundeskanzler hat dazu am Dienstag in unserem Hause folgendes ausgesagt – ich zitiere:

»Wie ein wiedervereinigtes Deutschland schließlich aussehen wird, das weiß heute niemand. Daß aber die Einheit kommen wird, wenn die Menschen in Deutschland sie wollen, dessen bin ich sicher.«

Das entspricht exakt meinen Überzeugungen, die ich immer vertreten habe.
Worauf es jetzt ankommt, ist, alle Deutschen – soweit sie sich als solche fühlen; das ist natürlich eine Voraussetzung – an ihre *Pflicht zu nationaler Solidarität* zu erinnern. Das gilt zunächst und vor allem für die Deutschen in der Bundesrepublik Deutschland.
Der Lafontaine-Vorstoß mit dem Ziel, die Deutschen aus der DDR vom – ich zitiere – »Zugriff« auf unser Sozialsystem auszuschließen – so ist die Sprache des stellvertretenden SPD-Vorsitzenden –, war *kalt, rücksichtslos und unsolidarisch.*
Der Gourmet von der Saar sollte zur Kenntnis nehmen, daß die Massenflucht aus der DDR nicht durch unsere Solidarität ausgelöst wurde, sondern durch das Gewaltsystem der Unterdrücker, in dem der Lafontaine-Freund Honecker eine führende Rolle gespielt hat ...
Wenn die Menschen in der DDR wirklich frei sind, wird die Ost-West-Bewegung aufhören. Mit dem Sozialismus wird auch die Flucht vor dem Sozialismus enden. So einfach ist das.
Wir, die CDU/CSU, wollen, daß Mitteldeutschland wie Westdeutschland zu einem freien und blühenden Land wird. Das geht nur durch eine enge Zusammenarbeit aller Deutschen in Ost und West.
Ich bitte meine Landsleute in Westdeutschland, sich nicht von der Neidkampagne des saarländischen Ministerpräsidenten beeinflussen zu lassen.
Unsere Landsleute in der DDR bitte ich, sich nicht von interessierter Seite einreden zu lassen, wir hier wollten sie belehren, gängeln und bevormunden. Das ist doch alles Unsinn.
Der Bundeskanzler hat mit seinem Deutschlandplan den Menschen in der DDR ein Angebot gemacht. Eine frei gewählte

Volkskammer – natürlich nicht das jetzige Regime, das ohne Legitimität ist – kann dieses Angebot annehmen, sie kann es verwerfen, oder sie kann Veränderungsvorschläge dazu machen, über die wir mit ihr sprechen werden. Das ist unter Demokraten doch völlig selbstverständlich.
Im übrigen, meine Landsleute in der DDR – ich wende mich jetzt unmittelbar an Sie –, wir, die CDU/CSU, schätzen Sie hoch ein. Ich denke dabei nicht einmal in erster Linie an Ihre Fähigkeiten auch in technischer und ökonomischer Hinsicht, an Ihre kulturellen Leistungen, an Ihre großen Musiker, Maler und Wissenschaftler, die wir bewundern. Ich denke vor allem an das moralische Kapital, das Sie sich durch Ihre friedliche Revolution in aller Welt erworben haben.
Das war wirklich eine Weltpremiere. Das hat es noch nie gegeben. Sie haben zu Hunderttausenden auf Ihren Straßen demonstriert, und keine Scheibe ist dabei zu Bruch gegangen, kein Mensch ist dabei verletzt oder gar getötet worden.
Sie haben keine Waffen gehabt.
Sie haben nur Ihre Kerzen durch die Straßen getragen und sie den Bewaffneten vor die Stiefel gestellt.
Ich habe schon in der Nacht des 9. November im Bundestag gesagt: Ich bin stolz darauf, einem Volk anzugehören, das seinen Willen zum Frieden und zur Freiheit so zum Ausdruck gebracht hat, wie es die Menschen in Leipzig, in Dresden, in Ost-Berlin und in anderen Städten und Gemeinden der DDR getan haben.
40 Jahre der Trennung waren lang; aber eine über tausendjährige Geschichte, die uns verbindet, war länger. Deswegen meine ich, daß wir jetzt miteinander darüber sprechen sollten, wie wir unsere gemeinsame Zukunft gestalten. Dazu brauchen Sie und wir Zeit. Der Deutschlandplan des Bundeskanzlers läßt uns diese Zeit. Keiner von uns weiß schon jetzt im einzelnen, was das Richtige ist. Aber wir können voneinander lernen, wenn wir miteinander sprechen.
Lassen Sie mich abschließend sagen:
Wir, die CDU/CSU-Bundestagsfraktion, sind in den 40 Jahren der Trennung immer ohne Schwanken, klar und entschieden für die Einheit und Freiheit Deutschlands eingetreten. Wir so-

lidarisieren uns daher ganz selbstverständlich mit denen in der DDR, die in ihren friedlichen Demonstrationen gerufen haben: Wir sind das Volk! Wir bleiben hier!
Wir antworten Ihnen: Ja, wir sind ein Volk. Wir lassen uns nicht auseinanderdividieren, weder von der SED noch von den Grünen, noch von der Lafontaine-SPD, meine Damen und Herren.
Wenn Sie in der DDR zustimmen, werden wir gemeinsam unseren Staat schaffen, eine Föderation, wie der Bundeskanzler gesagt hat, d. h. einen Bundesstaat, in dem alle Teilstaaten über ein hohes Maß an Autonomie verfügen, in dem die Vielfalt der deutschen Landschaften und der deutschen Geschichte erhalten bleibt.
Dieser Staat wird ein Staat des Friedens und der Zusammenarbeit mit allen Nachbarn sein. *Er wird eine Politik verfolgen, die dem Vorbild entspricht, das Sie, meine Damen und Herren in der DDR, in Ihrem gewaltfreien Kampf für die Freiheit gegeben haben.*
Diese Politik verbürgt die Zukunft Deutschlands und Europas in einer Welt des Friedens. Wir in der Bundesrepublik Deutschland danken Ihnen in der DDR für den großen Beitrag, den Sie für unsere gemeinsame Zukunft bereits geleistet haben.

Widerstände gegen die deutsche Einheit in Ost und West

Dregger erinnert im »Deutschland-Union-Dienst« vom 2. Januar 1990 den Westen an den Deutschland-Vertrag von 1952/54 und den Osten an die »Gemeinsame Erklärung« Helmut Kohls und Michail Gorbatschows vom 13. Juni 1989

Die deutsche Einheit: im Dezember 1989 sah es nicht so aus, als werde sie bald Wirklichkeit werden. Vier Wochen nach der in aller Welt begrüßten Öffnung der Grenzen in Deutschland erklärte Michail Gorbatschow vor dem Zentralkomitee der KPdSU: »Wir unterstreichen mit aller Entschiedenheit, daß wir die DDR nicht im Stich lassen, sie ist unser strategischer Verbündeter und ein Mitglied des Warschauer Paktes. Es muß von den nach dem Krieg entstandenen Realitäten ausgegangen werden, der Existenz zweier souveräner deutscher Staaten – Mitglieder der UNO.« Jede andere Art von Politik führe eine Destabilisierung in Europa herauf.

Neun Tage später betonte der sowjetische Außenminister Eduard Schewardnadse, es gebe keine Garantie dafür, daß ein geeintes Deutschland nicht die Sicherheit anderer Länder bedrohen werde. Sein Land, fügte Schewardnadse hinzu, habe für die gegenwärtige Stabilität in Europa mit 20 Millionen Menschen bezahlt. Am selben Tage – es war der 19. Dezember 1989 – wurde Helmut Kohl in Dresden für seinen Satz: »Mein Ziel bleibt – wenn die geschichtliche Stunde es zuläßt – die Einheit unserer Nation« stürmisch bejubelt ...

Sorgen um »Destabilisierung« in Europa für den Fall einer Vereinigung der beiden Staaten in Deutschland wurden aber nicht nur in der Sowjetunion, sondern auch im Westen laut. Es sei »ein Interesse des Westens am Fortbestand des Status quo in Deutschland« festzustellen, kritisierte Henry Kissinger Anfang 1990, auf Besuche anspielend, die Frankreichs Staatspräsident François Mitterand und US-Außenminister Baker der DDR im Dezember 1989 abgestattet hatten.

Mitterrand unterstrich, die europäische Integration solle der Wiedervereinigung Deutschlands vorangehen. Die damalige britische Premierministerin Margaret Thatcher vertrat die Auffassung, ein wiedervereinigtes Deutschland sei erst am Ende eines längeren Demokratisierungsprozesses in ganz Osteuropa denkbar. Baker schließlich sagte der DDR am 12. Dezember 1989 bei einem Treffen mit Modrow Wirtschaftshilfe zu.

In dieser Lage fragte Alfred Dregger in einem Aufsatz zum Jahreswechsel 1989/1990 nach der »Zukunft für Deutschland«. Es seien, schrieb er am 2. Januar 1990 im »Deutschland-Union-Dienst«, »zunächst und in erster Linie die Menschen in Deutschland« selbst, die darüber entschieden, ob Deutschland geteilt bleibe oder nicht.

An die Adresse der Verbündeten im Westen gerichtet, sagte Dregger, es gebe »Grund«, die Verpflichtungen anzumahnen, die der Westen im Deutschland-Vertrag von 1952/54 für die Wiedervereinigung Deutschlands eingegangen sei; der Deutschland-Vertrag, mit dem »die ungelöste deutsche Frage zu einer Sache des gesamten Westens« gemacht worden sei, habe die Voraussetzungen geschaffen für den Beitritt der Bundesrepublik Deutschland zur Atlantischen Allianz.

An die Adresse der Sowjetunion gerichtet, erinnerte Dregger an die »Gemeinsame Erklärung« Gorbatschows und Kohls vom 13. Juni 1989, in der sich auch die Sowjetunion »verpflichtet« habe, »zur Überwindung der Trennung Europas beizutragen«. Dregger: »Die Überwindung der Teilung Deutschlands wird der entscheidende Schritt auf dem Weg zur Überwindung der Teilung Europas sein.« Ein in die NATO und die EG eingebundenes wiedervereinigtes Deutschland widerspreche im übrigen nicht den »wohlverstandenen sowjetischen Interessen « – im Gegenteil:

1. Was aus Deutschland wird; ob Deutschland geteilt bleibt oder seine staatliche Einheit in Freiheit wiedererlangt – darüber entscheiden zunächst und in erster Linie die Menschen

in Deutschland. In dieser Grundfrage der *einen* deutschen Nation geht es um freie Wahlen und freie Abstimmungen: die einzige Legitimation, die es für ein freies Volk geben kann.

2. Politisches Ziel der Union ist und bleibt die Wiedervereinigung, d. h. die Wiedergewinnung der staatlichen Einheit Deutschlands. Das »Zehn-Punkte-Programm« zur Deutschlandpolitik, das Bundeskanzler Helmut Kohl in seiner großen Parlamentsrede vom 28. November 1989 vorgelegt hat, entspricht dem Auftrag, der in der Präambel des Grundgesetzes verankert ist: »Das gesamte deutsche Volk bleibt aufgefordert, in freier Selbstbestimmung die Einheit und Freiheit Deutschlands zu vollenden.« Unter der Einheit Deutschlands versteht das Grundgesetz die »nationale *und* staatliche Einheit«.
3. Mit uns gemeinsam die Zukunft zu gestalten und in freier Selbstbestimmung die staatliche Einheit Deutschlands wiederherzustellen – das ist das Angebot des Bundeskanzlers an unsere Landsleute in der DDR. Wenn dieses Angebot angenommen wird, dann werden die Deutschen gemeinsam ihren Staat schaffen können: eine gesamtdeutsche »Föderation«, wie Helmut Kohl gesagt hat, d. h. einen Bundesstaat, zu dem alle deutschen Länder gehören, also auch die von der SED im Jahr 1952 zerschlagenen Länder in Mitteldeutschland: Mecklenburg, Brandenburg, Sachsen-Anhalt, Thüringen und Sachsen. Mit einem »Anschluß« der DDR an die Bundesrepublik Deutschland hätte dies nichts zu tun. Im Grundgesetz, Artikel 23, steht, das Grundgesetz gelte »zunächst« im Gebiet der Bundesländer, die damals, 1949, beitreten konnten, nach dem Alphabet beginnend mit Baden und Bayern. Dann heißt es weiter in Artikel 23: »In anderen Teilen Deutschlands ist es nach deren Beitritt in Kraft zu setzen.« Von Beitritt ist hier die Rede – nicht von Anschluß. Den Willen zum Beitritt kann nur das Volk erklären: das Volk in den »anderen Teilen«, das beitreten will. Ich habe keinen Zweifel, daß der Wille zur Wiedererlangung der staatlichen Einheit Deutschlands bei den Deutschen – ob in der DDR oder in der Bundesrepublik Deutschland – ungebrochen ist.

4. *Unsere Partner im Westen haben sich vertraglich verpflichtet, für das Selbstbestimmungsrecht des deutschen Volkes und für die Überwindung der Teilung Deutschlands einzutreten. Die ungelöste deutsche Frage zu einer Sache des gesamten Westens zu machen – das war Konrad Adenauers historische Leistung.* Der Deutschland-Vertrag von 1952/1954 zwischen der Bundesrepublik Deutschland und ihren Verbündeten im Westen schuf die Voraussetzungen für unseren Beitritt zur Nordatlantischen Verteidigungsgemeinschaft. Unverändert gilt der Artikel 7 dieses Vertragswerkes:
   - »(1) Die Unterzeichnerstaaten sind darüber einig, daß ein wesentliches Ziel ihrer *gemeinsamen* Politik eine zwischen Deutschland und seinen ehemaligen Gegnern frei vereinbarte friedensvertragliche Regelung für *ganz Deutschland* ist, welche die Grundlage für einen dauerhaften Frieden bilden soll. Sie sind weiterhin darüber einig, daß *die endgültige Festlegung der Grenzen Deutschlands bis zu dieser Regelung aufgeschoben werden muß.*
     (2) Bis zum Abschluß der friedensvertraglichen Regelung werden die Unterzeichnerstaaten *zusammenwirken, um mit friedlichen Mitteln ihr gemeinsames Ziel zu verwirklichen: ein wiedervereinigtes Deutschland, das eine freiheitlich-demokratische Verfassung, ähnlich wie die Bundesrepublik, besitzt und das in die europäische Gemeinschaft integriert ist.*«

   Das ist auch heute noch geltendes Recht. Die Ostverträge haben daran nichts geändert. In der 1972 verabschiedeten »Gemeinsamen Erklärung« des Deutschen Bundestages zu den Ostverträgen wird auf die *»fortdauernde und uneingeschränkte Geltung«* des Deutschland-Vertrages hingewiesen.

   Im »Brief zur deutschen Einheit«, der Bestandteil des Vertragswerkes mit der Sowjetunion, mit Polen und der DDR ist, heißt es, die Verträge stünden »nicht im Widerspruch zu dem politischen Ziel der Bundesrepublik Deutschland, auf einen Zustand des Friedens in Europa hinzuwirken, in dem das deutsche Volk in freier Selbstbestimmung seine Einheit wiedererlangt«.

5. *Es gibt Grund, unsere Verbündeten im Westen an die Verpflichtungen zu erinnern, die sie im Deutschland-Vertrag für die Wiedervereinigung Deutschlands eingegangen sind.* Mit Recht hat Botschafter a. D. Wilhelm Grewe unlängst gesagt, wenn heute im Westen die »Bündnistreue« der Bundesrepublik Deutschland angemahnt werde, so dürfe die »Geschäftsgrundlage« des Deutschland-Vertrages nicht vergessen werden: »Die Bundesrepublik ist der NATO beigetreten unter der vertraglich festgelegten Voraussetzung, daß die Mitglieder des Bündnisses zur Wiedervereinigung beitragen würden.«
6. Es gibt auch Anlaß, an Absatz 1, Artikel 7 des Deutschland-Vertrages zu erinnern, wonach »die endgültige Festlegung der Grenzen Deutschlands bis zu einer friedensvertraglichen Regelung zwischen Deutschland und seinen ehemaligen Gegnern aufgeschoben werden muß«. Ich habe dazu am 1. September 1989 in der Debatte des Deutschen Bundestages zum 50. Jahrestag des Ausbruchs des Zweiten Weltkriegs erklärt:

   »Die Bundesrepublik Deutschland, der westliche Teilstaat Deutschlands, hat keine gemeinsame Grenze mit der Volksrepublik Polen und kann daher keinen Grenzregelungsvertrag mit Polen schließen ... Eine Grenzregelung zwischen Deutschland und Polen kann nur ein wiedervereinigtes Deutschland treffen, das durch die Wiedervereinigung zu einem Nachbarn Polens wird. Ich bin überzeugt, daß dieser Friedensvertrag frei zustande kommen wird, weil für Polen wie Deutsche die Freiheitsfrage wichtiger ist als jede Grenzfrage und weil Polen und Deutsche wissen, daß sie ihr nationales Ziel der Selbstbestimmung nur gemeinsam verwirklichen können.

   Was die Bundesrepublik Deutschland ... tun konnte, ist geschehen durch den Warschauer Vertrag ..., dessen Kernsatz lautet: ›Die Bundesrepublik Deutschland und die Volksrepublik Polen haben gegeneinander keinerlei Gebietsansprüche und werden solche auch in Zukunft nicht erheben.‹ Der damit vereinbarte Gewaltverzicht gilt für jetzt und für alle Zukunft.«

Der Deutsche Bundestag hat dies am 8. November 1989 noch einmal bekräftigt und den Warschauer Vertrag als »festes Fundament der Beziehungen zwischen der Bundesrepublik Deutschland und der Volksrepublik Polen« gewürdigt ...

7. Nicht nur im Deutschland-Vertrag – auch in vielen anderen späteren Dokumenten ist das Bekenntnis unserer Partner im Westen zur Einheit der deutschen Nation und zum Recht aller Deutschen, in freier Selbstbestimmung über die Zukunft Deutschlands entscheiden zu können, festgeschrieben:
   - Die NATO hat das Ziel, die Teilung Deutschlands im Rahmen der Einigung Europas zu überwinden, im Harmel-Bericht von 1967 unterstrichen: »... eine endgültige und stabile Regelung in Europa ist nicht möglich ohne eine Lösung der Deutschlandfrage, die den Kern der gegenwärtigen Spannungen in Europa bildet.«
   - In der Erklärung der Staats- und Regierungschefs der NATO vom 30. Mai 1989 heißt es, die Schaffung der von der NATO angestrebten Friedensordnung für Europa setze voraus, »daß die unnatürliche Teilung Europas und insbesondere Deutschlands überwunden« werde. Und weiter heißt es in diesem NATO-Dokument: »Wir streben nach einem Zustand des Friedens in Europa, in dem das deutsche Volk in freier Selbstbestimmung seine Einheit wiedererlangt.« Diesen Satz haben sich auch die elf Partner der Bundesrepublik Deutschland in der Europäischen Gemeinschaft auf dem EG-Gipfel in Straßburg am 10. Dezember 1989 zu eigen gemacht.
8. In der »Gemeinsamen Erklärung« von Bundeskanzler Helmut Kohl und des sowjetischen Generalsekretärs und Präsidenten des Obersten Sowjets Gorbatschow vom 13. Juni 1989 in Bonn heißt es:
   - »Das Recht aller Völker und Staaten, ihr Schicksal frei zu bestimmen und ihre Beziehungen zueinander auf der Grundlage des Völkerrechts souverän zu gestalten, muß sichergestellt werden.«
   - »Die Bundesrepublik Deutschland und die Sowjetunion betrachten es als vorrangige Aufgabe ihrer Politik, an die geschichtlich gewachsenen europäischen Traditionen an-

zuknüpfen und so zur Überwindung der Trennung Europas beizutragen.«

Kohl und Gorbatschow haben sich damit einer europäischen Friedensordnung verpflichtet, in der die Überwindung der Teilung Europas verwirklicht werden kann. *Die Überwindung der Teilung Deutschlands wird der entscheidende Schritt auf dem Weg zur Überwindung der Teilung Europas sein.*

Wenn 60 Millionen Deutsche bisher gute Nachbarn und gute Europäer gewesen sind, wird das bei 75 Millionen Deutschen nicht anders sein.

Zusammenarbeit, nicht Konfrontation, ist die bestimmende Größe des neuen Europa. Die Sowjetunion und die Länder Ostmitteleuropas brauchen diese Zusammenarbeit dringend. Je leistungsfähiger Deutschland in der Mitte Europas sein wird, um so besser ist das für sie. Auch die Sowjetunion wird aus einer intensiven wirtschaftlichen und politischen Zusammenarbeit mit einem vereinigten Deutschland mehr Nutzen ziehen können als aus dem bisherigen System ihrer Zwangsverbündeten, das für sie nur noch Kosten und Verluste gebracht hat – und das dabei ist, sich aufzulösen.

Gefährlich für die Stabilität in Europa wäre ein neutralisiertes Deutschland zwischen den Lagern.

Ein vereinigtes Deutschland, in die EG eingebunden und in die westliche Sicherheitsgemeinschaft, widerspricht nicht den wohlverstandenen sowjetischen Interessen. Denn weder die NATO noch die Europäische Gemeinschaft bedrohen die Sowjetunion.

- Die Charta der Vereinten Nationen, das in ihr manifestierte Prinzip des Gewaltverzichts,
- die vertraglichen Verpflichtungen, welche die Bundesrepublik Deutschland gegenüber Ost und West eingegangen ist, und
- die Integration Deutschlands in die Europäische Gemeinschaft, die mit einem weitgehenden Souveränitätsverzicht verbunden ist,

sind ausreichende Garantien dafür, daß auch ein vereinigtes Deutschland keine Bedrohung für die Sicherheit anderer Staaten und für den Frieden in Europa sein kann ...

9. Mit den schon eingetretenen und sich anbahnenden Entwicklungen in Europa wird das Tor geöffnet für eine europäische Friedensordnung, in der alle Völker Europas ohne Furcht und Zwang und unter Wahrung ihrer Eigenart friedlich in gesicherten Grenzen zusammenleben können.

Einheit in Freiheit

Wahlrede zum 18. März 1990, gehalten in den neuen Bundesländern

Hunderttausende von Berlinern aus beiden Teilen der Stadt feierten am Brandenburger Tor die Jahreswende 1989/1990. Eine Woche später bestimmte die Losung »Deutschland, einig Vaterland« den Verlauf der Montagsdemonstration in Leipzig. Immer deutlicher trat die Forderung nach rascher Wiedervereinigung in den Vordergrund aller weiteren Massenkundgebungen in den Städten der DDR. Streiks gegen die noch bestehenden Machtverhältnisse schlossen sich an. Täglich siedelten in den ersten Januarwochen 1990 rund 2000 Menschen aus der DDR in die Bundesrepublik über.
Unter dem Druck dieser Ereignisse beschloß die Regierung Modrow am 28. Januar 1990, die ursprünglich für den 6. Mai in Aussicht gestellten Wahlen zur Volkskammer auf den 18. März vorzuziehen. Modrow regte für den »Weg zur deutschen Einheit« ein schrittweises Vorgehen mit einer Konföderation als Zwischenstufe an, beharrte aber auf »Neutralität« für Deutschland.
Auch in Moskau vollzog sich Anfang 1990 – was die Deutschlandfrage anging – ein Sinneswandel. Nach Gesprächen mit Bundeskanzler Kohl und Außenminister Genscher stellte Michail Gorbatschow am 10. Februar – laut TASS – fest, »daß die Frage der Einheit der deutschen Nation von den Deutschen selbst entschieden werden soll und daß sie selbst wählen müssen, in welchen staatlichen Formen, in welchen Fristen, mit welchem Tempo und unter welchen Bedingungen sie diese Einheit realisieren werden«. Kohl sagte dazu am 15. Februar im Deutschen Bundestag, es habe Einigkeit bestanden zwischen ihm und Gorbatschow, daß der Wahl am 18. März »Schlüsselbedeutung« für die künftige Entwicklung in Deutschland zukommen werde.
Im anlaufenden Wahlkampf in der DDR sprach Alfred

Dregger auf 19 Kundgebungen der »Allianz für Deutschland«: einem Wahlbündnis, das Anfang Februar 1990 im Beisein Kohls von der CDU, dem »Demokratischen Aufbruch« (DA) und der »Deutschen Sozialen Union« (DSU) gegründet worden war. Dregger würdigte bei seinen Wahlkampfauftritten das »historische Gewicht« der Gorbatschow-Erklärung vom 10. Februar: »Sie bedeutet die volle Anerkennung des Selbstbestimmungsrechts des deutschen Volkes durch die Sowjetunion – sowohl im Hinblick auf seine Einheit als auch im Hinblick auf die innere Ordnung eines wiedervereinigten Deutschland.« Zugleich zog Dregger eine Bilanz des deutschlandpolitischen Engagements der Unionsparteien in den Jahrzehnten der Teilung und stellte ihr die »kleinmütige« und »opportunistische« Haltung der SPD in der Deutschlandfrage gegenüber:

Liebe Mitbürgerinnen und Mitbürger.
»Deutschland, einig Vaterland« –
das stand auf Ihren Plakaten und Transparenten, die Sie in Ihren friedlichen Demonstrationen durch Ihre Städte und Dörfer getragen haben. Ich danke Ihnen für Ihren Mut und Ihre Besonnenheit. Ich bin stolz, einem Volk anzugehören, das in dieser Weise seinen Beitrag zum Frieden der Welt und zur Freiheit und Einheit Deutschlands und Europas geleistet hat und weiterhin leistet.
»Deutschland, einig Vaterland« –
das ist auch der Verfassungsauftrag, der im Grundgesetz der Bundesrepublik Deutschland vor über 40 Jahren verankert wurde. Ich habe darin – wenn Sie mir dieses persönliche Bekenntnis erlauben – *immer den Kernsatz meines politischen Lebens gesehen, von 1949 bis heute.* Entsprechend glücklich und dankbar bin ich jetzt, wo Deutschland auf dem Weg ist, seine Einheit in Freiheit wiederzufinden.
»Deutschland, einig Vaterland« –
das ist schließlich das klare politische Ziel, auf das wir, die CDU Deutschlands, und die CSU über vier Jahrzehnte hinweg hingearbeitet haben. Andere sind im Laufe der Zeit mutlos ge-

worden und haben dieses große Ziel aus den Augen verloren. Wir nicht.

- Wir haben *an der deutschen Staatsangehörigkeit festgehalten.* Da wir es getan haben, konnte ich Sie soeben als meine Mitbürger und Mitbürgerinnen ansprechen. Ich bin hier kein Ausländer, und Sie sind bei uns in Hessen keine Ausländer. Sie und ich, wir sind Deutsche, deutsche Staatsangehörige. Das ist das Entscheidende, und darum ging es bei der Auseinandersetzung um die Staatsbürgerschaft bei uns in der Bundesrepublik Deutschland.
  Führende Sozialdemokraten wollten die von uns verteidigte gemeinsame deutsche Staatsbürgerschaft *abschaffen.* Ohne diese hätten aber unsere Botschaften in Budapest, in Prag und in Warschau Deutschen aus der DDR keine deutschen Pässe ausstellen können, mit deren Hilfe Sie Mauer und Stacheldraht überwunden haben. Diese Fluchtbewegung hat letztlich die Öffnung der Mauer und d. h. die Herstellung der Freizügigkeit in Deutschland erzwungen.
- Zu unserer Politik für Freiheit, Demokratie und Menschenrechte in ganz Deutschland gehörte auch, daß wir *die Erfassungsstelle in Salzgitter nicht aufgegeben haben.* Sie hat den Terror der Stasi nicht verhindern, aber doch zumindest bremsen können, und sie trägt dazu bei, daß Ihre Verfolger, meine Damen und Herren, jetzt – wie ich hoffe – in gesetzmäßiger Weise der gerechten Strafe zugeführt werden. Ich meine damit kriminelle Straftäter, nicht Menschen, die sich politisch geirrt und die einen Weg des Überlebens gesucht haben. Eine zweite Entnazifizierung mit all ihren Gehässigkeiten und all ihrer Heuchelei darf es nicht geben.
- Wir haben immer wieder politische Häftlinge von Herrn Honecker und seinen Schergen freigekauft und dadurch unermeßliches menschliches Leid gemildert.
- Wir haben in unseren Verträgen mit der EG dafür gesorgt, daß einige Vorteile der EG auch der DDR zugute kamen.
- Wir haben schließlich in internationalen Verträgen, so im Deutschland-Vertrag von 1952, unsere Verbündeten, die USA, Frankreich und Großbritannien, verpflichtet, mit uns gemeinsam für ein vereintes und freies Deutschland und sei-

ne Einfügung in eine europäische Gemeinschaft einzutreten. Unsere Verbündeten haben sich daran gehalten, sicherlich nicht alle mit gleichem Enthusiasmus.

Aber darauf kam es auch nicht an. Entscheidend ist, daß wir *die deutschen Interessen durchgesetzt haben.* Wir, die CDU/CSU, sind dafür beschimpft worden als »kalte Krieger«, »Reaktionäre« oder als »uneinsichtige Narren«. Beschimpft wurden wir Ihretwegen, meine Damen und Herren, *weil wir Sie nicht im Stich lassen wollten.*

Gerügt wurden wir nicht nur von Moskau und Ost-Berlin, von der SED, der KPD und der DKP, nicht nur von manchen westlichen Presseorganen – von den östlichen ganz zu schweigen. Auch viele Politiker der SPD und sogar der FDP waren nicht bereit, unseren Kurs der Geradlinigkeit und der Loyalität Ihnen gegenüber und der Treue zu Deutschland zu unterstützen. Heute sind fast alle unsere Kritiker auf dem deutschen Dampfer. Aber dieser Dampfer mit dem Banner »Deutschland, einig Vaterland«, er wäre längst gesunken, wenn wir, die CDU/CSU, ihn nicht 40 Jahre lang über Wasser und auf Kurs gehalten hätten.

Eines allerdings ist klar: daß wir so handeln konnten, ist vor allem auch Ihr Verdienst. Denn auch Sie, die Deutschen in der DDR, haben *Kurs gehalten. Wer nicht opportunistisch hinter dem Zeitgeist herlief, der konnte hören und sehen, daß die Deutschen in der DDR in ihrer großen Mehrheit an der Einheit unseres Vaterlandes festhielten; daß die deutsche Einheit für Sie immer die Hoffnung auf ein Leben in Freiheit bedeutete.*

Dies war eine der Voraussetzungen für Ihre friedliche Revolution. Sie begann mit dem Ruf »Wir sind das Volk«. Wir, die CDU/CSU, haben diesen Ruf beantwortet mit dem Ruf: »Wir sind *ein* Volk, und deshalb wollen wir *einen* Staat.«

Entscheidung für den Westen – Voraussetzung der Einheit

Ein Volk konstituiert sich in einem Staat, nicht in einem Bündnissystem. *Kein Bündnissystem hat das Recht, ein Volk zu teilen und eines der Teile zum Pfand zu nehmen.* Zum Selbstbestimmungsrecht der Völker gehört auch das Recht, sich das Bündnissystem zu wählen, in dem das Volk seine Sicherheit finden kann und will. Für uns Deutsche kann es keinen Zweifel geben, daß wir diese Sicherheit nicht in dem sich auflösenden Warschauer Pakt und unter der Vorherrschaft der Sowjetunion finden können und wollen. *Für uns ist klar, daß als Sicherheitsgemeinschaft für Deutschland nur die Wertegemeinschaft der westlichen Demokratien in Frage kommt.*

In der Situation des Jahres 1949 – Deutschland war geteilt, die Sowjetunion auf Expansionskurs – haben wir uns für den Westen entschieden. Nicht wenige haben darin damals eine Absage an die deutsche Einheit gesehen. *Das Gegenteil ist richtig. Die Entscheidung für den Westen damals war die zwingende Voraussetzung für die deutsche Einheit jetzt.*

Die Entscheidung für den Westen war *moralisch* richtig, weil sie den größeren Teil Deutschlands in die Wertegemeinschaft der freien Welt einfügte, zu deren höchsten Gütern Freiheit, Demokratie und Menschenrechte gehören.

Sie war auch *strategisch* richtig; denn der Platz in der Mitte ist der Platz zwischen den Stühlen, wenn die Mitte nicht stärker ist als das gesamte Umfeld. Daß Deutschland nicht stärker ist als sein Umfeld, haben wir in zwei schrecklichen Weltkriegen schmerzlich erfahren müssen.

Ohne diese Entscheidung für den Westen hätten wir heute weder Verbündete im Westen noch Entwicklungsmöglichkeiten im Osten. Der Ring des Mißtrauens hätte sich längst wieder um Deutschland geschlossen.

Mit der Sowjetunion sind wir bereit, Verträge abzuschließen, die ihre Sicherheitsinteressen wahren. Das ist kein Problem, soweit die Sicherheitsinteressen der Sowjetunion auf Verteidigungsfähigkeit und nicht auf Angriffsfähigkeit ausgerichtet sind. Auch ein vereintes Deutschland ist der Sowjetunion gegenüber militärgeographisch ein Zwerg. Die Ost-West-Tiefe eines vereinigten Deutschlands beträgt nur 450 Kilometer. Auf die DDR entfallen davon 200 Kilometer. Die Erweiterung der Ost-West-Tiefe der Bundesrepublik Deutschland um 200 Kilometer ist im Zeitalter weitreichender Waffensysteme nur eine unbedeutende Veränderung.

Wir Deutschen wollen den Krieg unmöglich machen. Wir wollen drastische Abrüstung auf beiden Seiten und eine Umrüstung der Waffensysteme in einer Weise, die nicht den Angreifer, sondern den Verteidiger begünstigt.
Die konventionellen Abrüstungsverhandlungen in Wien verlaufen günstig. Daran müssen sich drastische Abrüstungsschritte im atomaren Bereich anfügen. Aber auch dann, wenn es auf beiden Seiten geschieht, ändert das nichts an der Tatsache, daß die Sowjetunion eine Großmacht bleibt, das vereinigte Deutschland aber nur eine Mittelmacht ohne Atomwaffen sein wird, die auf ein Bündnissystem angewiesen bleibt.
Wir arbeiten heute mit der Sowjetunion eng zusammen, technisch, ökonomisch und abrüstungspolitisch.
Nun hat der Besuch des Bundeskanzlers in Moskau am 10. Februar den *großen Durchbruch* gebracht. Auch die Sowjetunion stimmt unserer These zu, daß es das alleinige Recht des deutschen Volkes ist, eine Entscheidung über seine Vereinigung zu treffen. Es ist Sache der Deutschen, hat Gorbatschow gesagt, Zeitpunkt und Weg selbst zu bestimmen. Die Sowjetunion wird in dieser Hinsicht jede deutsche Entscheidung respektieren. Das ist eine Klarstellung von *historischem Gewicht.* Sie bedeutet die volle Anerkennung des Selbstbestimmungsrechts des deutschen Volkes durch die Sowjetunion – sowohl im Hinblick auf seine Einheit als auch im Hinblick auf die innere Ordnung eines wiedervereinigten Deutschland.
Es ist das große Verdienst von Michail Gorbatschow und Helmut Kohl, durch ihre Vereinbarung vom 10. Februar in Moskau die Grundlagen geschaffen zu haben für friedliche und freundschaftliche Beziehungen zwischen den Völkern der Sowjetunion und dem deutschen Volk.
Wie unser Verhältnis mit der Sowjetunion, so hat sich auch unser Verhältnis mit unseren Nachbarn Polen, der CSSR und Ungarn entschieden zum Besseren verändert. Mit jedem dieser Länder unterhalten wir freundschaftliche Beziehungen. Alle drei setzen sich für die Wiedervereinigung Deutschlands ein. *Die Friedens- und Versöhnungspolitik Bundeskanzler Helmut Kohls, der dabei nie die deutschen Interessen aus dem Auge verloren hat, zahlt sich jetzt aus. Unsere Nachbarn erwarten von uns*

Deutschen nicht Unterwürfigkeit, sondern Aufrichtigkeit. Sie erwarten die Hilfe eines Volkes, das ehrlich seinen Dienst für Europa und die Welt leistet.

Die Ursachen des Wandels

Die große Rolle, die Gorbatschow beim friedlichen Wandel in Ost- und Ostmitteleuropa gespielt hat, kann und soll nicht geringgeschätzt werden; im Gegenteil. Aber man würde die Dinge falsch einschätzen, wenn man diesen Wandel allein auf ihn zurückführen würde. Sein Verdienst ist es, daß der Wandel bisher friedlich verlaufen ist. Aber der Wandel selbst ist weder von Gorbatschow herbeigeführt worden, noch hätte er von ihm verhindert werden können. Es sind zwei historische Prozesse:

1. Das sind die Nationalitätenprobleme. Ich will nicht untersuchen, ob darin ein Element der Entkolonialisierung steckt, die zum Ende des britischen, des französischen, des spanischen und des portugiesischen Kolonialreiches geführt hat. Vielleicht gelingt es Gorbatschow, sein Riesenreich mit seinen so unterschiedlichen Völkerschaften im Rahmen einer föderalistischen Ordnung zusammenzuhalten.
2. Das zweite ist der *Zusammenbruch des Sozialismus, der unvermeidlich war und ist, weil er menschenfeindlich und menschenunwürdig ist; weil er im Widerspruch steht zur Freiheit, zur Demokratie und zu den Menschenrechten.* Um das zu erkennen, wären die Millionen Opfer, die der Sozialismus gekostet hat, nicht notwendig gewesen, wenn man auf einsichtige Männer gehört hätte. Schon 1848, vor über 140 Jahren, hat der große französische Liberale Alexis de Tocqueville in der Nationalversammlung folgendes gesagt:
   »Demokratie und Sozialismus sind nicht nur voneinander verschieden, sie schließen einander aus. Die Demokratie erweitert den Bereich der Unabhängigkeit des Menschen, der Sozialismus verengt ihn. Die Demokratie verleiht jedem Menschen seinen höchstmöglichen Wert, der Sozialismus macht aus jedem Menschen eine Nummer. Demokratie will

Gleichheit in der Freiheit, Sozialismus will Gleichheit in der Knechtschaft.«
Tocqueville hat sich mit dieser Aussage als ein Prophet erwiesen.

3. Der Sozialismus ist *nicht nur ökonomisch, er ist auch geistig-moralisch am Ende.* Die SED hat dieses Land kahlgefressen wie ein Heuschreckenschwarm; sie hat die DDR vier Jahrzehnte regelrecht *ausgeplündert.* Jetzt besitzt sie die Dreistigkeit, vor einem »Ausverkauf der DDR« zu warnen und sich als Retter aus einem Chaos aufzuspielen, das sie selbst produziert hat.
4. Alle Versuche, einen menschenwürdigen, einen demokratischen Sozialismus zu schaffen, sind gescheitert. Dort, wo im Westen Europas Parteien regieren, die sich sozialistisch nennen, arbeiten diese längst nach dem deutschen Modell des Ludwig Erhard, nach dem Modell der Sozialen Marktwirtschaft. So ist es zur Zeit in Frankreich und in Spanien, deren Chefs Mitterrand und Gonzales zu den besten Freunden von Helmut Kohl gehören.
5. Auch in der Bundesrepublik Deutschland ist der sog. demokratische Sozialismus gescheitert. Von den 40 Jahren Bundesrepublik Deutschland hat die SPD dreizehn Jahre den Kanzler gestellt. Das waren nicht die Jahre des Aufstiegs, sondern des Abstiegs.
   1969, als Willy Brandt die Kanzlerschaft antrat, war die Bundesrepublik Deutschland schuldenfrei, sie war vollbeschäftigt und hatte stabiles Geld. Als 1982 Helmut Schmidt sein Amt an Helmut Kohl übergab, war aus Vollbeschäftigung Massenarbeitslosigkeit geworden, aus Schuldenfreiheit eine Verschuldung, deren Zinslast immer größere Teile unseres Bruttosozialproduktes in Anspruch nahm; das Gerede über den deutschen Abstieg und »die deutsche Krankheit« hatte begonnen. Heute, nach acht Jahren Helmut Kohl, ist das anders.
6. Was hat das alles mit der DDR zu tun? Nun, die DDR kann ihren Rückstand nur mit unserer Hilfe aufholen. Die Infrastruktur in der Telekommunikation, im Eisenbahn-, Straßen- und Güterverkehr, im Umweltschutz und allen an-

deren Bereichen wird zum großen Teil von uns Westdeutschen zu finanzieren sein. Wir müssen auch soziale Überbrückungshilfen gewähren bei der Umstellung eines rein binnenwirtschaftlichen Systems auf den Weltmarkt. Wir, die Bundesrepublik Deutschland, wir, die CDU/CSU, sind dazu bereit – und auch in der Lage.

7. Schlimmer als das Versagen der SPD in der Regierungsverantwortung der Bundesrepublik Deutschland ist die Tatsache, daß sie mit der SED auch ideologisch gemeinsame Sache gemacht hat.
   Im August 1987 vereinbarten SPD und SED ein sogenanntes Strategiepapier, in welchem sie sich gegenseitig das Verpflichtetsein auf das humanistische Erbe Europas zuerkannten und Koexistenz und gemeinsame Sicherheit ohne zeitliche Begrenzung vereinbarten. Das war eine Sünde gegen den Geist der Demokratie, eine Verhöhnung der Opfer der SED-Herrschaft in der DDR und eine politische Kurzsichtigkeit, die durch nichts zu entschuldigen ist. Noch am 13. Dezember 1989 hat der SPD-Partei- und Fraktionsvorsitzende Vogel diese Vereinbarung zwischen SED und SPD verteidigt ...

Verläßlichkeit und Glaubwürdigkeit

Sie, meine Damen und Herren in der DDR, haben am 18. März das Recht und – wie ich meine – die patriotische und demokratische Pflicht, ein freies Parlament zu wählen, denn es geht ja um die Zukunft Ihrer Heimat und ganz Deutschlands.
Viele Parteien stellen sich am 18. März zur Wahl. Aber die Entscheidung fällt zwischen der »Allianz für Deutschland« und der SPD.
Wir, die CDU/CSU Deutschlands, mit der sich die Parteien der »Allianz« verbunden haben, wollen unsere Vorzüge der SPD gegenüber nicht verschweigen.

1. Wir sind *verläßlicher in unserer Deutschlandpolitik.* Wir haben immer an der Einheit der deutschen Nation – und zwar der staatlichen Einheit – festgehalten. Die SPD hat ge-

schwankt. Das kann vor einer Wahl nicht verschwiegen werden; denn Sie müssen wissen, woran Sie sind. Oskar Lafontaine von der SPD-Saar will in der Bundestagswahl im Dezember Helmut Kohl als Bundeskanzler ablösen. Helmut Kohl ist verläßlich, gerade was seinen Patriotismus und seine Stellung zu den Menschen in der DDR angeht.
Wie steht es mit Oskar Lafontaine? Verantwortung für Deutschland hat er noch nicht getragen. Noch 1988 äußerte er, er »habe Probleme damit, Deutschstämmige vorrangig aufzunehmen vor einem farbigen Asylanten«. Dabei muß man wissen, daß nur Scheinasylanten, die nicht politisch verfolgt werden, die aus wirtschaftlichen oder sonstigen Gründen zu uns kommen, unter Umständen abgewiesen werden. Es geht also in Wahrheit um die Frage: Wer geht vor – die Deutschen aus der DDR und aus Osteuropa oder die Scheinasylanten aus aller Welt?
Auch wir, die CDU/CSU, sind keine Nationalisten. Wir sind vor allem keine Egoisten, was man von Lafontaine nicht sagen kann.
Aber wir sind Deutsche, und als solche tragen wir eine besondere Verantwortung für Deutschland und vor allem für die Deutschen, die gegen ihren und unseren Willen am Ende des Krieges von uns getrennt wurden.
Damals sind 14 Millionen Deutsche aus ihrer angestammten Heimat vertrieben worden, wobei zwei Millionen umkamen; die Rote Armee hatte die Voraussetzungen dafür geschaffen. Zwischen Mitteldeutschland und Westdeutschland wurden von den Sowjets und ihren kommunistischen Helfern Grenzbefestigungen geschaffen, die sich nicht nach außen, sondern wie bei einem KZ nach innen gegen die eigene Bevölkerung richteten. Dort, wo die Panzer der Roten Armee freien Lauf hatten, gab es keine Freiheit, keine Demokratie und keine Menschenrechte.
Und jetzt, nachdem unsere, der CDU/CSU, besonnene, aber feste und klare Haltung die *europa- und weltpolitischen Rahmenbedingungen dafür geschaffen hat* und nachdem es Ihnen durch Ihre Tapferkeit gelungen ist, die unmenschliche Grenze, die mitten durch Berlin geht und mitten durch Deutsch-

land, zu öffnen, da hat dieser Mann von der Saar Probleme, Deutschstämmige von Farbigen zu unterscheiden. Wer das nicht kann, der soll sich einen anderen Beruf wählen. Als deutschen Bundeskanzler können wir ihn nicht gebrauchen, weder Sie hier in der DDR noch wir in der Bundesrepublik Deutschland.

2. Auch andere Sozialdemokraten – ich darf es vor einer Wahl, in die Sie informiert gehen müssen, nicht verschweigen – waren, als es darauf ankam, festzubleiben, kleinmütig, kurzsichtig und schwach.

   Willy Brandt sprach noch 1989 von der Wiedervereinigung als der »Lebenslüge der zweiten deutschen Republik«. Heute erweckt er den Eindruck, er sei schon immer für die deutsche Einheit eingetreten, sei also gewissermaßen ihr Vorkämpfer. Das stimmt nicht. Herr Brandt hat seine Position auch auf diesem Felde mehrfach geändert. Ist er ebenso glaubwürdig wie Helmut Kohl, wenn er jetzt die Einheit Deutschlands beschwört?

   Egon Bahr bezeichnete noch im November 1988 das Streben nach Wiedervereinigung als »objektive und subjektive Lüge, Heuchelei und politische Umweltverschmutzung«.

   Walter Momper und der Parteivorsitzende Hans-Jochen Vogel suchten noch Ende des vergangenen Jahres unsere Bemühungen um die Herstellung der staatlichen Einheit der Deutschen als »Wiedervereinigungsrhetorik« und als »leichtfertiges und illusionäres Wiedervereinigungsgerede« abzuwerten.

   Wir heißen alle, auch die, die im allerletzten Augenblick auf den Dampfer der deutschen Einheit aufgesprungen sind, willkommen, soweit sie ehrlich Hand anlegen und nicht falschspielen wollen – was ja bei den bisherigen Bremsern nicht ausgeschlossen werden kann. Aber diejenigen, die sich in den hinter uns liegenden Jahren in der deutschen Frage so geirrt und politisch so versagt haben wie die von mir genannten Sozialdemokraten – die dürfen jetzt nicht an das Steuer der deutschen Politik, weder hier noch im Westen Deutschlands. Die CDU/CSU in der Bundesrepublik und die »Allianz für Deutschland« in der DDR verdienen den

Vorzug, wenn es um Deutschland geht. Und jetzt geht es um Deutschland, um was sonst?

Das Weltmodell »Soziale Marktwirtschaft«

Wir haben einen weiteren Vorteil gegenüber der SPD: Wir sind nicht nur verläßlicher in der Deutschlandpolitik. Wir verstehen auch sehr viel mehr von Wirtschafts- und Finanzpolitik. Nur auf der Grundlage des großen Vertrauens, das wir, die CDU/CSU, in der deutschen und in der internationalen Wirtschaft genießen, konnte Helmut Kohl den Vorschlag an die DDR zu Verhandlungen über eine gesamtdeutsche Währungsunion und Wirtschaftsreform machen. Dieser Vorschlag läuft darauf hinaus, eine *gesamtdeutsche Wirtschafts- und Währungseinheit* zu schaffen. Dafür gibt es allerdings zwei Voraussetzungen:

- Die Deutsche Bundesbank muß weiterhin dafür sorgen, daß die DM die stabilste Währung der Welt bleibt. Stabiles Geld, das seinen Wert nicht verliert und das in allen Ländern der Erde gern in Zahlung genommen wird, ist *nicht nur eine ökonomische, sondern auch eine soziale Errungenschaft.*
- Und das zweite: Alle sozialistischen und sonstigen Hindernisse, die von der SED aufgerichtet wurden und die wirtschaftliche Entwicklung der DDR unmöglich gemacht haben, müssen schnellstens weggeräumt werden. Die DDR muß Investitionen aus allen Ländern der Erde anziehen. Je mehr und je bessere Arbeitsplätze hier entstehen, um so besser ist es für die Menschen, die hier leben.

Die Bundesrepublik Deutschland ist heute das größte Exportland der Erde, das drittgrößte Industrieland der Welt nach den USA und Japan – noch vor der großen Sowjetunion –, und wir haben in der DM die zweitwichtigste Reservewährung der Welt.

All das ist nicht selbstverständlich. Wir Westdeutschen sind Menschen wie Sie, Deutsche wie Sie. *Sie hätten das gleiche erreicht wie wir, wenn Sie nur frei gewesen und vom Sozialismus nicht behindert worden wären.*

Das, was die Welt als »deutsches Wunder« bestaunt, war nur

möglich aufgrund von politischen Rahmenbedingungen, die wir, die CDU/CSU, mit Ludwig Erhard gegen den Widerstand der SPD geschaffen haben. Die Soziale Marktwirtschaft ist heute ein *Weltmodell* – auch für die sozialistischen Länder. Als wir im vergangenen Jahr in der Akademie der Wissenschaften in Moskau waren, redete dort niemand von Karl Marx, aber alle von Ludwig Erhard, d. h. von unserem deutschen Modell.

Zu diesem Modell gehört auch, daß wir *keine Klassengesellschaft* sind. Wir sind eine Gesellschaft der Gleichen. Sie können bei uns kaum erkennen, welche Berufe wir ausüben.

Nirgendwo ist der Wohlstand der vielen breiter gestreut als bei uns. Nirgendwo ist das soziale Netz dichter geknüpft als hier.

Es ist *lächerlich, unser Gesellschaftssystem als Kapitalismus zu bezeichnen.* Man braucht selbstverständlich auch Kapital, um eine blühende Wirtschaft entstehen zu lassen; vor allem darf dieses Kapital nicht verschwendet werden, wie es in den sozialistischen Ländern geschieht. Es muß rationell genutzt werden. Aber zum Faktor Kapital kommt der weit wichtigere Faktor Arbeit, kommen Facharbeiter, die Ingenieure und die Unternehmer. *Das Wichtigste und Kostbarste sind immer die Menschen mit ihrem Können, ihren Erfahrungen und ihrer Leistungsbereitschaft.*

Das dritte Element sind freie Märkte, auf denen Angebot und Nachfrage sich treffen. Über den wirtschaftlichen Erfolg entscheiden bei uns nicht Bürokraten in Planungsbehörden, darüber entscheiden Millionen Verbraucher. Wer Ware produziert, die die Menschen nicht wollen oder die ihnen zu teuer ist, der macht Verlust und geht unter Umständen pleite. Und wer das produziert, was die Menschen wollen, zu Preisen, die sie anzulegen bereit und fähig sind, der hat Erfolg. Ich finde, das ist sehr demokratisch.

Eine sehr strenge Kartellgesetzgebung sorgt bei uns dafür, daß der Wettbewerb bei uns nicht durch Monopole, durch Riesenkombinate ausgeschaltet wird. Wir haben diesen Wettbewerb nicht auf den deutschen Wirtschaftsraum beschränkt. Wir haben schon kurze Zeit nach der Gründung der Bundesrepublik Deutschland unsere Grenzen geöffnet für alle Anbieter. Wir haben damit unsere Unternehmen gezwungen, Weltspitze zu

sein, und das sind sie heute, bei kürzesten Arbeitszeiten und höchsten Löhnen.
Marktwirtschaft motiviert den Einzelnen zu Leistung. Es lohnt sich bei uns, gute Arbeit zu leisten. Aber wir lassen diejenigen nicht im Stich, die unserer Hilfe bedürfen. Unser Rentensystem, unser Krankenversicherungssystem und unser Arbeitslosenversicherungssystem machen die Menschen unabhängig von der Mildtätigkeit anderer. Die Sozialhilfe tritt darüber hinaus für jeden ein, auch wenn er sich keine Zukunftssicherung erarbeitet hat, auch wenn er durch eigenes Verschulden in Not geraten ist. Wir lassen niemanden im Stich.

Das Menschenfeindliche am Sozialismus

Zur Zeit versuchen Sozialisten aller Couleur und deren Helfershelfer uns einzureden, *nicht der Sozialismus sei in der DDR gescheitert, sondern nur der Stalinismus.* Jetzt gelte es, den »wahren« Sozialismus demokratisch und mit menschlichem Antlitz zu verwirklichen.
Die gescheiterten falschen Propheten von gestern treten jetzt ungeniert als die wahren Propheten von heute auf. Wenn doch nur einer von Ihnen sagen könnte, wie denn der wahre Sozialismus aussieht, welches seine Institutionen, seine Gesetze, seine Verfassung wären, dann könnte man wenigstens rational darüber diskutieren.
Der Sozialismus wurde in allen Teilen der Welt erprobt, in Ländern mit dem unterschiedlichsten religiösen oder kulturellen Hintergrund. Das Ergebnis war und ist überall das gleiche: Der Sozialismus scheiterte. Das wird Sie, meine Damen und Herren, die Sie aus eigener Erfahrung wissen, was Sozialismus für den einzelnen Menschen bedeutet, nicht wundern.
Letztlich ist *Sozialismus nichts anderes als ein Synonym für Bevormundung und die daraus resultierende Mißwirtschaft.* Der Unternehmer kann nicht frei entscheiden, was er produzieren will, der Verbraucher kann nicht frei entscheiden, was er kaufen möchte. Eigeninitiative wird erstickt, Leistungswille von Staatsbürokratien gegängelt. Die Freiheit ist dahin – und der wirtschaftliche Niedergang wird unvermeidlich.

Karl Marx und Friedrich Engels konnten noch an den Sozialismus glauben. Sie hatten ihn erfunden – und nicht erprobt. Schlimmer sind die Stefan Heym im Osten und die Günter Gaus im Westen. *Sie wissen, daß der Sozialismus gescheitert ist, trotzdem predigen sie – selbst von den Einschränkungen des Sozialismus nicht betroffen – anderen eine Opfergesinnung, deren Kosten und Kränkungen sie sich selbst nicht zumuten.* Ich kann diese Renegaten des Sozialismus wegen ihrer Kaltherzigkeit und Rücksichtslosigkeit nur verachten.
Meine Damen und Herren, Sie tragen am 18. März große Verantwortung für die Zukunft Ihres Landes und für die Zukunft Deutschlands und ganz Europas. Sie haben die Chance, mit unserer Hilfe ein Staats- und Gesellschaftssystem aufzubauen, das die Not überwindet und das der Freiheit und der Menschenwürde den ersten Rang einräumt.
In dieser Überzeugung wünsche ich den Parteien der »Allianz für Deutschland« am 18. März einen großen Wahlerfolg.
Es lebe die Freiheit, es lebe die Demokratie, es lebe Deutschland!

Der geschichtliche Augenblick ist da

Rede im Deutschen Bundestag am 23. Mai 1990 zum Staatsvertrag zwischen der Bundesrepublik Deutschland und der DDR

Die Volkskammerwahl vom 18. März 1990, die erste freie Wahl für die Deutschen zwischen Elbe und Oder nach fast sechs Jahrzehnten brauner und roter Diktatur, brachte der »Allianz für Deutschland« einen Erfolg, der Signalcharakter hatte: Bei einer Wahlbeteiligung von 93,2 Prozent gaben mehr als 48 Prozent der Bürgerinnen und Bürger jenem Parteienbündnis ihre Stimmen, das im Wahlkampf die baldige Wiedervereinigung Deutschlands »auf der Grundlage des Grundgesetzes« gefordert hatte.
Lothar de Maizière, der Vorsitzende der DDR-CDU, die allein 40,9 Prozent der Wählerstimmen gewonnen hatte, wurde am 12. April 1990 zum Ministerpräsidenten gewählt und sprach sich in seiner Regierungserklärung vom 19. April für die Wiedervereinigung Deutschlands nach Artikel 23 des Grundgesetzes aus. Bei einem Treffen am 24. April vereinbarten de Maizière und Bundeskanzler Kohl eine Wirtschafts-, Währungs- und Sozialunion in Deutschland, die zum 1. Juli 1990 in Kraft treten sollte. Am 18. Mai 1990 unterzeichneten Bundesfinanzminister Waigel und DDR-Finanzminister Romberg einen entsprechenden Staatsvertrag.
Die Bundestagsdebatte über den Staatsvertrag fiel auf einen symbolischen Tag: auf den 23. Mai; 41 Jahre zuvor, am 23. Mai 1949, war das Grundgesetz für die Bundesrepublik Deutschland verkündet worden. Die Debatte stand im Zeichen scharfer Gegensätze zwischen Koalition und SPD-Opposition: Der Kanzlerkandidat der SPD, Lafontaine, hatte seiner Partei einen Tag nach der Unterzeichnung des Staatsvertrages Ablehnung empfohlen; das SPD-Parteipräsidium hatte am 21. Mai Nachbesserungsforderungen beschlossen, von deren Erfüllung die Partei ihre Zustimmung zum Vertrag abhängig machen wollte. Zudem machte die SPD sowohl gegen einen Beitritt der

DDR zur Bundesrepublik nach Artikel 23 des Grundgesetzes als auch gegen baldige gesamtdeutsche Wahlen Front; solche Wahlen – so die SPD – könnten frühestens Ende 1991 stattfinden.

An die SPD gewandt, sagte Alfred Dregger im Bundestag, es gehöre »leider« zu den »Traditionen« der SPD, »sich an den Wendepunkten der Geschichte in den Krähwinkel zurückzuziehen. Die SPD war gegen die Soziale Marktwirtschaft, gegen die Westbindung, gegen die NATO-Mitgliedschaft.« Angesichts ihres Verhaltens stelle sich die Frage, ob die SPD die staatliche Einheit Deutschlands »auf ungewisse Zeit mit ungewissem Ergebnis« vertagen wolle; das aber sei »unverantwortlich«. Dregger: »Der Kairos, der geschichtliche Augenblick, ist da. Wer ihn versäumt, setzt unsere Zukunft aufs Spiel«:

Ich möchte zwei Grundfragen an die Opposition richten: Wollen Sie die staatliche Einheit Deutschlands, oder ziehen Sie nach wie vor die Zweistaatlichkeit vor, die jahrelang die Linie Ihrer Politik gewesen ist?

(Beifall bei der CDU/CSU und bei Abgeordneten der FDP – Duve [SPD]: Eine Unverschämtheit! Weitere Zurufe von der SPD)

Fragen Sie doch einmal Ihren Kanzlerkandidaten, was er dazu meint, und prüfen Sie sein Verhalten! Die zweite Frage ist: Wenn Sie die staatliche Einheit Deutschlands wollen, wollen Sie sie jetzt, oder wollen Sie sie auf ungewisse Zeit mit ungewissem Ergebnis vertagen?

Unsere Position ist ganz eindeutig: Wir wollen die staatliche Einheit Deutschlands. Wir wollten sie immer, und wir sind von diesem Kurs nie abgewichen.

(Beifall bei der CDU/CSU und der FDP)

Wir wollen die staatliche Einheit jetzt, weil die Rahmenbedingungen dafür nie günstiger als in der gegenwärtigen Situation gewesen sind ...

Unsere Verbündeten, insbesondere die Vereinigten Staaten von Amerika, Frankreich und Großbritannien, stehen in der

Frage des Staatsvertrages und der Wiedervereinigung nach Artikel 23 des Grundgesetzes an unserer Seite.
Für die Sowjetunion sind wir ein wichtiger Partner bei ihrer technischen und ökonomischen Entwicklung.
(Zuruf von der SPD: Ja, wir sind die Größten!)
Mit ihr verbindet uns der Wunsch nach Abrüstung und enger Zusammenarbeit. Die Sowjetunion hat die *Wiedervereinigung Deutschlands zur deutschen Sache erklärt* und hinzugefügt, daß die Klärung der äußeren Aspekte nicht zu einer Diskriminierung des vereinigten Deutschlands führen dürfe.
Unsere östlichen Nachbarn – Polen, die Tschechoslowakei und Ungarn –, mit denen sich ein Verhältnis des Vertrauens und enger Zusammenarbeit herausbildet, sehen – wie wir selbst – unseren Platz in der NATO. Diese *Rahmenbedingungen* sind vor allem das Werk Helmut Kohls, des Bundeskanzlers, und seines Außenministers Hans-Dietrich Genscher, denen wir Dank für ihre *historische Leistung* sagen.
(Beifall bei der CDU/CSU und der FDP)
Allen, die jetzt bremsen oder zögern, sage ich:
Es wäre unverantwortlich, darauf zu vertrauen, daß sich an dieser von uns mitgeschaffenen Konstellation nichts ändern könnte. Deshalb handeln wir jetzt. Der Kairos, der geschichtliche Augenblick, ist da. Wer ihn versäumt, setzt unsere Zukunft aufs Spiel.
Auch für den wirtschaftlichen und sozialen Aufschwung, für die Sanierung der vom Sozialismus heruntergewirtschafteten DDR, nicht nur ihrer Betriebe, sondern vor allem auch ihrer Natur und ihrer Umwelt, ist jetzt entschlossenes Handeln geboten.
Meine Damen und Herren der SPD, *es gehört leider zu Ihren Traditionen, sich an den Wendepunkten der Geschichte in den Krähwinkel zurückzuziehen. Die SPD war gegen die Soziale Marktwirtschaft, gegen die Westbindung, gegen die NATO-Mitgliedschaft, gegen einen deutschen Verteidigungsbeitrag.*
(Frau Dr. Vollmer [GRÜNE]: Die CDU war gegen die Ostpolitik!)
Jetzt ist sie – jedenfalls nach Vorstandsbeschluß – gegen den

Staatsvertrag mit der DDR, gegen den Beitritt der DDR zum Bund gemäß Artikel 23 GG und gegen baldige gesamtdeutsche Wahlen.
Im übrigen, meine Damen und Herren, erwecken die SPD-Parteien in Ost und West nicht den Eindruck, als ob sie Schwesterparteien seien. Die SPD-Ost stimmt dem Staatsvertrag zu. Die SPD-West dagegen sagt: Ja, aber, vielleicht nein.
Die SPD-Ost ist nicht der Meinung, der Staatsvertrag zugunsten des DDR-Gebietes bedürfe der Nachbesserung. Eben das sagt die SPD-West jetzt. Sie setzt sich damit in vollen Widerspruch zu dem, was sie bisher gesagt hat.
Meine Damen und Herren der SPD, Sie haben den Wählern der Bundesrepublik Deutschland bisher doch den Eindruck zu erwecken versucht, die Bundesrepublik Deutschland leiste nicht zuwenig, sondern zuviel an die DDR, wodurch der Wohlstand in Westdeutschland gefährdet werde.
Die Einzelvorschläge, die Sie machen, sind im Staatsvertrag weitgehend enthalten. Das gilt z. B. in vollem Umfang für den Umweltschutz und die Umweltunion. Hier ist in Absprache mit der DDR-Regierung sichergestellt, daß in der DDR entsprechende gesetzliche Bestimmungen erlassen werden. Gleiches gilt für die Behandlung unrechtmäßig erworbenen Parteivermögens und des Stasi-Vermögens. Meine Damen und Herren, damit rennen Sie doch offene Türen ein. Wir wollen selbstverständlich, daß diesen Leuten diese Vermögen weggenommen werden.
(Beifall bei der CDU/CSU und der FDP)
Über all das haben wir übrigens bereits in der letzten Woche im Ausschuß Deutsche Einheit gesprochen und Einvernehmen erzielt. Zur Verwirklichung dieser Ziele – das ist jetzt das Entscheidende – bedarf es keiner Änderung des Staatsvertrages. Es besteht kein sachlicher Grund, sein Inkrafttreten deshalb zu vertagen. Das, was noch abzusprechen ist, kann auch außerhalb des Staatsvertrages geschehen.
(Beifall bei der CDU/CSU und bei Abgeordneten der FDP)
Meine Damen und Herren, ich möchte nach dieser Klarstellung alle Deutschen in der DDR und in der Bundesrepublik Deutschland dazu aufrufen, jetzt die gemeinsame Sache in den Vordergrund zu stellen. *Die friedliche Revolution in der DDR*

ist noch nicht vollendet. Die SED, die Partei des Mauerbaus, des Stacheldrahts, der Massengräber, des Schießbefehls und des Stasi-Terrors, ist nicht verschwunden. Sie hat nur den Namen geändert; sie heißt jetzt PDS. In unglaublicher Frechheit spielt sie sich heute als Hüterin der Demokratie und der sozialen Gerechtigkeit auf – Werte, die sie während der Zeit ihrer Herrschaft in infamster Weise mißachtet hat.
(Beifall bei der CDU/CSU und der FDP – Zustimmung des Abgeordneten Porzner [SPD])
Es gibt immer noch Angst in der DDR vor dieser SED/PDS und ihrem noch nicht vergessenen Stasi-Terror. *Es werden wohl noch Jahre vergehen, bis die geistigen, moralischen und politischen Folgen dieser 40 Jahre roter Diktatur, die auf die braune Diktatur gefolgt ist, behoben sein werden.*
Meine Damen und Herren, wie ist es bei uns? Begreift man wenigstens jetzt, was drüben geschehen ist? Begreift man, daß eine erfolgreiche demokratische Revolution in der DDR auch uns Westdeutsche und ganz Europa von einer großen Gefahr befreit? Oder fragt man bei uns nur, was es uns kosten könnte, wenn wir zur friedlichen Revolution in der DDR, zum Sieg der Freiheit, der Demokratie und der Menschenrechte im anderen Teil unseres Vaterlandes unseres Beitrag leisten?
Es ist beschämend, daß sich der Kanzlerkandidat der SPD zum Sprecher einer solch kleinkarierten Auffassung macht.
(Beifall bei der CDU/CSU und der FDP)
Meine Damen und Herren von der SPD, *erwecken Sie doch nicht den Eindruck, daß Ihnen anstatt des Herzens ein Rechenschieber eingesetzt worden wäre. Wir, die CDU/CSU, sind jedenfalls nicht bereit, durch soziale Verweigerung die Grenze zur DDR wieder zu schließen.*
(Beifall bei der CDU/CSU und bei Abgeordneten der FDP)
Ich frage den Partei- und Fraktionsvorsitzenden der SPD, Herrn Kollegen Vogel, der sich interessanterweise heute nicht zu Wort gemeldet hat, ob es seine Absicht ist, all das auszuführen, was ihm der kleine Machiavelli von der Saar vorgibt, der mit Deutschland nichts am Hut hat und der bereit ist, eine Frage unserer nationalen Existenz seinen persönlichen Machtinteressen unterzuordnen.

(Beifall bei der CDU/CSU und bei Abgeordneten der FDP)
Damit, meine Damen und Herren, wird er scheitern; damit werden auch Sie scheitern, Herr Oppositionsführer; damit wird auch die SPD scheitern. Das alles ist erträglich. Aber lassen Sie Deutschland nicht scheitern! Erinnern Sie sich an Kurt Schumacher!
(Beifall bei der CDU/CSU und bei Abgeordneten der FDP)
Er hätte in dieser Stunde seine patriotische Pflicht ganz gewiß allen parteitaktischen Überlegungen übergeordnet.
Daß die SPD im übrigen, was die wirtschaftlichen und sozialen Konsequenzen der Wiedervereinigung angeht, falsch rechnet, ergibt sich aus nahezu allen Gutachten sachverständiger Institute, die außerordentlich positiv lauten. Es kann kein Zweifel sein: Die Wiedervereinigung wird nach einigen Übergangsschwierigkeiten allen zugute kommen, auch uns in Westdeutschland.
Aber das ist nicht das Entscheidende. Wer seinem Nachbarn, ja in diesem Falle seinem Bruder, in einer schwierigen Lage nicht beisteht, der handelt verwerflich.
(Stücklen [CDU/CSU]: Richtig!)
Wenn das die Politik Ihres Kanzlerkandidaten, meine Damen und Herren der SPD, ist, dann mögen Sie das mitverantworten.
Wir, die CDU/CSU, halten an der Politik der Solidarität und der Freiheit Deutschlands fest. Wir haben das getan, seitdem es uns gibt, und das wird so bleiben.
(Beifall bei der CDU/CSU)
Bei allen Rechnereien über den Staatsvertrag sollten wir nicht vergessen, um was es in der DDR ging und geht. An den Demonstrationen gegen das kommunistische Regime haben sich Zehntausende, Hunderttausende, ja Millionen beteiligt. Beeindruckend war die Friedlichkeit dieser Demonstrationen. Keine Scheibe ging zu Bruch, kein Demonstrant war vermummt, von keinem ging Gewalt aus. Die Demonstranten trugen Kerzen durch die Straßen ihrer Städte und setzten sie den Bewaffneten vor die Stiefel. Die Welt hat es mit Respekt und Bewunderung gesehen. Wir Westdeutschen haben allen Anlaß, uns bei unseren Landsleuten in der DDR zu bedanken, weil sie ein *moralisches Kapital* geschaffen haben, *das nun dem ganzen deutschen Volk zugute kommt.*

(Beifall bei der CDU/CSU und der FDP)
Zu danken haben wir auch den *Ungarn.* Sie trafen vor dem Hintergrund der Entwicklung in der DDR eine mutige Entscheidung. Sie erlaubten den Flüchtlingen aus der DDR, über Österreich in die Bundesrepublik Deutschland auszureisen.
(Frau Unruh [fraktionslos]: Im Einverständnis mit Gorbatschow!)
Daß die Ungarn, die 1956 durch eine sowjetische Interventionsarmee blutig niedergeschlagen worden waren, das wagten, war tapfer. Es war *ein Akt großmütiger Solidarität, die wir Deutschen den Ungarn nie vergessen werden.*
(Beifall bei der CDU/CSU und der FDP)
Aber, meine Damen und Herren, die Tapferkeit der Ungarn wäre ohne Grundlage gewesen, wenn wir, die CDU/CSU Deutschlands, nicht mit Entschiedenheit
(Dr. Vogel [SPD]: Helsinki!)
die gemeinsame Staatsbürgerschaft der Deutschen bei uns und in der DDR auch gegen anderslautende Vorschläge führender Sozialdemokraten, z. B. des jetzigen Kanzlerkandidaten, verteidigt hätten.
(Beifall bei der CDU/CSU und bei Abgeordneten der FDP)
Ohne die gemeinsame Staatsbürgerschaft hätten unsere Botschaften in Budapest, Prag und Warschau den Flüchtlingen aus der DDR Reisepässe der Bundesrepublik Deutschland nicht ausstellen können.
Es gab noch einen zweiten Punkt, der den *grundsätzlichen Unterschied zwischen unserer Deutschlandpolitik und der der SPD deutlich gemacht hat.* Die sozialdemokratisch regierten Bundesländer haben es zuletzt abgelehnt, die Erfassungsstelle in Salzgitter mitzufinanzieren.
(Frau Dr. Däubler-Gmelin [SPD]: Zu Recht!)
Meine Damen und Herren, Salzgitter hat den Stasi-Terror nicht verhindert, aber Salzgitter hat ihn gebremst und trägt heute dazu bei, die SED-Verbrechen in rechtsstaatlichen Verfahren anklagen zu können.
(Beifall bei der CDU/CSU und bei Abgeordneten der FDP)
Unsere Deutschlandpolitik der Standhaftigkeit und Konsequenz brauchte und braucht zum Erfolg eine konstruktive Eu-

ropa-, eine ebenso konstruktive Allianz- und eine ebenso konstruktive Ostpolitik, ebenso wie eine nicht minder erfolgreiche Wirtschafts-, Haushalts- und Finanzpolitik. Allen diesen Erfordernissen sind wir gerecht geworden ...
Unseren Landsleuten in der DDR möchte ich sagen: Die Soziale Marktwirtschaft ist keine kapitalistische Veranstaltung. Sie hat unseren Arbeitern nicht nur Spitzenlöhne, vermögenswirksame Leistungen und Eigentum gebracht, sondern auch das Betriebsverfassungsgesetz und die Mitbestimmung. Nicht Gängelei und Fremdbestimmung durch Funktionäre, sondern persönliche Mitverantwortung in den Betrieben, das ist das Markenzeichen eines Modells, das der Europäische Gewerkschaftsbund jetzt auf ganz Europa übertragen sehen möchte.
Es ist *unser* Modell; es soll in Zukunft auch für unsere Landsleute in der DDR gelten. Wir sehen in diesem Modell einen Beitrag zur Produktivität und zur Effizienz der Unternehmen und damit auch der Volkswirtschaft. Aber es ist vor allem Ausdruck unseres Respekts vor der Würde des arbeitenden Menschen.
Unsere auf der Sozialen Marktwirtschaft beruhende wirtschaftliche Stärke hat es uns ermöglicht, der frei gewählten Regierung der DDR ein wirklich großzügiges Angebot zu machen, das seinen Niederschlag in dem Staatsvertrag findet, der jetzt dem Deutschen Bundestag zur Beratung vorliegt. Dieser Vertrag enthält das bisher einmalige Unterfangen, ein verrottetes und gescheitertes System sozialistischer Planwirtschaft über Nacht in eine marktwirtschaftliche Ordnung zu überführen.
Die Währungsreform des Jahres 1948 war demgegenüber einfacher und nur in ihrer Kühnheit vergleichbar mit dem, was wir jetzt mit der Gründung einer Wirtschafts-, Währungs- und Sozialunion der beiden deutschen Staaten unternehmen. Denn diesmal sind die Erwartungen höher. Es soll einfach alles von Anfang an stimmen – was sicherlich nur begrenzt möglich sein kann –: die Einkommen, die Sozialsysteme, die Investitionsanreize, die Rechtssicherheit und die Stabilität der gemeinsamen Währung.
Das letzte ... ist das Wichtigste: *Geldwertstabilität ist nicht nur eine wirtschaftliche, sondern vor allem auch eine soziale Errun-*

genschaft. Dafür, daß sie erhalten bleibt, steht auch die unabhängige und mit Recht hochangesehene Deutsche Bundesbank.

(Beifall bei der CDU/CSU)

Zwischen der Öffnung der Mauer und der Unterzeichnung des Staatsvertrages lagen nur sechs Monate und neun Tage, angefüllt mit politischer Arbeit, wie sie dichter, intensiver und erfolgreicher nicht hätte geleistet werden können. Wir standen unter Zeitdruck. Denn es stellte sich ja die Frage: Wie können wir verhindern, daß die Menschen die DDR verlassen, ohne daß die Grenze wieder zugemacht wird? Wir mußten schnell handeln. Von Hektik in diesem Zusammenhang zu reden, ist wirklich völlig unangebracht und absurd.

Wir sollten auch nicht vergessen, daß unsere Regierung, insbesondere der Bundeskanzler und der Außenminister, ständig vor der Aufgabe stand, unsere Verbündeten in der Europäischen Gemeinschaft und der Atlantischen Allianz, aber auch unsere großen Partner in Osteuropa über das zu informieren, was wir hier mit der deutschen Einheit erstreben – und was das für sie bedeutet.

Es ist wirklich Übermenschliches geleistet worden. Das mit Hektik abzuwerten, ist völlig unmöglich.

(Beifall bei der CDU/CSU und der FDP)

Ich möchte jedenfalls den Verhandlungsführern, den zuständigen Ressortministern und den Chefs der beiden deutschen Regierungen für diese ungewöhnliche Leistung danken.

(Beifall bei der CDU/CSU und der FDP)

Meine Damen und Herren, am 2. Dezember oder 13. Januar wird zumindest der neue Bundestag gewählt. Meiner Meinung nach wäre es gut, wenn sich unsere Landsleute in der DDR an dieser Wahl beteiligen könnten.

(Beifall bei der CDU/CSU und der FDP)

Denn nur die staatliche Einheit, die damit vollzogen würde, gibt denen volle Sicherheit, die in der heutigen DDR als Unternehmer investieren oder als Arbeitnehmer oder Selbständige arbeiten wollen. Sie könnten dann ihr Aufbauwerk in der beruhigenden Gewißheit leisten, daß sie in einem vereinigten Deutschland arbeiten und daß sich die Lebensverhältnisse im

östlichen Landesteil denen im westlichen Landesteil in kurzer Zeit angleichen würden.
Die Entscheidung hierüber liegt nicht bei uns, sondern bei der Volkskammer und der Regierung der DDR. Wir werden nicht unziemlich drängen, da wir den Arbeitsdruck kennen, der auch im Bereich der Gemeinden und der noch zu errichtenden Länder auf unseren Freunden in der DDR lastet. Wir sind aber der Meinung, daß jetzt die nationale Frage vorgeht und daß von der Entscheidung, die nach Artikel 23 Grundgesetz in Ost-Berlin zu treffen ist, der Erfolg unserer gemeinsamen Politik für ganz Deutschland abhängt. Wir sind der Überzeugung, daß die staatliche Einheit Deutschlands unsere Schritte auf dem vor uns liegenden Weg beflügeln und zum baldigen Erfolg führen wird.
Lassen Sie mich in zwei Sätzen zusammenfassen, was Ziel und Weg unserer Politik für Deutschland sind:
Aus der Solidarität der einen unteilbaren deutschen Nation heraus binden wir die getrennten Teile wieder aneinander. Ein Deutschland der Demokratie und ein Europa des Friedens und der Freiheit werden das Ergebnis sein.

Nachbarschaft im europäischen Geist

Rede im Deutschen Bundestag am 21. Juni 1990 zum deutsch-polnischen Verhältnis

Der 17. Juni 1990 sah den Deutschen Bundestag und die Volkskammer vereint. Gemeinsam begingen die Parlamentarier aus den beiden Staaten in Deutschland im Deutschen Schauspielhaus in Berlin den 37. Jahrestag des Volksaufstandes in der DDR gegen die SED-Diktatur. Die Volkskammer bekannte sich am selben Tag auf einer Sondersitzung zur »freiheitlichen, demokratischen, föderativen, rechtsstaatlichen und sozialen Grundordnung« und beschloß, den Begriff »Sozialismus« aus der DDR-Verfassung zu streichen ...

Vier Tage später, am 21. Juni 1990, verabschiedeten Bundestag und Volkskammer gleichlautende Entschließungen zum deutsch-polnischen Verhältnis, die – wie Alfred Dregger in der Bundestagsdebatte sagte – von den Siegermächten des Zweiten Weltkrieges, aber auch von den europäischen Nachbarn Deutschlands als »Voraussetzung der Wiedervereinigung« angesehen würden: Die beiden Parlamente in Deutschland betonten den politischen Willen, nach der Wiederherstellung der staatlichen Einheit Deutschlands in einem zwischen Deutschland und Polen auszuhandelnden Vertrag die Oder-Neiße-Linie als endgültige Grenze anzuerkennen.

In seiner Rede sprach Dregger (»... es muß klar sein, daß das keine Anerkennung der Vertreibung sein kann«) die deutschen Heimatvertriebenen direkt an: »Was wir von Ihnen an Verantwortungsgefühl für ganz Deutschland und für Europa verlangen, ist ungeheuer viel ... Denjenigen von uns Deutschen, die durch völkerrechtswidrige Vertreibung aus ihrer angestammten Heimat am meisten gelitten haben, wird auch jetzt wieder am meisten abverlangt.« Was aber wäre, fragte Dregger, wenn diese Entschließung nicht gefaßt würde? »Nach allen Äußerungen der Mächte, auf deren Zustimmung wir angewiesen sind ..., käme die staatliche Einheit Deutschlands nicht zustande.«

Dregger räumte ein: »Ich weiß, diese Aussage könnte die Bitterkeit mancher verstärken, die aus dem Gefühl erwächst, Ostdeutschland werde für Mitteldeutschland preisgegeben.« Doch das treffe nicht zu: Für die Deutschen in den Gebieten jenseits von Oder und Neiße seien »Verbesserungen ... nur als Ergebnis von Verhandlungen zwischen den beiden Nachbarn, dem vereinigten Deutschland und der Republik Polen, denkbar«. Daraus folge: »Auch um dieser Gebiete willen muß als erstes die staatliche Einheit Deutschlands wiederhergestellt werden.«

Zu einem Schlagabtausch zwischen Dregger und der SPD kam es, als Dregger – von einer Zwischenfrage provoziert – an die »Rolle« erinnerte, die die SPD-Ost 1946 bei der Gründung der SED »gespielt« habe. Dregger: »Wenn die damalige SPD nicht ihre Hand zum Bündnis mit der KPD geboten hätte, dann wäre die SED nie entstanden«:

Diese Debatte heute markiert einen *Wendepunkt in unserer Nachkriegsgeschichte.* Wir ziehen die Bilanz dessen, was seit 1945 gewesen ist. Durch unsere Entscheidungen öffnen wir die Tür zu einem Neubeginn: zum vereinten Deutschland in einer besseren europäischen Ordnung.

Zwei von uns, der CDU/CSU, gegen die SPD durchgesetzte Grundentscheidungen haben zu diesem Neubeginn nicht nur in Deutschland, sondern in Europa wesentlich beigetragen: unsere Entscheidung für den Westen und unsere Entscheidung für die Soziale Marktwirtschaft.

Ohne unsere Entscheidung für den Westen hätten wir heute weder Verbündete im Westen noch Optionen im Osten. Der Ring des Mißtrauens hätte sich längst wieder um unser Land geschlossen. Ohne die Soziale Marktwirtschaft hätten wir nicht die Wirtschaftskraft, die wir jetzt brauchen, um beim Aufbau der DDR durch eine Wirtschafts-, Währungs- und Sozialunion in einer Weise zu helfen, für die es geschichtlich kein Beispiel gibt, und um gleichzeitig die Reformen in Ostmitteleuropa und der Sowjetunion zu unterstützen und das vereinigte Europa zu

schaffen. Das ist eine unglaubliche Herausforderung, die wir bestehen müssen, die wir aber in der Verfassung, in der wir heute sind, auch bestehen können.
(Beifall bei der CDU/CSU und der FDP)
An beiden Grundentscheidungen, die das möglich gemacht haben, halten wir fest, auch an der Westbindung unseres Landes.
Meine Damen und Herren, wenn 16 Millionen Deutsche nach ihrem erklärten Willen aus dem Machtbereich des Warschauer Paktes ausscheiden, dann besteht nicht der geringste Anlaß, daß deshalb 58 Millionen Deutsche aus der Sicherheitsgemeinschaft des Westens ausscheiden.
(Beifall bei der CDU/CSU und der FDP)
Alle unsere Nachbarn wollen unsere NATO-Mitgliedschaft, auch Polen, die Tschechoslowakei und Ungarn. Die Sowjetunion sollte sich dem nicht entgegenstemmen. Dazu besteht weder Anlaß – noch wäre es aussichtsreich.
(Frau Schilling [GRÜNE]: Anlaß besteht!)
Selbst eine Weltmacht wie die Sowjetunion kann nicht allein gegen den Willen aller anderen und gegen den Willen der Betroffenen, gegen unseren Willen, eine solche Entscheidung durchsetzen.
Die Mitgliedschaft des vereinigten Deutschland in der NATO ist keine Gefahr für die Sowjetunion. Die Sowjetunion ist nukleare Weltmacht und wird es bleiben. Wir haben als Bundesrepublik Deutschland auf alle ABC-Waffen verzichtet. Das wird auch für das vereinte Deutschland gelten.
(Beifall bei der CDU/CSU und der FDP –Häffner [GRÜNE]: Schreiben Sie es auch in die Verfassung!)
Die Sowjetunion ist die einzige Großmacht in Europa. Alle anderen Staaten Europas sind nur noch Kleinstaaten oder Mittelmächte, die auf das Bündnis angewiesen sind. Das gilt auch für das vereinte Deutschland, das zwar wirtschaftlich eine bedeutende Macht ist, politisch-militärisch aber nie den Stand einer Mittelmacht überschreiten wird. Nur die Sowjetunion kann sich aufgrund der Größe ihres Raumes, der Zahl ihrer Menschen und des Umfangs ihrer Rüstung auch ohne Bündnis und ohne Glacis behaupten.

Meine Damen und Herren, unsere Entscheidung für den Westen und seine Sicherheitsallianz bedeutet selbstverständlich nicht, daß wir die Sowjetunion aus den europäischen Angelegenheiten heraushalten möchten; davon kann keine Rede sein. Wir, die CDU/CSU, waren uns immer klar darüber, daß zur Einheit Deutschlands auch die Zustimmung der Sowjetunion und unserer östlichen Nachbarn erforderlich ist. Schon Adenauer hat Ostpolitik, Osthandel und Interzonenhandel betrieben, nicht um das dortige System zu stützen, sondern um den Menschen drüben zu helfen und die Wiedervereinigung Deutschlands vorzubereiten.

Jetzt, wo die Wiedervereinigung ansteht, muß sich unsere Solidarität erst recht bewähren.

Wir Westdeutschen sind im übrigen nicht allein die Gebenden; die Deutschen in der DDR bringen Wertvolles in das vereinte Deutschland ein. Mit dem Mut und der Besonnenheit, mit der sie im Herbst 1989 ihre friedliche Revolution durchgesetzt haben, haben sie weltweit ein moralisches Kapital geschaffen, das jetzt dem ganzen deutschen Volk zugute kommt.

(Beifall bei der CDU/CSU und der FDP)

Wie es uns zugute kommt, dafür ein aktuelles Beispiel aus den Vereinigten Staaten von Amerika: Als der Präsident der Harvard-Universität dem Bundeskanzler Helmut Kohl nach der Verleihung der Ehrendoktorwürde das Wort erteilte, tat er es, in Anlehnung an das Zitat von John F. Kennedy – Herr Brandt, Sie werden sich daran erinnern – »Ich bin ein Berliner«, mit dem Satz: »Wir alle hier sind jetzt Deutsche.« Mehr an Zuwendung und Solidarität mit unseren nationalen Zielen ist nicht vorstellbar.

(Beifall bei der CDU/CSU und der FDP)

Seien wir dankbar dafür, und erkennen wir, daß eine solche Zuwendung nur jemandem gelten kann, der ein loyaler und verläßlicher Verbündeter ist, was wir seit 40 Jahren gewesen sind und auch bleiben wollen.

Meine Damen und Herren, die Hinwendung zu Deutschland erleben wir zur Zeit auch in den Ländern Ostmitteleuropas, die sich vom Sozialismus befreien. Ich habe nicht nur in der DDR, sondern auch in Ungarn, in Mähren und in der Slowakei

auf Wahlveranstaltungen gesprochen. Es war für mich bewegend, zu spüren, wie sehr das freie demokratische Deutschland und unser System der Sozialen Marktwirtschaft heute zur Hoffnung auch unserer östlichen Nachbarn geworden sind.
Welches war die Rolle der SPD bei den großen Entscheidungen der Nachkriegszeit? Da wir kein Klub von Süßholzrasplern sind, muß ich diese Frage stellen; ich bitte um Verständnis. Die SPD hat bei diesen großen Entscheidungen nahezu immer, und zwar hartnäckig, den falschen Kurs gesteuert.
(Beifall bei der CDU/CSU und der FDP)
Sie war, wenn auch aus lauteren Motiven, gegen die Westbindung: Schumacher, den ich verehre, fürchtete, daß die Westbindung die deutsche Teilung verfestigen könnte. Heute ist klar, daß Schumachers Analyse falsch war. Die Westbindung hat die Überwindung der deutschen Teilung nicht behindert, sie hat sie ermöglicht.
(Beifall bei der CDU/CSU und der FDP)
Vizepräsident Stücklen: Herr Abgeordneter Dregger, gestatten Sie eine Zwischenfrage?
Dr. Dregger (CDU/CSU): Bitte schön.
Dr. Soell (SPD): Herr Kollege Dregger, ist Ihnen bekannt, daß vor der Gründung der Bundesrepublik eine wesentliche Entscheidung dadurch fiel, daß die Sozialdemokratie der Westzonen unter Schumacher der Zwangsverschmelzung widersprochen hat, während die CDU und die FDP in der DDR oder in der damaligen sowjetisch besetzten Zone den Weg in die Blockpartei gegangen sind? Ist Ihnen zweitens bekannt, Herr Kollege Dregger –
Dr. Dregger (CDU/CSU): *Also, Ihr Vorsitzender in der Fraktion und in der Partei redet dauernd von der Schmach der Blockparteien in der DDR. Ich möchte Ihnen mal eines sagen. Wenn die damalige SPD nicht ihre Hand zum Bündnis mit der KPD geboten hätte, dann wäre die SED nie entstanden.*
(Beifall bei der CDU/CSU)
Ja! Die Wahrheit!
(Dr. Vogel [SPD]: He! Das ist ja unglaublich! –
Roth [SPD]: Aufhören! Blockparteien? Rentnerparteien!)
– Das ist die Wahrheit. Das ist nicht zu bestreiten.

(Dr. Vogel [SPD]: Schändlich! –
Roth [SPD]: Blockparteigewinnler! –
Weitere Zurufe von der SPD: Unerhört! – Unverschämt!)
Vizepräsident Stücklen: Herr Abgeordneter Soell –
Dr. Dregger (CDU/CSU): Wenn Sie heute in der DDR –
(Anhaltende Zurufe von der SPD)
Vizepräsident Stücklen: Einen Moment! Herr Abgeordneter Dregger, gestatten Sie eine Zwischenfrage des Abgeordneten Soell?
(Dr. Soell [SPD]: Herr Kollege Dregger, das diskreditiert alle Zitate des Bundeskanzlers über Kurt Schumacher!)
Dr. Dregger (CDU/CSU): Wenn Sie heute in der DDR so schwach sind, dann liegt das auch daran, daß Ihre Traditionskompanien in die SED eingetreten sind
(Menzel [SPD]: Unverschämt! Sie sollten sich schämen! Schämen sollten Sie sich!)
und nicht als unabhängige SPD aufgetreten sind. Nein, ich bin das leid, daß die Leute in der DDR, die, um überhaupt mitwirken zu können –
(Dr. Vogel [SPD]: Leute, die im Zuchthaus waren! Schändlich! –
Menzel [SPD]: Sie verleumden! Sie sollten sich schämen!)
– Also Ihr könnt doch nicht immer schreien!
(Menzel [SPD]: Entschuldigen Sie sich!)
Ihr müßt doch auch mal zuhören können. Was sind das für undemokratische Sitten in diesem Hause?!
(Menzel [SPD]: Sie sollten sich schämen! Entschuldigen Sie sich! Entschuldigen Sie sich!)
Wir lassen doch unsere Freunde in der DDR nicht ständig beschimpfen.
(Menzel [SPD]: Entschuldigen Sie sich!)
– Also wir sind hier ein freies Parlament,
(Menzel [SPD]: Na, eben!)
und jeder kann hier seine Meinung äußern; auch ich.
(Beifall bei der CDU/CSU –
Dr. Waigel [CDU/CSU]: Ja; wo sind wir denn! –
Menzel [SPD]: Entschuldigen Sie sich!)
Ich halte fest: Wenn sich die größten Teile der SPD damals nicht

bereit erklärt hätten, das Bündnis mit der KPD zu schließen, dann wäre die SED nicht entstanden. So ist das.
(Beifall bei der CDU/CSU –
Dr. Soell [SPD]: Ein geschichtsloser Geselle!)
Und die Leute, die statt dessen in die CDU oder in die liberale Partei eingetreten sind, haben nicht das beste politische Los in der DDR gezogen. Sie konnten nur eine zweit- oder drittrangige Rolle spielen.
(Widerspruch bei der SPD)
Deswegen ist es *heuchlerisch,* Herr Vogel, wenn Sie *ständig auf die Blockparteien einschlagen, aber verschweigen, welche Rolle die SPD damals bei der Gründung der SED gespielt hat.*
(Lebhafter Beifall bei der CDU/CSU und der FDP –
Dr. Vogel [SPD]: Unglaublich!)
– Ja, ihr müßt darüber nachdenken. Ich sage euch das, was wahr ist, und nicht das, was ihr hören wollt. Das habe ich immer getan.
(Heiterkeit und Beifall bei der CDU/CSU –
Dr. Vogel [SPD]: Unglaublich! –
Dr. Soell [SPD]: Sie können ruhig zumachen!)
Ich wiederhole, was ich vorhin gesagt habe: *Die Westbindung hat die Überwindung der deutschen Teilung nicht behindert. Sie hat sie ermöglicht. Und deswegen halten wir daran auch für die Zukunft fest.*
(Beifall bei der CDU/CSU –
Dr. Soell [SPD]: 40 Jahre Umweg, Herr Dregger!)
Die SPD war gegen die Soziale Marktwirtschaft und für den demokratischen Sozialismus – was immer das sein mag. Auch in ihrem neuen Grundsatzprogramm ist an keiner Stelle von der Sozialen Marktwirtschaft die Rede, dafür zehnmal von demokratischen Sozialismus. Ich finde, das ist eine ideologische Verblendung,
(Dr. Waigel [CDU/CSU]: Richtig!)
die ausgerechnet im Land Ludwig Erhards zumindest Überraschung auslösen muß.
(Beifall bei der CDU/CSU und bei Abgeordneten der FDP)
Wohin, so frage ich, könnten die Völker und Staaten Ostmitteleuropas – um ein Wort des von mir hochgeschätzten Präsidenten

der Tschechoslowakei, Václav Havel, aufzugreifen – zurückkehren, wenn auch wir in der Bundesrepublik Deutschland dem Phantom des demokratischen Sozialismus nachgejagt wären?

(Häffner [GRÜNE]: Machen Sie hier Wahlkampf?)

Jetzt reifen die Früchte unserer Politik, auch im Hinblick auf die Wiedervereinigung Deutschlands. Und wieder versagt die SPD.

Das Lafontaine-Trauerspiel ist das jüngste Beispiel. Den Linken in der SPD paßt die ganze Richtung nicht. Als die Mauer fiel, als der Bankrott des SED-Regimes offenkundig war, wollten vor allem die sogenannten Enkel, insbesondere der Oberenkel Lafontaine, an der Zweistaatlichkeit festhalten – gegen den Willen der Deutschen in der DDR.

(Dr.-Ing. Kansy [CDU/CSU]: So ist es!)

Nachdem sie sich anfangs zweistaatlich gegeben hatten, dann lange zweideutig, scheinen jetzt auch sie bereit, den deutschen Dampfer zu besteigen.

(Dr. Waigel [CDU/CSU]: Ja, so war es!)

Aber sie nehmen nur im Beiboot Platz, und selbst das geschieht mit Vorbehalten. Der Bremser von der Saar ist der Erfinder des doppelten Opportunismus:

(Beifall bei der CDU/CSU)

Geht's schief, dann freut er sich, weil er die Vaterlandsliebe der Deutschen in Ost und West wieder als Deutschtümelei denunzieren kann; geht's nicht schief, dann war ja auch er nicht dagegen ...

Die Vereinigung des in der Mitte liegenden Deutschland ist der entscheidende Beitrag zur Vereinigung Europas. Sie gibt allen europäischen Völkern und Staaten die Chance, die verheerenden Folgen des Zweiten Weltkrieges zu überwinden, die Schäden der braunen und roten Diktaturen zu heilen und so *die Würde Europas wiederherzustellen.*

Wenn ich von allen Völkern spreche, dann meine ich auch und vor allem das polnische Volk. Es hat unter dem Krieg in besonderer Weise gelitten. Es mußte die von Hitler und Stalin beschlossene vierte Teilung seines Landes ertragen. Seine Westverschiebung auf Kosten Deutschlands hat es, wenn ich es richtig sehe, nicht glücklich gemacht.

Diese sogenannte Westverschiebung bedeutet für uns Deutsche den Verlust von Ost- und Westpreußen, von Danzig, von Teilen Pommerns, von Ostbrandenburg und Schlesien. Das sind, was manche nicht zu bedenken scheinen, keine von Hitler eroberten Provinzen, sondern Länder, die 800 Jahre von Deutschen besiedelt und kultiviert worden sind. Das ist ein Unterschied.
(Beifall bei der CDU/CSU)
14 Millionen Deutsche mußten am Ende des Krieges ihre angestammte Heimat verlassen, nur weil sie Deutsche waren. Noch nach dem Ende des Krieges verloren dabei 2,3 Millionen von ihnen ihr Leben.
Wenn wir uns jetzt anschicken, das zu tun, was nahezu alle als Voraussetzung der Wiedervereinigung von uns verlangen, nämlich die Oder-Neiße-Grenze anzuerkennen, dann muß klar sein, daß das keine Anerkennung der Vertreibung bedeuten kann. Das sollte auch niemand von uns verlangen.
(Beifall bei der CDU/CSU)
Es würde die deutsch-polnischen Beziehungen auf unabsehbare Zeit vergiften.
Der Vertrag, den ein vereintes Deutschland mit Polen abschließen wird, kann sich nicht auf die Beschreibung des Grenzverlaufs beschränken. Es geht darum, dieser Grenze einen europäischen Charakter zu geben. Es wäre ein Widersinn, wenn wir in Westeuropa alten Grenzen jede trennende Wirkung nehmen und gleichzeitig zwischen Deutschland und Polen einer neuen Grenze den Charakter einer chauvinistischen Teilungsgrenze geben würden.
(Beifall bei der CDU/CSU und der FDP)
Statt dessen sollte das polnische Volk, mit dem wir Aussöhnung wollen, mit uns gemeinsam diese Grenze zu einer Grenze der Versöhnung und des Ausgleichs machen. Dazu gehören Freizügigkeit, Niederlassungsfreiheit auf beiden Seiten, Volksgruppenrechte und, wie ich gern vorschlagen möchte, die Einräumung des Heimatrechts für diejenigen, die damals dort aus ihrer Heimat vertrieben worden sind.
(Beifall bei der CDU/CSU)
Auf diese Weise könnte aus einem nackten Grenzvertrag ein

Freundschaftsvertrag zwischen Deutschland und Polen werden.
(Zuruf von der SPD: Sprechblasen sind das!)
Beide Völker brauchen die Freundschaft des jeweils anderen, wenn sie ihre wiedergewonnene Freiheit bewahren und ihre Zukunft fruchtbar gestalten wollen.
(Zustimmung bei der CDU/CSU)
Sie können sagen, ich griffe der Entwicklung weit voraus. Aber *wer keine Perspektive hat, der hat auch keine Zukunft.*
(Beifall bei der CDU/CSU und bei Abgeordneten der FDP – Zurufe von der SPD)
Ich finde, eine Perspektive, die, wenn man es bedenkt, dem Interesse Polens genauso wie dem Interesse Deutschlands und Europas dient, kann nicht falsch sein, wenn wir uns hinter sie stellen.
(Beifall bei der CDU/CSU)
Polen würde übrigens damit zum größten Teil nur etwas einräumen, was es bei seinem Eintritt in die Europäische Gemeinschaft, für den wir uns einsetzen werden, wenn Polen es will, ohnehin einräumen müßte. Die Polen, die Ungarn, die Tschechen und die Slowaken sind genauso Europäer wie die Franzosen, die Briten und die Deutschen. Wenn sie wollen, gehören sie auch zur Europäischen Gemeinschaft.
(Zustimmung bei der CDU/CSU und der FDP)
Das meiste von dem, was ich vorgeschlagen habe, müßte Polen, wie gesagt, automatisch einräumen, wenn es der Europäischen Gemeinschaft beitritt. Aber es wäre gut, wenn Polen eine solche Regelung unabhängig von der EG um seiner künftigen Beziehungen zu Deutschland willen beschließen würde.
Zum Schluß meines Beitrags möchte ich mich unmittelbar an die *deutschen Heimatvertriebenen* wenden.
(Zuruf von der SPD: Ich fühle mich nicht angesprochen!)
Was wir von Ihnen an Verantwortungsgefühl für ganz Deutschland und für Europa verlangen, ist ungeheuer viel. Ja, es stimmt: Denjenigen von uns Deutschen, die durch völkerrechtswidrige Vertreibung aus ihrer angestammten Heimat am meisten gelitten haben, wird auch jetzt wieder am meisten abverlangt.
Was aber wäre – diese Frage richte ich an meine Freunde unter

den Heimatvertriebenen –, wenn wir anders handeln würden? Nach allen Äußerungen der Mächte, auf deren Zustimmung wir angewiesen sind – denken wir insbesondere an die Begegnung des Bundeskanzlers mit Präsident Bush, einem treuen Freund Deutschlands, der ohne Schwanken für die Einheit Deutschlands eingetreten ist, der aber natürlich auch die innenpolitische Situation der Vereinigten Staaten, wo die Polen eine große Rolle spielen, nicht übersehen kann; das sind Realitäten, auf die wir auch Rücksicht nehmen müssen –, käme die staatliche Einheit Deutschlands nicht zustande.

Ich weiß, diese Aussage könnte die Bitterkeit mancher verstärken, die aus dem Gefühl erwächst, Ostdeutschland werde für Mitteldeutschland preisgegeben. Deswegen spreche ich es ganz offen an. Aber ist das richtig? Würden wir bei Ablehnung der uns vorliegenden Erklärung etwas für die Deutschen in den Gebieten jenseits von Oder und Neiße gewinnen?

Nein, das Gegenteil ist richtig. Verbesserungen für die Menschen, die in den Gebieten jenseits von Oder und Neiße im Herrschaftsbereich der Republik Polen leben, sind nur als Ergebnis von Verhandlungen zwischen den beiden Nachbarn, dem vereinigten Deutschland und der Republik Polen, denkbar. Daraus folgt: Auch um dieser Gebiete willen muß als erstes die staatliche Einheit Deutschlands wiederhergestellt werden. Ich bitte meine Freunde unter den Heimatvertriebenen, das zu durchdenken.

Im übrigen appelliere ich an unsere Nachbarvölker im Osten. Sie sollten in den deutschen Heimatvertriebenen nicht ihre Gegner, sondern *Leidensgefährten* sehen, die in manchem das Schicksal des polnischen Volkes zu teilen hatten. Deswegen würde ich auch eine Geste der Versöhnung seitens der polnischen Führung, die über das hinausgeht, was wir bisher gehört haben, begrüßen. Václav Havel, der tschechoslowakische Staatspräsident, hat dies jüngst gegenüber den Sudetendeutschen getan. Seitdem ist die Atmosphäre zwischen Tschechen und Deutschen grundlegend verändert. Meine Damen und Herren, Worte können verletzen, sie können sogar töten, aber Worte können auch heilen. Václav Havel hat heilende Worte gefunden.

(Beifall bei der CDU/CSU und der FDP sowie bei Abgeordneten der SPD und der GRÜNEN)

Lassen Sie mich abschließend sagen – ich sage es als deutscher Patriot –

(Oh-Rufe bei der SPD)

– Ich habe mich immer dazu bekannt. Sie können ruhig heulen. Tun Sie das. Ich habe mich immer dazu bekannt, bin ich immer gewesen. *Mein Kurs war immer gleich.*

(Lebhafter Beifall bei der CDU/CSU)

Was ich zum Abschluß sagen will, sage ich als deutscher Patriot, der sich Europa verpflichtet weiß: Ich hoffe und arbeite für einen Vertrag zwischen dem vereinten Deutschland und der Republik Polen, der mehr enthält als eine Beschreibung des Grenzverlaufs, einen Vertrag, der Ost- und Westpreußen, der Pommern und Brandenburg, der Ober- und Niederschlesien zu einer Zone enger deutsch-polnischer Zusammenarbeit werden läßt und damit zu einer Zone des Friedens und des Wohlstandes für alle, die dort leben, welche Sprache sie auch sprechen mögen. Das ist europäischer Geist, meine Damen und Herren.

(Beifall bei der CDU/CSU und bei Abgeordneten der FDP)

Ich weiß, daß manche – gerade unter den Heimatvertriebenen –

(Sielaff [SPD]: Reden von gestern!)

das ungläubig und skeptisch anhören werden, nach all den Enttäuschungen, die hinter ihnen liegen. Aber ich sage: Ohne Glauben, ohne Hoffnung und ohne Liebe gibt es keine Zukunft. Das – ich wiederhole – von mir anvisierte Ziel liegt im Interesse der Deutschen, der Polen und ganz Europas. Dieses Anliegen wird Zukunft haben, wenn wir uns dahinter stellen.

(Beifall bei der CDU/CSU und bei Abgeordneten der FDP)

Der Weg vor uns ist offen. Stationen sind die vor uns liegende Entschließung, dann die Wiederherstellung der staatlichen Einheit Deutschlands und dann ein Vertrag zwischen einem vereinten Deutschland und der Republik Polen, der mehr enthält als die Beschreibung eines Grenzverlaufs. Ich bitte alle, die diese Ziele mit mir teilen, der vorliegenden Entschließung aus dieser Überzeugung heraus und mit dieser Perspektive zuzustimmen.

Das europäische Erbe in der deutschen Geschichte

Dankrede an das Kuratorium der Deutschland-Stiftung für die Verleihung des Konrad-Adenauer-Freiheitspreises am 15. Juli 1990 im Herkulessaal der Münchner Residenz

Die deutsche Einheit international abzusichern, blieb bis in den Juli 1990 hinein ein schwieriges Unterfangen. Vor allem die Frage nach der bündnispolitischen Einordnung eines wiedervereinigten Deutschland war zu diesem Zeitpunkt immer noch eine Streitfrage zwischen der Sowjetunion und dem Westen. Die Sowjetunion hatte ihre alte Forderung nach »Neutralität« für Deutschland inzwischen zwar relativiert, leistete aber weiterhin Widerstand gegen eine Mitgliedschaft Deutschlands in der Atlantischen Allianz. Noch am 22. Juni 1990 wollte der sowjetische Außenminister Eduard Schewardnadse ein vereintes Deutschland auf eine – zeitweilige – Doppelmitgliedschaft in beiden Bündnissen, in der NATO wie im Warschauer Pakt, verpflichtet wissen ...

Erst die zweitägige Kaukasus-Reise Helmut Kohls am 15./16. Juli 1990 brachte endgültige Klarheit über die Haltung der Sowjetunion in der Bündnisfrage. Der Kanzler, der am 15. Juli ursprünglich in München hatte sein wollen, um Alfred Dregger zur Verleihung des Konrad-Adenauer-Freiheitspreises durch die Deutschland-Stiftung e.V. zu gratulieren, erzielte in seinen Gesprächen mit Michail Gorbatschow Übereinkunft über die auswärtigen Aspekte der deutschen Einheit. Mit dem Tag der Wiedervereinigung sollte Deutschland die volle Souveränität erhalten; die Rechte der Siegermächte des Zweiten Weltkrieges sollten erlöschen; die Sowjetunion gestand dem vereinten Deutschland zu, frei über seine Bündniszugehörigkeit entscheiden zu können.

In seiner Dankrede an das Kuratorium der Deutschland-Stiftung sagte Alfred Dregger am 15. Juli 1990 im Münchner Herkulessaal, es sei »das größte, das kühnste, aber zugleich auch das friedlichste Unternehmen der modernen

Geschichte, Deutschland im Konsens mit allen Beteiligten staatlich zu einigen«. Als ein »Mann der Kriegs- und Aufbaugeneration« sei er glücklich, »in dieser Zeit mitwirken zu können, in der sich unser Volk mit all seinen Qualitäten entfalten kann für eine größere, für die Europäische Gemeinschaft«, für den Aufbau einer Friedensordnung auf dem europäischen Kontinent. Eine solche Ordnung schaffen zu helfen, sei ein Auftrag, der sich aus dem Erbe der deutschen Geschichte ergebe:

Lucius D. Clay und Axel Springer sind vor mir mit dem Konrad-Adenauer-Freiheitspreis ausgezeichnet worden. Beide waren Männer, die sich um Deutschland hohe und bleibende Verdienste erworben haben.

1. Lucius D. Clay ist eine *Symbolfigur für die deutsch-amerikanische Freundschaft.*
   Er stand Berlin, er stand Deutschland in einer schweren Stunde solidarisch zur Seite.
   Clay war der eigentliche »Vater« der Luftbrücke, mit der vor 42 Jahren die sowjetische Blockade des freien Berlin abgewehrt wurde. Auch wenn sich nicht nur amerikanische Flugzeuge am Lufttransport von Kohle und Lebensmitteln nach Berlin beteiligten – es war *Clay,* der die Luftbrücke organisierte und die überwiegend amerikanischen Hilfsquellen erschloß. Die Luftbrücke hat Berlin gerettet. Die deutsch-amerikanische *Solidarität,* die wir gegenwärtig, wo es um die internationale Absicherung der staatlichen Einheit Deutschlands geht, als so beglückend empfinden – sie wurde damals, im Winter 1948/49, begründet, und sie hat sich seitdem immer wieder bewährt. Lucius D. Clay war einer ihrer Schrittmacher.
2. Axel Springer. Auch er ist eine Symbolfigur – eine *Symbolfigur für die Freiheit und Einheit Deutschlands.*
   Er hat für das *ganze* Deutschland, für die *eine* deutsche Nation gelebt und gearbeitet.
   Unablässig hat er die Politiker aufgerufen, Treuhänder und Sachwalter *aller* Deutschen zu bleiben – vor allem jener Deutschen, denen ein Leben in Freiheit und Menschenwür-

de versagt war. Sein leidenschaftliches Engagement für die Einheit unseres Vaterlandes bewog ihn in den 60er Jahren zu einer symbolischen Tat: Er ließ das Stammhaus seines Verlages in Berlin errichten, unmittelbar an der Mauer, die über 28 Jahre hinweg Berlin teilte – und die nun nicht mehr existiert.

Axel Springer hat den Fall dieses brutalen, menschenver achtenden Bauwerks am 9. November 1989 nicht mehr erlebt. Aber der Ruf, der nach dem 9. November 1989 immer mächtiger, *geschichts*mächtiger wurde in Deutschland – »Deutschland, einig Vaterland« –: Springer hat diesen Ruf von Anbeginn artikuliert.

Es ist für mich sehr ehrenvoll, von der Deutschland-Stiftung Lucius D. Clay und Axel Springer an die Seite gestellt zu werden.

Rückkehr nach Europa

»Unser Ziel ist ein einiges und freies Deutschland in einem einigen und freien Europa«, so hat es Konrad Adenauer formuliert. Diesem Ziel sind wir nahe.

1. Die Polen, die Tschechen, die Slowaken und die Ungarn – Völker, die nach ihrem kulturellen und historischen Selbstverständnis zum Abendland gehören – haben ihre sozialistischen Fesseln abgeworfen und kehren – wie Václav Havel, der von mir hochgeschätzte Präsident der CSFR, sagte – »nach Europa zurück«.

   Das gleiche gilt für 16 Millionen Deutsche in der DDR. Sie kehren nach Europa zurück, indem sie in das freie Deutschland zurückkehren. Sie gehören wieder jenem Europa, das nicht nur eine Gemeinschaft der Wirtschaft und des Handels ist, sondern ein Hort *gemeinsamer Grundwerte,* des Rechts und der Kultur, der Wissenschaft und der Forschung.

   Auf dem Dreiklang von griechisch-römischer Antike, Christentum und Aufklärung, den geistigen Fundamenten der europäischen Kultur, wird die europäische Friedensordnung aufgebaut sein, die wir alle wollen: eine Friedensordnung, die das abendländische Europa von Polen bis Portugal umfaßt, darüber hinaus auch die beiden großen Flügelmächte im Osten und Westen, die Sowjetunion und die USA, deren Schicksal in mannigfacher Weise mit Europa verbunden ist.

Im Wettbewerb der Systeme, der über vier Jahrzehnte lang vor allem in Deutschland stattfand, hat der Westen, haben Demokratie und Marktwirtschaft gegen Sozialismus und Planwirtschaft gesiegt. *Standfestigkeit, Geduld und Grundsatztreue haben sich ausgezahlt.*

2. Daran haben viele mitgewirkt, vor allem und an hervorragender Stelle Helmut Kohl, unser Bundeskanzler, der aus sehr einsehbaren Gründen seine Teilnahme an dieser Veranstaltung in letzter Minute absagen mußte.

   Helmut Kohl hat die staatsmännischen Fähigkeiten, die unser Land in der Zeit der Umwälzungen braucht. Er hat sowohl die Fähigkeit, standhaft auszuharren, wenn es gilt, unsere Positionen zu wahren, aber auch blitzschnell zu handeln, wenn der Kairos, wenn der geschichtliche Augenblick da ist. Nach der Öffnung der Mauer hat Helmut Kohl mit seinem Zehn-Punkte-Plan die Initiative ergriffen und sie nicht mehr aus der Hand gegeben.

   Dazu gehörte eine weitere Fähigkeit, über die er in besonderer Weise verfügt: die Fähigkeit, *Vertrauen zu schaffen bei den Menschen und Staatsmännern in Ost und West.* Sie alle wissen, daß seine und unsere Politik für Deutschland sich der Verantwortung für die gesamteuropäische Entwicklung bewußt ist – und sich von dieser Verantwortung leiten läßt.

   Der Bundeskanzler ist – wie wir wissen – zur Zeit in Moskau, um erneut mit der sowjetischen Führung über die deutsche Einheit zu verhandeln. Diese Gespräche schließen sich unmittelbar an drei große, internationale Konferenzen an, auf denen das Thema »Deutschland« eine herausragende Rolle gespielt hat: die Konferenz der Staats- und Regierungschefs der EG in Dublin, den NATO-Gipfel in London und den Weltwirtschaftsgipfel in Houston. Das zeigt, wie groß die Aufgabe ist, die Einheit Deutschlands international abzusichern – und wie viele daran beteiligt sind. Das ergibt sich aus der Mittellage unseres Landes und aus seiner internationalen Bedeutung als Wirtschaftsmacht.

Deutschland im Konsens mit allen Beteiligten staatlich zu einigen, ist daher das größte, das kühnste, aber zugleich auch das friedlichste Unternehmen der modernen Geschichte. Es erfolgreich abzuschließen – dazu wünsche ich, dazu wünschen wir alle dem Bundeskanzler Glück und Erfolg.

3. Liebe zu unserem deutschen Vaterland ist in besonderer Weise auch die Richtschnur *Ihres* Handelns, lieber *Karl Carstens.*

Als eine der großen Persönlichkeiten der Christlich-Demokratischen Union Deutschlands verkörpern Sie ein Stück Zeitgeschichte.

Für die staatliche Einheit Deutschlands einzutreten war Ihnen immer ein Herzensanliegen. In einer Rede an historischer Stätte, im Hambacher Schloß, sagten Sie im April 1989, wer vom Ende der deutschen Nation rede, Nationalgefühl gar als »Deutschtümelei« abtue, *der wisse »nichts von der geschichtlichen Kraft, die in dem Bewußtsein der tausendjährigen Zusammengehörigkeit unseres Volkes« liege.*

Ein prophetisches Wort, lieber Karl Carstens.

Die »geschichtliche Kraft«, von der Sie im Hambacher Schloß sprachen, wurde wenige Monate später, im Herbst 1989, offenbar, als unsere Landsleute in Mitteldeutschland Geschichte schrieben – nicht nur deutsche Geschichte, auch nicht nur europäische Geschichte, sondern Weltgeschichte; als die Menschen in Deutschland aller Welt zeigten, daß sie sich, 44 Jahren staatlicher Teilung zum Trotz, als *eine* Nation empfanden.

Wie es für mich eine besondere Ehre ist, als Preisträger in der Nachfolge von Clay und Springer zu stehen, so empfinde ich es als Auszeichnung, daß Karl Carstens bei dieser Preisverleihung mein Laudator ist ...

Verantwortung für die Zukunft

Lassen Sie mich zum Schluß ein Wort an die Deutschen richten:

Ein Volk, das sich vor der Zukunft fürchtet, kann sie nicht meistern. So wichtig die Sicherung der politischen und der materiellen Grundlagen ist – die Menschen brauchen mehr. Sie brauchen *geistige Orientierung.*

Ich möchte dazu sechs Anmerkungen machen.

1. Unsere Geschichte umfaßt nicht zwölf, sondern zwölfhundert Jahre. Geistig, kulturell und auch politisch besitzt die deutsche Nation ein Erbe, auf das sich eine freie und demokratische Zukunft gründen läßt. Es ist unser Schicksal, in der Mitte Europas zu leben. Daher teilen wir das Schicksal Europas – und Europa das unsere. Mit Deutschland wurde Europa geteilt. Jetzt wird mit Deutschland Europa wiedervereinigt. Als Politische Union zur friedenserhaltenden Mitte zwischen den Weltmächten zu werden, das ist die große, säkulare Aufgabe Europas, für die es zu arbeiten gilt.
2. Eine Wiederbelebung christlich geprägter Wertvorstellungen ist die Voraussetzung dafür, den Wandel in Wirtschaft und Gesellschaft human gestalten zu können. Eine Aufwertung der Familie – sie ist die Keimzelle einer menschenwürdigen staatlichen Ordnung –, die Betonung so elementarer Tugenden wie Nächstenliebe, Opferbereitschaft und Toleranz, ein unbeirrbares Bewußtsein für den Wert des individuellen menschlichen Lebens – darauf sind wir heute und in Zukunft angewiesen, damit unsere Gesellschaft humane Qualität bewahrt.
3. In engem Zusammenhang mit der Wiederbelebung christlich geprägter Wertvorstellungen steht die Bereitschaft, persönlich Verantwortung zu übernehmen. Der reine Egoismus, der Pflichten und Bindungen ablehnt, führt in die Einsamkeit. Menschliches Miteinander dagegen wächst aus einem Gefühl der Mitverantwortung für die anderen – in kleineren und größeren Gemeinschaften, nicht zuletzt im Dienst für Volk und Staat.

4. Wir tragen Verantwortung für das Schicksal auch der Deutschen, die nicht mit uns in einem Staat leben können. Das gilt insbesondere für diejenigen, die nach 1945 in ihrer angestammten Heimat jenseits von Oder und Neiße geblieben sind. Es ist unsere solidarische Pflicht, ihre Menschenrechte zu wahren, indem wir ihnen in dem mit Polen abzuschließenden Vertrag Reisefreiheit, Niederlassungsfreiheit, Volksgruppenrechte und das Recht auf Heimat sichern.
5. Fleiß, Gewissenhaftigkeit, Zuverlässigkeit: das sind Tugenden, die über Jahrzehnte hinweg die deutsche Nation ausgezeichnet haben. In den 70er Jahren – ich denke an die antiautoritäre Bewegung und die sogenannte neue Pädagogik – sind diese geistigen Grundhaltungen herabgesetzt, ja regelrecht geschmäht worden. Heute sind sie dabei, auch in ihrer öffentlichen Wertschätzung ihren Rang zurückzugewinnen, nicht zuletzt in der jungen Generation. Ich halte das für ein ermutigendes Zeichen.
6. Als ein Mann der Kriegs- und Aufbaugeneration bin ich glücklich, in dieser Zeit mitwirken zu können, in der sich unser Volk mit all seinen Qualitäten entfalten kann für eine größere, für die Europäische Gemeinschaft. Das entspricht unserer deutschen Tradition, die in dem Jahrtausend von 800 bis 1800 im Alten Reich eine kulturelle Blüte bewirkt hat, deren Zeugnisse wir trotz aller Zerstörungen immer noch in unseren Städten und Landschaften erkennen können; eine Kultur, die ihren Reichtum in der Vielfalt der Völker und Volksgruppen fand und die sich in manchen schweren Perioden als Schutz und Schirm der Christenheit bewährt hat. Auch dieses Alte Reich gehört neben dem Bismarck-Reich und der Weimarer Republik sowie dem, was wir nach 1945 geschaffen haben, zu dem *geschichtlichen Erbe, das wir fruchtbar machen wollen für unsere und die Zukunft Europas.*

Deutschland, einig Vaterland

Rede im Berliner Reichstag am 4. Oktober 1990 zum Tag der Wiedervereinigung

Am 3. Oktober 1990 trat die DDR nach Artikel 23 des Grundgesetzes der Bundesrepublik Deutschland bei; mit überwältigender Mehrheit hatte dies die Volkskammer der DDR sechs Wochen zuvor, am 23. August 1990, so beschlossen. »Der Dreiklang unserer Nationalhymne«, sagte Alfred Dregger am 4. Oktober im Berliner Reichstag, »ist seit gestern Wirklichkeit: Einigkeit und Recht und Freiheit für das deutsche Vaterland.« Überall im Lande – besonders natürlich in Berlin – wurde der Tag der Wiedervereinigung freudig gefeiert.
In seiner Reichstagsrede erinnerte Dregger an die »bewegenden Bilder« des Vorjahres, als das steinerne Symbol der Teilung Deutschlands, die Berliner Mauer, gefallen war: »Keiner von uns wird diese Bilder je vergessen.« Mit dem Wandel in Deutschland und Europa öffne sich am Ende des 20. Jahrhunderts »die Perspektive auf eine lange Periode des Friedens und der gesamteuropäischen Zusammenarbeit zum Nutzen aller«. Dregger rief die Deutschen auf, die »allerwichtigste Zukunftsaufgabe« zu sehen und ihr gerecht zu werden: das Vertrauen, das dem wiedervereinigten Deutschland in Ost und West entgegengebracht werde, »zu bewahren und zu mehren«:

Deutschland ist seit gestern wieder eins. Es ist Kernland der Europäischen Gemeinschaft, verläßlicher Verbündeter des Westens und nun auch wichtiger Partner des Ostens.
Dazu kommt: Die menschenfeindlichen Ideologien, die ihre blutige Spur durch dieses Jahrhundert gezogen haben – Kommunismus und Sozialismus, Faschismus und Nationalsozialismus –, sind sämtlich gescheitert. Die Deutschen wollen mit Recht von alldem nichts mehr hören. Damit öffnet sich am Ende unseres Jahrhunderts die Perspektive auf eine lange Periode des Friedens und der gesamteuropäischen Zusammenarbeit zum Nutzen aller. Europa, dieser alte und ewig junge Kon-

tinent, hat mit Deutschland in seiner Mitte sein Gleichgewicht und seine Kraft wiedergefunden.
Der Wandel in Deutschland kulminierte in einer friedlichen Revolution, deren erster großer Triumph die Öffnung der Mauer am 9. November vergangenen Jahres war. Keiner von uns wird je die bewegenden Bilder von damals vergessen ...
Sie, meine Landsleute in der ehemaligen DDR, haben sich durch Ihren Mut und Ihre Besonnenheit weltweit ein Ansehen erworben, das jetzt dem ganzen deutschen Volk zugute kommt. Dafür möchte ich Ihnen im Namen der CDU/CSU-Bundestagsfraktion hier vom Reichstag in Berlin aus meinen herzlichen Dank sagen.
(Beifall bei der CDU/CSU und bei Abgeordneten der FDP)
Danken möchte ich auch Ihren gewählten Vertretern in der Volkskammer, von denen manche jetzt unsere Kolleginnen und Kollegen im Bundestag sind. Diese Demokraten der ersten Stunde haben ohne Vorbereitung, ohne praktische Erfahrung als Parlamentarier eines demokratischen Staates und ohne einen auf sie ausgerichteten und eingespielten Verwaltungsapparat eine große politische und administrative Leistung vollbracht. Ihnen und der Regierung von Lothar de Maizière gelten in dieser Stunde unser Dank und unsere Anerkennung für diese große Leistung ...
Meine Damen und Herren, wir im freien Teil Deutschlands haben zum Erfolg der deutschen Revolution das beigetragen, was nur bei uns geleistet werden konnte. Es geht vor allem um drei politische Tatbestände. Der erste: Die Union aus CDU und CSU hat 40 Jahre hindurch unbeirrt am Ziel der Einheit und Freiheit Deutschlands festgehalten, gegen den Rat, aber auch gegen den Willen anderer. Das war eine unentbehrliche Voraussetzung für den Erfolg der Einheits- und Freiheitsbewegung in der DDR. Hätten wir nämlich nicht auf der einen deutschen Staatsbürgerschaft bestanden, dann hätten unsere Botschaften in Budapest, Prag und Warschau den Flüchtlingen aus der DDR keine Reisepässe der Bundesrepublik Deutschland ausstellen können.
(Beifall bei der CDU/CSU und bei Abgeordneten der FDP)
Deshalb sage ich: Die von uns verteidigte einheitliche deutsche

Staatsangehörigkeit hat zum Zusammenbruch des SED-Regimes nicht weniger beigetragen als die Tatsache, daß diesmal – anders als 1953 – dank Gorbatschow die russischen Panzer in den Kasernen geblieben sind.

Auch die Erfassungsstelle in Salzgitter, aus deren Finanzierung sich die sozialdemokratisch regierten Bundesländer leider zurückgezogen hatten, darf nicht unerwähnt bleiben. Gewiß, die Erfassungsstelle hat den Stasi-Terror nicht verhindern können, aber sie hat ihn wahrscheinlich gebremst. Heute gibt sie die Möglichkeit, die Verbrechen des SED-Regimes, die größer und schwerer sind, als alle vermutet haben, in einem rechtsstaatlichen Verfahren zu ahnden.

(Beifall bei der CDU/CSU und der FDP)

Neben dem Festhalten an der Einheit und der Freiheit Deutschlands war es die Soziale Marktwirtschaft, die uns auch für das Ziel der deutschen Einheit politisch handlungsfähig gemacht hat. Ohne sie wäre die relativ kleine Bundesrepublik Deutschland heute nicht das führende Industrieland in Europa, das drittgrößte Industrieland der Welt und, abwechselnd mit den USA, der größte Exporteur der Erde.

Hinzu kommt, daß die Ergebnisse der Sozialen Marktwirtschaft die kommunistische Propaganda jeden Tag aufs neue ad absurdum geführt haben. Wir, die CDU/CSU, haben mit Ludwig Erhard an der Spitze dieses erfolgreichste Wirtschafts- und Gesellschaftsmodell der Gegenwart entwickelt und mit Hilfe der FDP gegen den Widerstand der SPD durchgesetzt. Darauf sind wir stolz, und daran halten wir fest, auch jetzt,

(Beifall bei der CDU/CSU und der FDP)

wenn es darum geht, die neuen Bundesländer von Mecklenburg-Vorpommern bis Thüringen zu entwickeln. Sie sind ja durch den Sozialismus jahrzehntelang aufs schwerste geschädigt worden ...

Wir brauchen in der DDR jetzt das, was nach dem Kriege Westdeutschland aus den Trümmern an die Spitze der Weltrangliste geführt hat: die freien, sich selbst verantwortenden Wirtschaftsbürger. Bis sie sich voll entfaltet haben, wird noch eine Weile vergehen. Der Kahlschlag der sozialistischen Genossendiktatur, der staatlichen Kommandowirtschaft wirkt noch nach. Aber die sozialistischen Barrieren fallen jetzt weg. Es wird sich sehr schnell zeigen: Demokratie und Marktwirtschaft bedingen einander. Eine funktionierende rechtsstaatliche Demokratie ist zugleich die wichtigste Voraussetzung für den wirtschaftlichen Erfolg.

Auch unter diesem Aspekt haben wir Anlaß zur Freude, daß gestern 16 Millionen Deutsche nach mehr als einem halben Jahrhundert der Unfreiheit eine Verfassungsgarantie für ihre Grundrechte, für ihre persönliche Freiheit und damit für ihre Menschenwürde erhalten haben ...

Im Deutschland-Vertrag von 1952 haben sich unsere Alliierten die Zielsetzung der von Konrad Adenauer konzipierten Deutschlandpolitik zu eigen gemacht. Die Lösung der offenen deutschen Frage wurde so zu einer Sache des gesamten Westens. Das war Konrad Adenauers große historische Leistung, deren *bahnbrechende Bedeutung* für die Zukunft nicht nur Deutschlands, sondern Europas uns heute bewußt ist; *denn sie wirkt über den Tag der Vereinigung Deutschlands hinaus fort.*

Was Konrad Adenauer begonnen hat, wurde von Helmut Kohl bei seiner historischen Begegnung mit Michail Gorbatschow am 16. Juli im Kaukasus vollendet. Das vereinte Deutschland ist Mitglied der Europäischen Gemeinschaft und der Nordatlantischen Allianz.

(Beifall bei der CDU/CSU und der FDP)

Die Sowjetunion stimmt dem zu. *Das Ergebnis ist Stabilität für Deutschland und für das sich wandelnde Europa.*

Das neue Deutschland tritt damit unter glücklicheren Bedingungen in die Geschichte ein, als es dem Bismarck-Reich nach 1871 vergönnt war. Dieses stand bald allein. Wir dagegen sind Verbündete des Westens – und wichtige Partner des Ostens. So muß es bleiben – im Interesse des Friedens und der gesamteuropäischen Zusammenarbeit.

Von besonderer Bedeutung ist und bleibt unser Verhältnis zu den USA. Ohne ihre Anwesenheit in Europa hätten wir uns weder in der Berlin-Krise noch in anderen schwierigen Situationen behaupten können. Keiner unserer Verbündeten hat uns im deutschen Einigungsprozeß mehr unterstützt als die

Amerikaner, allen voran Präsident Bush. Auch in Zukunft bleiben wir auf ihre Unterstützung angewiesen.
Das gilt insbesondere für die *Sicherheitspolitik,* in der Europa – trotz deutschen Drängens – bisher keine nennenswerten Einigungsfortschritte gemacht hat. Das berührt meines Erachtens auch die europäische Einigungspolitik insgesamt. *Ich jedenfalls kann mir nur schwer eine europäische Währungsunion vorstellen, wenn es nicht auch zu einer europäischen Sicherheitsunion kommt.* Beide Felder der Politik berühren die politische Existenz der beteiligten europäischen Staaten. Es ist schwer einsehbar, daß nur das eine Feld zum Gegenstand der Einigungspolitik gemacht wird, das andere aber nicht. *Zur politischen Union Europas gehört, daß in den kommenden Jahren beide Gebiete zum Gegenstand der politischen Einigung werden.*
(Beifall bei der CDU/CSU und der FDP)
Westbindung heißt nicht: Abwendung vom Osten. Rußland ist seit dem Beginn des 18. Jahrhunderts europäische Großmacht. Es will auch in Zukunft Einfluß auf die europäische Entwicklung haben. Wir stemmen uns dem nicht entgegen. Im Gegenteil, wir fördern es im KSZE-Prozeß mit dem Ziel, bündnisübergreifende Strukturen in Europa zu schaffen. Allerdings ersetzt die KSZE weder die NATO noch die Bundeswehr. Wir haben in dieser Stunde allen Anlaß, unseren Soldaten und unseren Alliierten für ihren Friedensdienst in Deutschland zu danken. Ohne ihn wäre der friedliche Wandel in Europa nicht möglich gewesen.
(Beifall bei der CDU/CSU und der FDP)
Aber wir arbeiten an der *Entmilitarisierung der Ost-West-Beziehungen.* Wir wissen: Die Sowjetunion braucht – wie alle – volle Regale und zufriedene Menschen. Das kann sie nicht durch militärische Überrüstung erreichen, sondern nur durch Zusammenarbeit mit dem Westen.
Als größtem Handelspartner der Sowjetunion fällt uns dabei eine besondere Verantwortung zu. Wir werden sie mit Engagement und Besonnenheit wahrnehmen. Der am 3. September in Moskau paraphierte Partnerschaftsvertrag zwischen der Sowjetunion und uns, von dem der Bundeskanzler in seiner

Regierungserklärung bereits gesprochen hat, schafft dafür eine Grundlage. Wir können uns dabei auf wechselseitig gute Erfahrungen in der technisch-ökonomischen Zusammenarbeit stützen. Letztlich ist diese Aufgabe für uns keine Last, sondern eine große Zukunftschance, die wir möglichst im Zusammenwirken mit den anderen europäischen Staaten, jedenfalls im Interesse ganz Europas wahrnehmen werden.

Die Redner beim gestrigen Staatsakt und auch die meisten heute haben alle Deutschen aufgefordert, gerade jetzt *in Solidarität zusammenzustehen. In diese Solidarität sollten wir vor allem auch die Deutschen einbeziehen, die durch die Grenzregelung mit Polen in besonderer Weise betroffen werden.* Ich meine damit diejenigen, die aus ihrer Heimat in Ost- und Westpreußen, in Danzig, in Pommern, in Ostbrandenburg und in Nieder- und Oberschlesien vertrieben worden sind. Ich meine damit ferner diejenigen, die heute dort als deutsche Minderheit leben.

Zu dieser Solidarität gehört nach meiner Auffassung, daß in dem künftigen Vertragswerk mit Polen nicht nur der Grenzverlauf beschrieben, sondern auch der Charakter dieser Grenze geregelt wird. Sie muß einen europäischen Charakter erhalten, wie es in Westeuropa erreicht wurde. Das Recht auf die Heimat und die Volksgruppenrechte der Deutschen muß in diesem Vertragskomplex seinen Niederschlag finden.

(Beifall bei der CDU/CSU und der FDP)

Ich bitte die deutschen Heimatvertriebenen und die Deutschen, die jenseits von Oder und Neiße leben, eindringlich, sich dieser konstruktiven Aufgabe zuzuwenden und an ihrer Erfüllung engagiert mitzuarbeiten ...

Meine Damen und Herren, die Wiederherstellung der Einheit Deutschlands schafft nicht nur Freiheit und Wohlstand, sie schafft auch Frieden. Die militärische Konfrontation auf deutschem Boden ist beendet. Der Streitkräfteabbau und der Rückzug der sowjetischen Streitkräfte aus Ungarn, der Tschechoslowakei, der DDR und demnächst auch aus Polen erhöht unsere Sicherheit.

Für den Abzug aus der DDR zahlen wir an die Sowjetunion 13 Milliarden DM. Das ist viel Geld; aber es ist eine gute Inve-

stition auch im Hinblick auf die zukünftige Zusammenarbeit zwischen Deutschland und der Sowjetunion.
Schon jetzt erlauben uns diese Veränderungen, die Wehrpflicht von 15 Monaten auf 12 Monate zu verkürzen.
In der Golfkrise arbeiten die USA und die Sowjetunion im Rahmen der UNO zum erstenmal zusammen. Dazu wäre es ohne die Friedens- und Einigungspolitik in Europa, die ganz wesentlich von Bundeskanzler Helmut Kohl und seinem Außenminister Hans-Dietrich Genscher mitgetragen worden ist, nicht gekommen.
(Beifall bei der CDU/CSU und der FDP)
Der Dreiklang unserer Nationalhymne ist seit gestern Wirklichkeit: Einigkeit und Recht und Freiheit für das deutsche Vaterland. Für dieses Ziel sind vor einem Jahr die Deutschen in Leipzig, in Dresden, in Berlin, in der gesamten ehemaligen DDR auf die Straßen gegangen. Sie haben sich in freien Wahlen für ein einiges und freies Deutschland entschieden, in dem sie sich nach zwölf Jahren brauner und vierzig Jahren roter Diktatur endlich wieder heimisch fühlen wollen.
Das vereinte Deutschland ist kein Provisorium – Herr Ministerpräsident Lafontaine, so haben Sie sich ausgedrückt.
(Beifall bei der CDU/CSU und der FDP)
Können Sie sich vorstellen, daß ein französischer Politiker Frankreich als Provisorium bezeichnen würde? Nein, *das geteilte Deutschland war ein Provisorium, und ein illegitimes dazu.* Das vereinte Deutschland ist unser Vaterland, das wir lieben und an dem wir festhalten.
Meine Damen und Herren, *wer ein gestörtes Verhältnis zu seinem Vaterland hat, der wird auch Europa nicht bauen können;* denn die politische Union Europas wird ein Bund seiner Völker sein, deren Staaten, anders als in den USA, nicht nur administrative Einheiten sind, sondern auch das Gehäuse nationaler Kulturen, die zu Weltkulturen wurden. Die Vielfalt der Kulturen ist der Reichtum Europas. Halten wir an ihm fest!
(Beifall bei der CDU/CSU und der FDP)
Deutschland ist heute ein Pfeiler der Stabilität des Friedens und der Zusammenarbeit. Das Vertrauen, das ihm in Ost und West zur Zeit mehr als früher entgegengebracht wird, zu bewahren

und zu mehren, sollte unsere allerwichtigste Zukunftsaufgabe sein.

In diesem Sinne wünsche ich im Namen der ersten gesamtdeutschen CDU/CSU-Bundestagsfraktion der ersten gesamtdeutschen Regierung unter Bundeskanzler Helmut Kohl Glück und Gottes Segen, von dem wir uns in den hinter uns liegenden Jahren getragen fühlten und auf den wir auch in Zukunft hoffen.

DRITTER TEIL

Arbeit für die Zukunft der deutschen Nation

Arbeit für die Zukunft der deutschen Nation

Rede vor dem Bundesparteitag der CDU Deutschlands am 15. Dezember 1991 in Dresden

Neun Jahre lang, vom 4. Oktober 1982 bis zum 25. November 1991, stand Alfred Dregger an der Spitze der CDU/CSU-Bundestagsfraktion. Als er am 16. Dezember 1991 vor dem CDU-Parteitag in Dresden »zum letzten Mal« über die Arbeit der gemeinsamen Fraktion aus CDU und CSU berichtete, hielt der 70jährige eine für ihn typische, eine kämpferische Rede, in der er die Union aufforderte, »ein klares und notfalls kantiges Profil« zu zeigen: »Gewählt werden wir nicht wegen der Gemeinsamkeiten, sondern wegen der Unterschiede zu den anderen Parteien, und die gilt es herauszuarbeiten.« So gab der Blick nach vorn dieser Rede das Gepräge – der Blick auf das in Zukunft von Fraktion und Partei in Deutschland wie in Europa zu Leistende:

Heute berichte ich zum neunten und zugleich letzten Mal über die Arbeit der CDU/CSU-Fraktion. Wolfgang Schäuble, der seit dem 25. November die Fraktion führt, wird meinen Bericht ergänzen. Unsere Hoffnungen richten sich jetzt vor allem auf Wolfgang Schäuble.

Deshalb möchte ich vor dem Bundesparteitag wiederholen, was ich beim Stabwechsel vor der Bundestagsfraktion gesagt habe: Wir wünschen Wolfgang Schäuble Gottes Segen, Kraft, Geduld, Beständigkeit und das Stück politischer Leidenschaft, ohne die die Lasten und auch die Freuden dieses Amtes nicht getragen werden können.

Nach dem Bundeskanzler, der die Richtlinien bestimmt, ist es vor allem der Fraktionsvorsitzende, der ein Garant sein muß für die Handlungsfähigkeit und damit auch für die Handlungseinheit der Union. In der gemeinsamen Fraktion von CDU und CSU, die jetzt 318 Mitglieder zählt, darf es kein Gegeneinander, auch kein beziehungsloses Nebeneinander, sondern nur ein wenn auch manchmal streitiges, aber immer wieder zusammenführendes *Miteinander* für die Einheit und die Handlungsfähigkeit der Fraktion geben. So war es neun Jahre lang; ich denke, so wird es bleiben.

»Staat der Täter und Opfer«

Meine Damen und Herren, die Arbeit der Fraktion galt vor allem Deutschland und der Union.
Zunächst zu Deutschland: Eine Zeitlang hatte es den Anschein, als wollten Opposition und Teile der Medien besorgen, was nicht einmal der SED gelungen war – nämlich Deutschland kaputtzureden. Dieses Zusammensein von Klagemauer und Schadenfreude war unerträglich.
Wir müssen ganz nüchtern sehen, was da geschah. Diejenigen, hüben wie drüben, die sich eingerichtet hatten in der Bequemlichkeit der Teilung, wurden 1989 von den Entwicklungen überrollt. Sie hatten keine Zeit, sich darauf einzustellen, keine Zeit, ihre Kampagnen dagegen zu inszenieren. Deshalb haben sie es dem Bundeskanzler auch so übelgenommen, daß dieser die kurze und einmalige Chance der Wiedervereinigung beim Schopf gepackt hat.
Deshalb hat der Bundeskanzler den Europa-Preis für Staatskunst, den er vor einigen Wochen in Straßburg verliehen bekommen hat, mehr als verdient. Der Parteitag beglückwünscht Sie, Herr Bundeskanzler, zur Verleihung dieses Preises und mehr noch zu Ihrer *wahrhaft historischen Leistung.*
Partei und Fraktion haben Anteil an dieser Leistung. Wir haben das Ziel der deutschen Einheit nie aufgegeben. Wir haben Jahrzehnte hindurch unverdrossen gegen allen Hohn und Spott an der Einheit unseres Vaterlandes festgehalten. Wir haben dieses Ziel immer wieder in der Öffentlichkeit geltend gemacht, in öffentlichen Veranstaltungen und auch in Gesprächen mit ausländischen Nachbarn und Freunden.
Stützen konnten wir uns dabei auf den Deutschland-Vertrag, durch den sich unsere westlichen Verbündeten verpflichtet hatten, für die Einheit Deutschlands einzutreten. Konrad Adenauer hat diesen Vertrag ausgehandelt – übrigens bevor er

dem Wunsch der späteren Alliierten Deutschlands nachkam, die Bundeswehr aufzustellen.
Wir haben es nicht versäumt, den einen oder anderen auf seine Verpflichtungen aus dem Deutschland-Vertrag hinzuweisen. Aber die allermeisten haben aus eigenem Antrieb die deutsche Einheit unterstützt. Das gilt insbesondere für den amerikanischen Präsidenten Bush und auch für den Präsidenten der Sowjetunion, Gorbatschow. Dafür sind wir dankbar.
Wir mußten vor allem auch innere Widerstände überwinden, nicht zuletzt die der SPD. Anstatt für die Einheit Deutschlands einzutreten, ist sie in den entscheidenden Monaten auf *Distanz zur Einheit* gegangen. Darunter leidet sie noch heute. *Heute machen manche den Eindruck, daß sie sich an den wirtschaftlichen Schwierigkeiten in den neuen Bundesländern geradezu ergötzen. Es sind dieselben, die vor der Wende den SED-Unrechtsstaat als einen ganz normalen Staat bewertet haben, mit dem man nicht nur diplomatische, sondern auch parteipolitische Beziehungen pflegen konnte.* Dabei war die Unfreiheit im SED-Staat ebenso total, wie das System repressiv und totalitär war. *Dieser Staat war kein Staat der Bürger, es war ein Staat der Täter und der Opfer.*
In unseren Medien dürfen heute die Täter, ob sie nun Schalck-Golodkowski, Honecker oder Markus Wolf heißen, die Szene beherrschen. Das ist unanständig. Ich sehe darin einen *Mißbrauch der Mikrophone und der Bildschirme.*
Ich fordere dazu auf, den *Opfern* Gelegenheit zu geben, sich öffentlich zu äußern, und *nicht den Tätern,* die in der Maske des Biedermannes auftreten.

Die Vergangenheit überwinden

Ein ernster Punkt, zu dem ich etwas sagen möchte: Ich glaube nicht, daß wir eine bessere Zukunft gewinnen können durch das, was man Vergangenheitsbewältigung nennt. *Vergangenheit kann man nicht bewältigen; man kann sie nur überwinden.*

Natürlich können wir die SED-Vergangenheit nicht ausklammern. Das tun wir auch nicht. *Wir werden die SED-Diktatur auch durch eine Enquete-Kommission des Deutschen Bundestages aufarbeiten.* Aber der Weg zum inneren Frieden im vereinten Deutschland würde verbaut, wenn wir die SED-Vergangenheit in den Mittelpunkt unseres Denkens und Handelns rücken würden.
Ich verstehe natürlich die Wut der Opfer im ehemaligen SED-Staat auf ihre Peiniger; die Wut der Menschen, die ihr Leben in Angst verbringen mußten; die verbogen wurden oder verbogen werden sollten. Verbrechen aus dieser schrecklichen Zeit müssen verfolgt werden; das ist klar. Ebenso klar ist auch, daß die Peiniger von gestern nicht wieder die Herren von heute sein dürfen. Da gibt es sicherlich manches zu korrigieren; das ist wahr.
Dennoch sage ich: *Wer Gerechtigkeit nur in der Vergangenheit sucht, könnte leicht die Zukunft verlieren. Die beste Aufarbeitung der Vergangenheit ist die Arbeit für die Zukunft, für die Zukunft ganz Deutschlands, für seine Freiheit, für seine Einheit, für seine Ehre – ja, für seine Ehre! – und für Gerechtigkeit. Das ist die Aufarbeitung der Vergangenheit durch Arbeit für die Zukunft.*
Dazu werden alle gebraucht, die ehrlich mitwirken wollen, gleichgültig, ob sie vor oder nach der Wende oder überhaupt nicht in die CDU eingetreten sind, gleichgültig auch, ob sie im Westen oder in Mitteldeutschland gelebt haben.
»Alte« oder »neue« Mitglieder, »Ossis« oder »Wessis«: das sind keine Kategorien, die ich akzeptieren könnte. Wir alle sind Deutsche, und wir alle sind Anhänger der Union. Jeder von uns sollte seinen Beitrag leisten können und ihn dann auch tatsächlich einbringen.
Im übrigen: Je mehr Menschen vom Schwung unseres Erfolges getragen werden, desto stärker wird unsere Kraft. Wir sollten auch deshalb niemanden, der in Frage kommt, an der Teilnahme hindern.

Die wichtigste Aufgabe deutscher Politik

Meine Damen und Herren, damit komme ich zur Union. *Die Union ist es, die den Deutschen nach dem Krieg den Weg in die Zukunft gewiesen hat.* In seinen Erinnerungen sagt Konrad Adenauer – ich zitiere ihn –:

> »Der Sinn des Staates muß es sein, die schöpferischen Kräfte eines Volkes zu wecken, zusammenzuführen, zu pflegen und zu schützen.«

Wir in der Union haben dies getan. Wir wollen dies auch in Zukunft tun.

Es gibt in Europa keine Regierung, die erfolgreicher wäre als die unionsgeführte, als die Regierung von Bundeskanzler Helmut Kohl.

Es gibt zur Zeit auch keine denkbare deutsche Regierung, die geeigneter wäre, die deutsche Einheit zu vollenden und zur Vereinigung Europas beizutragen. Beides, deutsche Einheit und europäischer Zusammenschluß, ist unser Ziel.

In der ersten Hälfte des Jahrhunderts – wir müssen das einmal vor dem Hintergrund der Geschichte sehen – stand Deutschland allein. Wir hatten kaum Verbündete, und wenn, dann nicht immer die richtigen.

Heute, meine Damen und Herren, sind wir die Verbündeten des Westens und zugleich die bevorzugten Partner des Ostens. *Das ist für ein Volk der Mitte, das die meisten Nachbarn hat und deswegen die größten Risiken trägt, eine Traumkonstellation. Diese Konstellation ist das Ergebnis unserer Politik, und diese Konstellation in die Zukunft zu tragen, ist die wichtigste Aufgabe der deutschen Politik in den kommenden Jahren und Jahrzehnten.*

Notwendig ist ein klares Profil

Trotz unserer Erfolge haben wir Wahlen verloren. Woran liegt das? An den Inhalten unserer Politik liegt es nicht. Diese haben sich als richtig und erfolgreich erwiesen. Liegt es am Verkauf dieser Politik? Das hören wir oft draußen im Lande. Seit vielen

Jahren wird uns gesagt: Eure Politik ist gut, aber ihr verkauft sie schlecht. – Ich glaube, wir sollten es uns nicht zu einfach machen.

Politik ist nicht nur Sache der Regierung. Für den Verkauf gilt das erst recht. Es handelt sich um *unsere* Politik, die Politik der *gesamten* Union, und für den Verkauf dieser Politik ist nicht nur die Union als Ganzes, sondern *jeder* ist dafür verantwortlich. Keiner darf sich zurücklehnen, wenn die Union oder Freunde der Union unfair angegriffen werden. Dann müssen wir den Mund aufmachen, jeder einzelne!

Ich habe den Eindruck, daß hier die Defizite noch groß sind und daß da sehr viel abgebaut werden muß. Mutig müssen wir sein, klar, und wir müssen unsere Position vertreten. Jeder einzelne muß es tun.

Zum Erfolg gehört auch, daß wir ein klares und notfalls kantiges Profil haben. Dieses *Profil,* das uns unverwechselbar, das uns stark, das uns mehrheitsfähig macht – das müssen wir auch zeigen. Seien wir uns klar darüber: Gewählt werden wir nicht wegen der Gemeinsamkeiten, sondern wegen der *Unterschiede* zu den anderen Parteien, und die gilt es herauszuarbeiten.

Unsere Geschichte ist eine *Erfolgsgeschichte.* Wir haben die katholische Soziallehre, die evangelische Sozialethik und das Gedankengut der neoliberalen Schule zum Konzept der Sozialen Marktwirtschaft verbunden, das heute ein Weltmodell ist ...

Ein zweiter Punkt, der wichtig ist: *Wir haben die Idee des Nationalstaates mit der europäischen Idee verbunden. Wir schaffen Europa nicht, um seine Nationen abzuschaffen, sondern um diesen die Möglichkeit zu bieten, ihre Identität zu wahren.* Es sind ja Weltkulturen und nicht Provinzdialekte: das Deutsche und das Italienische, das Englische, das Französische und die anderen europäischen Sprachen.

Wir gehen nicht in Europa auf. Die deutsche Nation bleibt wie die französische, die britische, die polnische und all die anderen *unentbehrlicher Bestandteil Europas, dessen Reichtum die Vielfalt, nicht die Uniformität ist.*

Wir Deutschen haben immer den kulturellen Austausch mit

den anderen Kulturen Europas und der Welt gepflegt, mehr als andere. Man muß wissen: Wer hat denn die polnische, die tschechische, die slowakische Nationalkultur aus den Trümmern der Vergangenheit wiederaufgebaut? Das waren deutsche Gelehrte! Wenn Sie nach Indien kommen – wer hat die Indologie begründet?! Wir lieben die Ausländer, und wir lieben auch ausländische Kulturen. Aber damit der Austausch möglich bleibt, bleiben wir, was wir sind: das deutsche Volk in einer deutschen Gesellschaft mit einer deutschen Kultur.
Denn Austausch setzt ja Verschiedenheit voraus. Wenn keine Unterschiede bestehen, können Sie nichts mehr austauschen; dann kann man höchstens noch umrühren.

Das christliche Menschenbild als Richtschnur

Die Politik der CDU/CSU ist sozial, liberal und national; sie ist konservativ und europäisch. Keines dieser Elemente ist verzichtbar, auch nicht das nationale.
Warum haben wir die Lasten des Zusammenschlusses in den neuen Bundesländern wie in der alten Bundesrepublik Deutschland auf uns genommen? Doch nur deshalb, weil beiderseits der Teilungsgrenze Deutsche lebten, die Deutsche waren, Deutsche sind und es bleiben wollen.
Das war doch der Grund für unsere Anstrengungen. Das Nationale wird auch für die Zukunft ein wesentlicher Faktor politischer Integration bleiben.
Auf der anderen Seite wissen wir – das sage ich ebenso klar –, daß die Elemente sozial, liberal und national *Teilwahrheiten enthalten, die durch Verabsolutierung zu Unwahrheiten werden.* Das christliche Menschenbild bewahrt uns davor, diesen falschen Weg zu gehen.
Andere setzen das Soziale absolut, lösen es von seinen Bedingungen. Dann wird daraus Sozialismus. Wir aber wissen: Sozial ist gut, Sozialismus ist schlecht – in allen seinen Varianten.
Für die anderen Teilwahrheiten gilt das ebenso: Liberal ist gut, aber ein Liberalismus, der in seinen Ansätzen rücksichtslos und egoistisch ist, ist schlecht. Wir haben keine liberale Marktwirt-

schaft, wir haben eine soziale Marktwirtschaft, und so heißt sie von Anbeginn.

National ist gut, aber ein die Rechte anderer Völker verletzender Nationalismus ist schlecht, ist eine furchtbare, zerstörerische Kraft, wie wir es in Deutschland erlebt haben – und jetzt in Jugoslawien erleben.

Auf das *Maß* kommt es an, und darauf, daß das eine Element nicht zu Lasten des anderen verherrlicht wird. *Halten wir an unserem Gesamtbild vom Menschen fest, an unserem christlichen Menschenbild, dann werden wir die große Volkspartei bleiben, die die Mehrheit unseres Volkes in einer politischen Heimat zusammenführt.*

Solidarisch und offensiv

Ein Letztes: Hinzu kommen muß das Kämpferische. Wir müssen unsere Politik und unsere Grundsätze solidarisch und offensiv vertreten. Meine Damen und Herren, wer nicht von sich selbst überzeugt ist, der kann auch andere nicht überzeugen; das hängt irgendwie miteinander zusammen.

Die Union muß eine kämpferische Gemeinschaft bleiben und dort, wo sie es nicht oder nicht mehr ist, wieder werden. Wir kämpfen um die Herzen der Menschen. Die Menschen sind nicht vor allem »kopfgesteuert«, mögen sie noch so klug sein oder sich dafür halten.

Der Zentralpunkt des Menschen ist das *Herz*. Die Menschen werden unserer Politik auf Dauer nur zustimmen, wenn diese mit ihrem Denken und Fühlen in Einklang steht. *Es ist die Seele des Menschen, die seine Würde ausmacht.*

Vertrauen schaffen

Am Ende meiner Zeit als Fraktionsvorsitzender – nicht als CDU-Politiker; das bleibe ich natürlich – darf ich sagen: Wenn wir das, was ich angedeutet habe, beherzigen; wenn wir fähig sind, uns den Menschen wirklich und ehrlich zuzuwenden, dann

werden wir das Fundament verbreitern, auf dem Vertrauen wächst: jenes Vertrauen, das unserer Partei auch in Zukunft Mehrheiten ermöglicht.
Ich fasse zusammen: Seien wir stolz auf das Geschaffene, verteidigen wir unsere Werte und arbeiten wir für die Zukunft unseres Volkes.
Es lebe Dresden, diese herrliche Kulturstadt, die wieder aufblühen wird!
Es lebe Sachsen, der Stamm der Sachsen und ihr Freistaat, und es lebe Deutschland, unser Vaterland!

280 Seiten, DM 32,–